高等学校"十二五"规划教材

计算机实用技术

主　编　张宏伟
副主编　王　立　迟　岩

哈尔滨工业大学出版社

内容简介

本书对台式计算机、笔记本电脑、平板电脑、服务器和存储的基本硬件进行介绍，以实训的方式构建一个办公型网络，通过实例操作的方式介绍 Windows 7 操作系统和 Office 2010 的基本应用和使用技巧。

本书内容丰富、新颖，实用性强，充分考虑了计算机从业人员的实际需要，可作为应用型和技能型人才培养的各类计算机相关专业教学用书，也可供各类计算机培训及计算机从业人员和爱好者参考使用。

图书在版编目(CIP)数据

计算机实用技术/张宏伟主编. —哈尔滨：哈尔滨工业大学出版社,2014.9
 ISBN 978-7-5603-4791-2

Ⅰ.①计… Ⅱ.①张… Ⅲ.①电子计算机-高等学校-教材 Ⅳ.①TP3

中国版本图书馆 CIP 数据核字(2014)第 131210 号

策划编辑	王桂芝	
责任编辑	苗金英	
出版发行	哈尔滨工业大学出版社	
社　　址	哈尔滨市南岗区复华四道街 10 号　邮编 150006	
传　　真	0451-86414749	
网　　址	http://hitpress.hit.edu.cn	
印　　刷	哈尔滨工业大学印刷厂	
开　　本	787mm×1092mm　1/16　印张 18.75　字数 456 千字	
版　　次	2014 年 9 月第 1 版　2014 年 9 月第 1 次印刷	
书　　号	ISBN 978-7-5603-4791-2	
定　　价	39.00 元	

(如因印装质量问题影响阅读,我社负责调换)

前 言

随着计算机技术的飞速发展,计算机在社会、经济、军事和生活领域中的地位日益重要,并逐渐改变着人们的工作、学习和生活方式。掌握计算机的基本操作方法和实用技术,提升计算机的应用能力,已经成为培养高素质人才的重要组成部分。为了能让学习者更好地掌握计算机的实用技术,编者从实际应用角度出发,结合多年教学和实践的经验,尽可能选取最新、最实用的技术,以加强基础、注重提高应用能力和培养兴趣为原则编写了本书,希望能为学习者提供帮助。

在目标上,本书以需求为导向,以提升操作技能为目标,讲求实用。

在内容选取上,本书坚持集先进性、科学性和实用性为一体,尽可能涵盖最新、最实用的技术。

在内容结构上,本书主要包括 4 部分,从认识硬件结构开始,以实训的方式构建一个办公型网络,通过实例和实训的方式介绍最新的 Windows 7 操作系统和 Office 2010 的基本应用和使用技巧。

在内容表现形式上,本书追求在实践中理解计算机技术,通过细致和全面的分析介绍,达到学习知识、培养能力的目的。

本书分为计算机硬件、网络技术、操作系统和办公软件 4 部分,共 12 章。计算机硬件部分,结合工作实际,分别对笔记本、服务器、存储、平板电脑、交换机及路由器的硬件结构和功能进行介绍;网络技术部分,以组建一个办公型网络为项目案例,对网络基础知识、网络传输介质进行讲解;操作系统部分,以 Windows 7 为例,对操作系统的基本操作、进阶操作和高级操作进行实例讲解;办公软件部分,以 Office 2010 为例,对 Word、Excel、Powerpoint的基本操作和技巧进行实例讲解。

第 1 章介绍构成计算机系统的基础硬件中央处理器、主板、存储器的结构和特点,并分别对笔记本、服务器、存储器的硬件构成、分类和养护进行介绍。

第 2 章介绍平板电脑的基本硬件构成和分类,并以苹果 iPad 为例介绍平板电脑的硬件组成,通过实例介绍苹果 IOS 系统的基本设置。

第 3 章介绍组建一个办公网络所必备的网卡、路由器和交换机的基本功能、硬件构成和使用方法。

第 4 章介绍计算机网络的概念、功能、分类和拓扑结构等相关的基础知识。

第 5 章介绍双绞线电缆、光纤、无线等常见的传输介质,并对蓝牙、3G 等技术进行重点讲解。

第 6 章以组建一个办公网络为实例,从需求分析、组网规划、硬件选择、项目实施 4 个方面进行介绍,重点对文件共享、打印机共享和路由器配置方法进行讲解。

第 7 章介绍 Windows 7 的基本操作,从认识 Windows 7 开始,依次介绍 Windows 7 的桌面组成、对窗口的基本操作、计算机的个性化设置、自定义任务栏和"开始"菜单、设置鼠标和键盘等知识。

第 8 章介绍管理文件资料和安装及删除软件的方法,同时简要介绍为计算机添加新硬件的操作方法。

第 9 章介绍优化和维护 Windows 7 系统的相关操作方法,同时介绍一些系统防护的技术和软件程序,从而使读者掌握维护系统稳定与安全的相关知识。

第 10 章介绍 Microsoft Word 2010 的工作环境,Word 文档的基本编辑操作,字体、段落与样式的使用,表格与图表的创建、编辑和格式化,图形、对象的插入及图文混排,Word 文档的页面设置与打印设置。

第 11 章介绍 Microsoft Excel 2010 的工作环境、Excel 2010 基本操作、数据计算、数据分析、图表和打印设置。

第 12 章介绍 Powerpoint 2010 操作技巧,根据演示文稿的内容恰当地应用幻灯片模版的方法,幻灯片配色方案的使用及将文字、图像、动画、音频及视频等多种媒体元素集成到幻灯片中并合理运用的方法。

本书图文并茂、条理清晰、通俗易懂、内容丰富,在讲解每个知识点时都配有相应的实例,方便读者上机操作。同时,在难以理解和掌握的部分内容上给出相关提示,让读者能够快速地提高操作技能。此外,本书配有专门的学习网站,读者可以通过访问 http://jsj.neauce.com 来同步学习。

本书由张宏伟策划、组织编写,由王立、迟岩任副主编,参加编写和技术指导工作的还有王春明、刘宇航、陈艳秋、李伟等同志,其中张宏伟编写第 1、3、5、6 章,王立编写第 2 章,迟岩编写第 10、11 章,王春明编写第 7、8、9 章,刘宇航编写第 4、12 章。

由于时间仓促,加之编者水平有限,书中难免存在一些疏漏及不妥之处,敬请广大读者谅解并提出宝贵意见,以使本书更加完善。编者 E-mail:hwzhang@ neau. edu. cn。

编　者
2014 年 5 月

目 录

第1章 计算机硬件设备 1
1.1 计算机基本硬件组成 1
1.2 笔记本电脑 8
1.3 服务器 16
1.4 存储 24

第2章 平板电脑和智能终端 29
2.1 平板电脑的特点和分类 29
2.2 平板电脑硬件结构 33
2.3 iPad 的使用方法 36
2.4 苹果 IOS 系统基本设置实训 40

第3章 网络设备 45
3.1 网卡 45
3.2 路由器 50
3.3 交换机 56

第4章 计算机网络基础知识 62
4.1 认识计算机网络 62
4.2 计算机网络的分类 65
4.3 计算机网络系统的组成 70
4.4 计算机网络的拓扑结构 75

第5章 网络传输介质 79
5.1 双绞线电缆 79
5.2 光缆 85
5.3 无线传输介质 90

第6章 组建小型办公网络 97
6.1 需求分析和组网规划 97
6.2 硬件选择与组网 99
6.3 配置文件和打印共享 102
6.4 配置宽带路由器联网 109
6.5 制作双绞线电缆 114

第7章 Windows 7 入门基础 118
7.1 初识 Windows 7 118
7.2 Windows 7 的桌面及其组成部分 122
7.3 使用 Windows 7 的"开始"菜单 126
7.4 Windows 7 中的对话框与操作窗口 128
7.5 设置桌面外观 135

7.6 设置任务栏和"开始"菜单 …… 140
7.7 设置鼠标和键盘 …… 144

第8章 Windows 7 进阶应用 …… 147
8.1 磁盘、文件与文件夹 …… 147
8.2 文件和文件夹的基本操作 …… 150
8.3 设置文件和文件夹 …… 153
8.4 使用 Windows 7 的库 …… 155
8.5 管理 Windows 7 的回收站 …… 156
8.6 软件的添加与管理 …… 157
8.7 硬件的管理与使用 …… 168

第9章 Windows 7 高级应用 …… 176
9.1 维护和优化磁盘 …… 176
9.2 优化 Windows 7 系统 …… 178
9.3 监视计算机运行状态 …… 180
9.4 使用注册表 …… 184
9.5 备份数据和系统 …… 186
9.6 系统安全与防护 …… 190

第10章 Word 2010 操作技巧 …… 209
10.1 Word 2010 的工作环境 …… 209
10.2 Word 2010 基本操作 …… 213
10.3 文档的排版 …… 219
10.4 图文混排 …… 236
10.5 打印输出 …… 244

第11章 Excel 2010 操作技巧 …… 246
11.1 Excel 2010 的工作环境 …… 246
11.2 Excel 2010 基本操作 …… 248
11.3 数据计算 …… 258
11.4 数据分析 …… 263
11.5 图表 …… 271

第12章 Powerpoint 2010 操作技巧 …… 274
12.1 幻灯片的基本操作 …… 274
12.2 媒体的运用 …… 276
12.3 版式设计 …… 284
12.4 幻灯片效果设计 …… 287

参考文献 …… 294

第1章 计算机硬件设备

知识要点

1. 掌握计算机的基本硬件组成。
2. 了解计算机基本硬件的性能指标。
3. 掌握笔记本电脑硬件组成和接口。
4. 了解笔记本的基本养护。
5. 掌握服务器的硬件组成。
6. 掌握服务器的分类。
7. 了解存储的分类。

内容提要

台式机、笔记本、服务器和存储是组成计算机系统的重要组成部分,中央处理器、主板、存储器等硬件是构成计算机系统的基础硬件。本章对计算机的硬件构成进行介绍,并对笔记本、服务器、存储器的硬件构成、分类和养护进行介绍。

1.1 计算机基本硬件组成

一个完整的计算机系统是由硬件系统和软件系统组成的,计算机的硬件系统由主机、显示器、输入和输出设备构成。在主机箱内安装有主板、中央处理器、内存储器、外存储器、显卡、光驱、电源等硬件设备。

1.1.1 中央处理器

中央处理器也称CPU(Central Processing Unit),它是一个体积小巧、集成度非常高、功能强大的芯片,是微型计算机的核心,如图1.1所示。中央处理器主要由运算器和控制器两部分组成,计算机的所有操作都受CPU控制,所以它的性能直接影响着整个计算机系统的性能。

图1.1 中央处理器

CPU的性能主要体现在其运行程序的速度上,也决定着计算机的性能。影响CPU运行速度的指标包括主频、外频、总线频率和缓存等参数。

1. 主频

主频也称时钟频率,单位是兆赫(MHz)或吉赫(GHz),用来表示CPU的运算、处理数据的速度。主频越高,CPU处理数据的速度就越快。主频表示在CPU内数字脉冲信号震荡的速度,主频和实际的运算速度存在一定的关系,但并不是一个简单的线性关系,CPU的主频不能决定CPU实际的运算能力。在Intel的处理器产品中,1 GHz Itanium芯片的数据处理能力与 2.66 GHz 至强(Xeon)一样快,所以说 CPU 的运算速度还要综合考虑 CPU 的流水线、总线等各方面的性能指标。

2. 外频

外频是 CPU 的基准频率,单位是 MHz。CPU 的外频决定着整块主板的运行速度,在台式机中所说的超频,都是超 CPU 的外频。对于服务器 CPU 来讲,超频是绝对不允许的。如果把服务器 CPU 超频了,改变了外频,会产生异步运行,这样会造成整个服务器系统的不稳定。

3. 总线频率

总线频率是指前端总线(FSB)频率,FSB 是将 CPU 连接到北桥芯片的总线,总线频率直接影响 CPU 与内存直接数据交换速度。

数据传输带宽决定同时传输的数据的宽度和传输频率,数据带宽的计算公式是

$$数据带宽 = \frac{总线频率 \times 数据位宽}{8}$$

前端总线是 800 MHz 的 64 位至强 CPU,它的数据传输最大带宽是 6.4 GB/s。

总线频率与外频的区别在于,总线频率指的是数据传输的速度,外频指的是 CPU 与主板之间同步运行的速度。例如,100 MHz 总线频率指的是每秒 CPU 可接收的数据传输量是 100 MHz×64 bit÷8 bit/Byte=800 MB/s,100 MHz 外频特指数字脉冲信号在每秒震荡 1 亿次。

4. 缓存

CPU 缓存的结构和大小对 CPU 速度的影响非常大,是衡量 CPU 性能的重要指标。CPU 缓存的运行频率极高,一般是和处理器同频运作,工作效率远远大于系统内存和硬盘。实际工作时,CPU 往往需要重复读取同样的数据块,而缓存容量的增大,可以大幅度提升 CPU 内部读取数据的命中率,提高系统的性能。缓存分为一级缓存、二级缓存和三级缓存。

(1)一级缓存

一级缓存是 CPU 第一层高速缓存,分为数据缓存和指令缓存。一级缓存的容量和结构对 CPU 的性能影响较大,不过高速缓冲储存器均由静态 RAM 组成,结构较复杂,在 CPU 管芯面积不能太大的情况下,一级缓存的容量不可能做得太大。一般服务器 CPU 的一级缓存的容量通常为 32～256 KB。

(2)二级缓存

二级缓存是 CPU 的第二层高速缓存,分内部和外部两种芯片。内部芯片的二级缓存运行速度与主频相同,而外部芯片的二级缓存则只有主频的一半。二级缓存容量也会影响 CPU 的性能,原则是越大越好,家庭计算机 CPU 二级缓存容量大多是 512 KB,笔记本电脑中也可以达到 2 MB,而服务器和工作站上使用 CPU 的二级缓存更高,可以达到 8 MB。

(3)三级缓存

三级缓存可以降低内存延迟,提高数据计算能力,对提升计算机性能有很大帮助。在服务器领域,配置较大的三级缓存的处理器能提供更有效的文件系统缓存行为,提高处理器队列的长度。三级缓存早期由于受到制造工艺的限制,并没有被集成进芯片内部,而是集成在主板上。后来三级缓存被应用在服务器的 CPU 上,例如 Intel Itanium 2 处理器配置 9 MB 三级缓存、双核心 Itanium 2 处理器配置 24 MB 的三级缓存。

1.1.2 主板

主板也称母板(motherboard),它安装在计算机的主机箱内,是计算机的重要组成部分,如图1.2所示。主板的性能影响着整个计算机系统的性能,它的类型和档次决定着整个计算机系统的类型和档次。

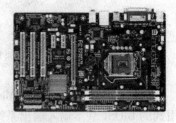

图1.2 主板结构图

市场上常见的主板有4种,分别是AT标准主板、Baby AT袖珍主板、ATX主板和BTX主板。AT标准尺寸的主板,因IBM PC机首先使用而得名,早期486、586主板也采用AT结构布局。Baby AT袖珍主板,比AT主板小,很多原装机的一体化主板都采用此主板结构。ATX主板对主板上元件布局做了优化,有更好的散热性和集成度,需要配合专门的ATX机箱使用。BTX主板是ATX主板的改进型,它使用窄板设计,使部件布局更加紧凑。BTX主要有3种规格,分别是BTX、Micro BTX和Pico BTX。3种BTX的宽度相同,都是266.7 mm,不同之处在于主板的大小和扩展性有所不同。前两种类型的主板已经很少见了,市场上主要是ATX主板和BTX主板。ATX主板和BTX主板对比如图1.3所示。

图1.3 ATX主板和BTX主板对比图

计算机的主板结构比较复杂,主要有CPU插槽、CMOS、基本输入输出系统(BIOS)、内存插槽、高速缓冲存储器、键盘接口、驱动器接口、总线扩展插槽(ISA,PCI等扩展槽)、串行接口(COM1,COM2)、并行接口(打印机接口 LPT1)等组件。主板采用了开放式结构,用户可以通过更换插卡,对计算机的子系统进行局部升级。常见的主板接口有以下5种。

1. 硬盘接口

硬盘接口可分为IDE接口和SATA接口,在老式主板上,大多集成2个IDE口,通常IDE接口都位于PCI插槽下方。在新型主板上,IDE接口大大缩减,甚至没有,取而代之的是SATA接口。

2. 软驱接口

软驱接口在连接软驱时使用,多位于IDE接口旁,比IDE接口略短一些。软驱接口是34针的,所以数据线也略窄一些。

3. 串口

串口也称COM接口,大多数主板都提供了2个COM接口,分别为COM1和COM2,作用是连接控制线和外置Modem等设备。

4. PS/2接口

PS/2接口的功能比较单一,仅能用于连接键盘和鼠标。一般情况下,鼠标的接口为绿色,键盘的接口为紫色。

5. USB接口

USB(Universal Serial Bus)接口是如今最为流行的接口,最大可以支持127个外设,并且可以独立供电,其应用非常广泛。USB接口可以从主板上获得500 mA的电流,支持热插拔,真正做到了即插即用。一个 USB 接口可同时支持高速和低速 USB 外设的访问,高速外设的传输速率为 12 Mbit/s,低速外设的传输速率为 1.5 Mbit/s。

1.1.3 内存储器

计算机的内存储器由只读存储器、随机存储器和 CMOS 存储器 3 部分组成。

1. 只读存储器

只读存储器(Read Only Memory,ROM)是只能读取信息不能写入信息的存储器,我们常用到的 BIOS(基本输入输出系统)就固化在主板上的只读存储器中,如图 1.4 所示。只读存储器一般用来存放专用的固定程序和数据,它是一种非易失性存储器,一旦写入信息后,无需外加电源来保存信息,也不会因断电而丢失。

2. 随机存储器

随机存储器(Random Access Memory,RAM)可以在任何时刻进行读或写的操作,应用程序在运行时从外存储器读入随机存储器 RAM 中,应用程序在运行完毕后再存回外存储器中,如图 1.5 所示。由于 RAM 是由半导体器件构成的,断电时信息将会丢失,在关机前要进行保存。RAM 通常由半导体存储器组成,根据其保存数据的机理又可分为动态(Dynamic RAM,DRAM)和静态(Static RAM,SRAM)两大类。DRAM 的特点是集成度高,主要用于大容量内存储器;SRAM 的特点是存取速度快,主要用于高速缓冲存储器。

图 1.4　只读存储器　　　　　　图 1.5　随机存储器

3. CMOS 存储器

CMOS 存储器(Complementary Metal Oxide Semiconductor Memory)是一种只需要极少电量就能存放数据的芯片。由于耗能极低,CMOS 可以由集成到主板上的一个小电池供电,这种电池在计算机通电时还能自动充电。因为 CMOS 芯片可以持续获得电量,所以即使在关机后,也能保存有关计算机系统配置的重要数据。

1.1.4 外存储器

在计算机系统中都配置外存储器,用于存储暂时不用的程序和数据。外存储器和内存储器一样,存储容量也是以字节为基本单位。常用的外存储器有硬盘、光盘和 U 盘等。

1. 硬盘

硬盘是微型计算机主要的外存储器,它由硬盘片、硬盘驱动电机和读写磁头等组装并封装在一起成为一个驱动器,如图 1.6 所示。硬盘在工作时,固定在同一个转轴上的数张盘片以 7 200 r/min 甚至更高的速度旋转,磁头在驱动马达的带动下在磁盘上做径向移动,寻找定位点,完成写入或读取数据操作。

硬盘要经过低级格式化、分区及高级格式化后才能使用,硬盘的低级格式化出厂前已完成。从存储容量上看,目前有 160 GB、500 GB、1 TB 和 2 TB 等。随着芯片技术的发展,固态硬盘也广泛应用于计算机的外存储器中,如图 1.7 所示。

图 1.6　硬盘外观

图 1.7　固态硬盘

2. 光盘

光盘是一种常用的传递数据的外存储器,它是利用激光原理进行读写的设备,如图 1.8 所示。目前微型计算机上配备 DVDROM(只读型光盘)驱动器,有的还配备了 DVDRW(读写型光盘)驱动器。

3. U 盘

U 盘(USB Flash Disk)全称是便携存储,也称为闪存盘,如图 1.9 所示。U 盘是采用非易失随机访问存储器技术的方便携带的移动存储器,它断电后数据不消失,是目前常用的外部存储器。U 盘具有可多次擦写、速度快而且防磁、防震、防潮的优点。U 盘通过 USB 接口访问,无须外接电源,即插即用,存储容量从 2 GB 到 64 GB 不等。

图 1.8　光盘

图 1.9　U 盘

1.1.5　总线

总线(BUS)是微型计算机各功能组件相互传输数据时的连接通道,总线从功能上可分为数据总线、地址总线和控制总线。

1. 数据总线

数据总线用于传输数据信息,它是 CPU 同各部件交换信息的通道。数据总线都是双向的。

2. 地址总线

地址总线用来传送地址信息,CPU 通过地址总线把需要访问的内存单元地址或外部设备的地址传送出去。通常地址总线是单方向的。

3. 控制总线

控制总线用来传输控制信号,以协调各部件的操作,它包括 CPU 对内存储器和接口电路的读写信息、中断响应信号等。

1.1.6 接口

通常把两个部件之间的交接部件称为接口,主机实际上是通过系统总线连接到接口,再通过接口与外部设备相连接。在微型计算机系统中,磁盘接口位于磁盘驱动器和系统总线之间,而显示器通过显示接口和系统总线连接。这些接口常以插件形式插在系统总线的插槽上,各设备的接口都集成在主板上。

1.1.7 光驱

1. CD-ROM 光驱

CD-ROM 光驱是利用原本用于音频 CD 的 CD-DA(Digital Audio)格式发展起来的,能够满足绝大多数人的使用需求,是目前最为普及的一种大众化光驱类型。

2. DVD 光驱

DVD 光驱是一种可以读取 DVD 碟片的光驱,除了兼容 DVD-ROM、DVD-VIDEO、DVD-R、CD-ROM 等常见的格式外,对于 CD-R/RW、CD-I、VIDEO-CD、CD-G 等也能很好地支持,是目前各大笔记本电脑主流厂商大力发展的光驱类型,如图 1.10 所示。

图 1.10 DVD 光驱

3. 刻录光驱

刻录光驱的外观和普通光驱差不多,只是其前置面板上通常都清楚地标识着写入、复写和读取 3 种速度。

1.1.8 键盘

键盘是计算机系统中最基本的输入设备,通过一根电缆线或无线与主机相连接,如图 1.11 所示。用户通过键盘向微型计算机输入命令、程序和数据。键盘按照按键的类型可分为机械式、电容式、薄膜式和导电胶皮 4 种,按照连接方式可以分为有线键盘和无线键盘。

图 1.11 键盘

1.1.9 鼠标

鼠标是一种"指点"设备(Pointing Device),它用于定位光标并完成系统特定的命令操作或按钮的功能操作,如图 1.12 所示。目前按照鼠标按键的数目,可分为两键鼠标、三键鼠标和滚轮鼠标等。按照鼠标的接口类型,可分为 PS/2 接口的鼠标、串行接口的鼠标和 USB 接口的鼠

图 1.12 鼠标

标。按照鼠标的工作原理,可分为机电式鼠标、光电式鼠标和无线遥控式鼠标等。鼠标的主要性能指标是其分辨率,它是指每移动1 in 所能检出的点数,单位是 ppi。目前鼠标的分辨率一般为 200~400 ppi。传送速率一般为 1 200 bit/s,最高可达 96 00 bit/s。

1.1.10 显卡

显卡又称为显示适配器,它一般被插在主板的扩展槽内,通过总线与 CPU 相连,如图1.13所示。当 CPU 有运算结果或图形要显示的时候,首先将信号传送给显卡,由显卡的图形处理芯片把它们翻译成显示器能够识别的数据格式,并通过显卡后面的接口和电缆传给显示器。

图1.13　显卡

显示器的显示方式是由显卡来控制的,显卡配置有显存储器(VRAM),显存容量越大,显卡所能显示的色彩越丰富,分辨率就越高。显卡的颜色设置有:16色、256色、增强色(16位)和真彩色(32位)。

1.1.11 显示器

显示器是用来显示输出结果的设备,它分为 CRT 显示器和 LCD 液晶显示器,如图1.14和图 1.15 所示。

图 1.14　CRT 显示器　　　　　　　图 1.15　LCD 液晶显示器

显示器的主要指标有以下2个。

1. 像素

显示器所显示的图形和文字是由许多的"点"组成的,这些点称为像素。点距是屏幕上相邻两个像素之间的距离,点距越小,图像越清晰,细节越清楚。目前市场上常见的点距有 0.21 mm、0.25 mm、0.28 mm 等,0.28 mm 点距是最常用的显示器。

2. 分辨率

分辨率是指显示器屏幕在水平和垂直方向上最多可以显示的"点"数(像素数),分辨率越高,屏幕可以显示的内容越丰富,图像也越清晰。目前的显示器一般都能支持 800×600、1 024×768、1 280×1 024 等规格的分辨率。

1.1.12 打印机

在计算机系统中,打印机是重要的输出设备,近年来,在集成电路技术的推动下,打印机技术也得到了突飞猛进的发展。在市场中我们可以看到种类繁多、各具特色的产品。打印机的打印质量通常用分辨率 dpi(点数/in)来衡量。

1. 针式打印机

针式打印机曾经是使用最多、最普遍的一种打印机,如图 1.16 所示。它的工作原理是根据字符的点阵图或图像的点阵图形数据,利用电磁铁驱动钢针,击打色带,在纸上打印出一个个墨点,从而形成字符或图像。它可以使用连续纸,也可以使用分页纸,针式打印机的打印质量、速度比较差,噪声比较大,但它的打印成本最低。

2. 喷墨打印机

喷墨打印机利用喷墨印字技术,从细小的喷嘴喷出墨水滴,在纸上形成点阵字符或图形,如图 1.17 所示。按喷墨技术的不同,可分为喷泡式和压电式。喷墨打印机的打印质量、速度、噪声以及成本比较适中,性价比非常高。

3. 激光打印机

激光打印机是一种高精度、低噪声的非击打式打印机,如图 1.18 所示。它利用激光扫描技术与电子照相技术共同来完成整个打印过程。激光打印机的打印质量、打印速度都比较高,它的工作噪声最低,但激光打印机的价格和打印成本比较高。

图 1.16　针式打印机

图 1.17　喷墨打印机

图 1.18　激光打印机

1.2　笔记本电脑

随着计算机技术的日新月异,移动计算机已经成为人们生活中必不可少的一部分。笔记本电脑以其性能强大、小巧轻薄的优点,越来越受到广大用户的青睐,已经成为计算机体系的重要组成部分。

1.2.1　笔记本电脑的基础知识

笔记本电脑也称为便携式电脑,它最大的特点就是机身小巧,携带方便,如图 1.19 所示。笔记本电脑的发展趋势是体积越来越小,质量越来越轻,而功能却越来越强大。目前,市场上笔记本电脑品牌有很多,常见的有联想、华硕、戴尔(Dell)、ThinkPad、惠普(HP)、苹果(Apple)、宏基(Acer)、索尼、东芝、三星等。

随着技术的发展,笔记本电脑越来越能够满足人们个性化的需要,在电子商务、移动办公和影音娱乐等方面为用户提供个性化的服务。"上网本"趋于日常办公以及影音娱乐,"商务本"趋于稳定低功耗获得更长久的续航时间,"家用本"拥有不错的性能和很高的性价比,"游戏本"则是专门为了迎合少数人群外出游戏使用的,"超级本"已成为白领人士移动办公的最佳选择,如图 1.20 所示。根据大小、质量和定位,笔记本电脑一般可以分为替代型、主流型、轻薄型和超便携型 4 类。

图 1.19　笔记本电脑

图 1.20　超级本

1.2.2　笔记本电脑的硬件组成

笔记本电脑的硬件组成与台式计算机相同,都包括 CPU、内存、主板、硬盘、光驱、MO-DEM、网卡、鼠标、键盘、机箱(壳)、电源和显示设备。但笔记本电脑比台式计算机的集成度更高,体积更小,质量更轻,功耗更少,而且笔记本电脑还配有电池,可随时随地使用。

1. 移动处理器

随着人们移动计算需求的不断增加,笔记本电脑的性能成为关键问题,而作为笔记本电脑的心脏,移动处理器是影响笔记本电脑性能的重要组件,如图 1.21 所示。衡量移动处理器的性能指标主要有运算速度、耗电量与发热量。一般来说,判断一个移动处理器的性能,主要从主频、位宽、缓存和封装工艺等方面进行分析。

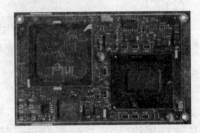

图 1.21　移动处理器

(1) 主频

移动处理器的主频是衡量处理器性能最直观的参数,它表示的是处理器的时钟频率。简单地说主频就是处理器运算时的工作效率(即 1 s 内发生的同步脉冲数),单位是 Hz,从这个参数可以看出计算机的运行速度。

(2) 位宽

移动处理器的位宽是指处理器的数据宽度,也可以指内存的数据宽度。这里主要是用来表示处理的数据宽度是 32 bit 还是 64 bit。数据位宽是通用处理器 GPRs(General-Purpose Registers)的数据宽度,也就是总线位宽。

(3) 缓存

移动处理器的缓存对笔记本的性能至关重要,特别是二级缓存(L2),现在的处理器都配备有高速的大容量缓存。缓存对处理器的性能影响很大,这主要是由处理器的数据交换顺序和处理器与缓存间的带宽引起的。现在处理器一般包含一级缓存和二级缓存。一级缓存大小各个系列相差不大,因而二级缓存是处理器性能表现的关键之一,在处理器核心不变的情况下,增加二级缓存容量能使性能大幅度提高。处理器产品中,一级缓存的容量基本在 4 KB 到 64 KB 之间,二级缓存的容量则分为 128 KB、256 KB、512 KB、1 MB、2 MB 等。

(4)封装工艺

封装工艺是一种将集成电路用绝缘的塑料或陶瓷材料打包的技术,移动处理器的封装工艺对整体性能影响很大。目前的处理器封装多采用绝缘塑料或陶瓷材料来包装,能起到密封和提高芯片电热性能的作用。由于现在处理器芯片的内频越来越高,功能越来越强,引脚数越来越多,封装的外形也在不断改变。

2. 笔记本电脑的主板

主板是笔记本电脑中最重要的一块电路板,笔记本电脑的中央处理器、内存、显卡、声卡等都安装在主板上,如图1.22所示。笔记本电脑的主板和台式计算机的主板比较类似,主要区别在于其集成度更高,制造要求更高、更精密。

图1.22 笔记本电脑的主板

(1)笔记本电脑主板分类

笔记本电脑主板根据使用要求的高低,分为高端产品和低端产品。高端笔记本电脑的主板使用6层PCB板,这在集成度很高的笔记本电脑内部具有较好的抗干扰作用,且在设计与散热上更加高效和合理。低端笔记本电脑的主板采用4层PCB板,元件选择上力求降低成本。

(2)芯片

笔记本电脑主板上除了众多的电容电阻以及电感外,其他的都是一些功能芯片。主板中包含的芯片种类繁多,主要有系统功能控制芯片、DA/AD转换芯片和电源电压控制芯片等。

(3)接口

笔记本电脑主板上的接口众多,属于笔记本电脑外部接口的有RJ-45网络接口、IEEE 1394火线接口、USB接口、S-Video接口、VGA接口、并口、串口和音频输入输出接口等。

3. 笔记本电脑内存

笔记本电脑内存采用了优质的元件和先进的工艺,并具有容量大、体积小、耗电低、速度快、散热好的特性,如图1.23所示。笔记本电脑内存是对数据资料进行临时存取的重要组件,其性能的好与坏决定了笔记本电脑的读取速度。

(1)笔记本电脑内存的类型

笔记本电脑内存的类型主要有SDRAM、DDR和DDR2,3种内存在工作方式、工作频率、传输率、工作电压等方面都不相同。

(2)笔记本电脑内存的容量

现在市场上主流的笔记本电脑内存配置已经达到4 GB,完全可以满足日常办公的需求。但大多数知名厂商生产的笔记本电脑还是会多预留一条或者多条内存插槽以备笔记本电脑进行升级时使用。

4. 笔记本电脑的显卡

由于笔记本电脑的内部本身空间狭小,不能像台式计算机那样安装AGP板卡,一般是将显卡芯片直接集成在主板上,如图1.24所示。笔记本电脑显卡的作用和功能与台式计算机相同,但性能与台式计算机相比稍差一些,一般无法进行升级。

图1.23　笔记本内存　　　　　图1.24　笔记本独立显卡

在笔记本电脑显卡市场上常见的品牌有 ATI 显卡、NVIDIA 显卡和 Intel 显卡。ATI 的 Mobility Radeon 系列具备一定的 3D 性能，NVIDIA 的 Geforce4 Go 系列性能也非常好。Intel 的产品主要是集成的 Intel Extreme Graphics 显卡，这种显卡使用共享显存，3D 性能一般，主要用于满足一般的办公需求。

笔记本电脑显卡正朝着可更换图形芯片与可更换模块的方向发展，其接口方式也逐渐向台式计算机靠拢，因此，笔记本电脑显卡与台式计算机显卡的差距正在逐渐缩小。

5. 笔记本电脑的硬盘

笔记本电脑的硬盘是专为移动设备而设计的，具有体积小、功耗低、防震等特点，如图 1.25 所示。笔记本电脑的硬盘由于受到空间、功耗、防震等因素限制，在性能上相对要劣于台式计算机硬盘。台式计算机硬盘转速多为 7 200 r/min，笔记本电脑硬盘的转速还多以 5 400 r/min 为主，主要是因为笔记本电脑结构紧凑，而高转速必然会带来更大的功耗和发热量。

图1.25　笔记本电脑的硬盘

（1）笔记本电脑硬盘的尺寸

笔记本电脑硬盘的尺寸主要包括直径和厚度，在笔记本电脑硬盘上标识"2.5 in、9 mm"，代表硬盘的盘片直径为 2.5 in，厚度为 9 mm。市场上主流的笔记本电脑硬盘以 2.5 in 为主，厚度均在 9.5 mm 以下，而厚度大于 9.5 mm 的一般只能在早期生产的笔记本电脑上才能找到。除了常见的 2.5 in 规格外，还有一种 1.8 in 笔记本电脑硬盘。

（2）笔记本电脑硬盘的容量

笔记本电脑硬盘的主流容量多为 160 GB 和 500 GB，虽然有少数厂家配备了 1 TB 的硬盘，但价格也相当昂贵。

（3）笔记本电脑硬盘的转速

笔记本电脑硬盘的转速以 5 400 r/min 居多，少数高性能的高端笔记本会配备 7 200 r/min 的硬盘。虽然硬盘的高转速会提高笔记本电脑的整体性能，但产生的噪声和散热量也会高很多。由于笔记本电脑硬盘采用的是 2.5 in 盘片，即使转速相同时，外圈的线速度也无法和 3.5 in 盘片的台式计算机硬盘相比，笔记本电脑硬盘现在已经是笔记本电脑性能提高最大的瓶颈。

6. 笔记本电脑的声卡

随着笔记本电脑的集成度越来越高，大多数的笔记本电脑都采用主板集成声卡，如图

1.26所示。笔记本电脑集成声卡,是在主板上集成了数字模拟信号转换芯片,这种设计减少了信号传导时的功率损失,所以从功耗方面考虑,芯片组集成的声卡更加适合笔记本电脑的省电要求。

为了提高笔记本电脑的音响效果,有的笔记本电脑配置USB外接声卡。通过外接声卡,笔记本电脑可以与台式计算机一样使用更高的立体音箱,享受高质量的音响效果。

图1.26 笔记本电脑集成声卡

7. 笔记本电脑的显示器

显示器是笔记本电脑中最重要的组件之一,由于受厚度限制,笔记本电脑的显示效果远差于台式计算机的液晶显示器。

(1)显示器的尺寸

我们通常所说的"12寸笔记本",其中的"12寸"就是笔记本显示器的尺寸。笔记本常用的液晶显示器常见尺寸有10.4 in、12.1 in、13.3 in、14.1 in、15 in、16.1 in等,另外还有最近兴起的一些厂商自行开发或者定制的6.4 in、10.6 in等特殊尺寸屏幕和17 in宽屏幕。

(2)显示器的分辨率

分辨率对于笔记本电脑的显示器来说非常重要,因为受液晶显示器的成像原理限制,液晶显示器上的每个点都是实际存在的,也就是说,液晶显示器只有一个最佳分辨率,在其他分辨率下图像质量就会大大下降。

(3)显示器的刷新率

刷新率是指显示屏幕每秒进行刷新的次数,笔记本电脑的刷新率最好使用60 Hz,即每秒刷新60次,这样人眼才会感觉不到屏幕的闪烁。

(4)亮度和对比度

亮度和对比度对笔记本电脑显示器的视觉效果有很大影响,它将影响整体画面的视觉效果。在周围光线较亮的环境下,亮度值越高,则显示的影像就越清晰。显示器的对比度越高,显示图像就越清晰醒目,色彩也越鲜明艳丽。而对比度越低,则整个画面都显得灰蒙蒙的,同时高对比度对于图像的清晰度、细节表现、灰度层次表现也有很大帮助。

8. 笔记本电脑的光驱

光盘是计算机重要的外存储器,我们通常情况下使用光盘来为笔记本电脑安装系统,光驱一直以来作为笔记本电脑的必备设备而存在。随着U盘的不断普及,大多数笔记本电脑已经支持U盘启动,并可以使用U盘来安装操作系统。所以对于超轻超薄的笔记本电脑来说,已经不配置标准光驱,而使用USB光驱,如图1.27所示,通过USB接口连接到笔记本上。

9. 笔记本电脑的电池

在移动办公环境下,笔记本电脑的电池为笔记本电脑提供电力支撑,如图1.28所示。笔记本电脑的电池已经成为衡量一款笔记本电脑性能的重要指标,电池的重要性绝不低于CPU、主板、硬盘等部件。笔记本电脑电池的容量大小主要从电池所标出的mAh来判断,它的中文名称是毫安时。毫安时的大小直接关系到笔记本电脑电池容量的大小,同时影响笔记本电脑的正常使用时间。

图1.27 外置光驱

图1.28 笔记本电脑的电池

目前笔记本电脑使用的电池主要有镍镉电池、镍氢电池、锂离子电池和燃料电池4种。

(1)镍镉电池

镍镉(Ni-Cd)电池是早期笔记本电脑大部分都在使用的电池,由于镍镉电池技术还不够先进,它的体积比较大、容量比较小、寿命比较短,因此目前镍镉电池基本上已被淘汰。

(2)镍氢电池

镍氢(Ni-MH)电池曾一度受到厂家和消费者的青睐,它具有功率大、性价比高、易回收且对环境破坏小的优点。但镍氢电池的充电时间较长、质量较大、容量比较小,所以伴随着锂离子电池的出现,镍氢电池也趋于被淘汰的边缘。

(3)锂离子电池

锂离子(Li-ion)电池属于锂电池的替代产品,具有工作电压高、体积小、质量小、能量高、能安全快速充电、允许温度范围宽、放电电流小、无记忆效应、无环境污染等优点。虽然它具有价格较高、充电次数过少等缺点,但是其性能要远远优于前两种电池,因此当前锂离子电池是主流笔记本电脑的首选电池。

(4)燃料电池

燃料电池是一种新兴的笔记本电脑电池,具有无污染、高效率、适用广、无噪声等优点。燃料电池的燃料一般由一个独立的装置存放,这个装置可以轻松地从电池上取下来,以方便补充燃料或更换燃料。只要更新燃料装置,就能让电池持续不断地进行供电。虽然燃料电池已经越来越受到笔记本电脑厂商的青睐,但还处于一种萌芽状态,还不能完全替代锂离子电池。

1.2.3 笔记本电脑的接口

笔记本电脑的功能日益丰富,笔记本电脑的接口也越来越多,有时自带的外部接口都不能满足需求,还要安装上扩展插槽,不同的笔记本电脑类型也拥有不同的接口。

1. 电源接口

笔记本电脑的电源接口一般以圆形接口为主,它是笔记本电脑的动力之源,所有的电池充电和外接电源供电都是通过这个接口来进行的,如图1.29所示。

2. USB接口

USB全称为通用串行总线,是笔记本电脑中提供数量最多的外部接口。它具有即插即用和热插拔的特性,适合连接各种低速外接设备,如图1.30所示。

图1.29 笔记本电脑电源接口

图1.30 笔记本电脑USB接口

3. PCMCIA 接口

PCMCIA 负责对笔记本电脑中存储卡和 I/O 卡的外形规范、电气特性和信号定义进行管理。通过这些规范和定义而生产出来的外形如信用卡大小的产品称为 PCMCIA 扩展卡，PCMCIA 接口就是笔记本电脑用于连接这些 PCMCIA 扩展卡的接口，如图 1.31 所示。

4. IEEE1394 接口

IEEE1394 接口也称 Firewire 接口，是我们通常所说的"火线接口"，如图 1.32 所示。IEEE1394 接口是苹果公司开发的串行标准，它的传输速度快，应用也相当广泛。

图1.31 PCMCIA 接口

图1.32 IEEE1394 接口

5. PS2 接口

PS2 接口是笔记本电脑外接 PS2 键盘和 PS2 鼠标的接口，如图 1.33 所示。与台式计算机不同的是，笔记本电脑的 PS2 接口没有进行区分，所以它既可以接键盘也可以接鼠标。

6. VGA 外接端口

VGA 外接端口是用于外接其他显示器的接口，它可以外接一个大的显示器或投影机来工作，如图 1.34 所示。

图1.33 PS2 接口

图1.34 VGA 外接端口

7. 音频接口

音频接口是笔记本电脑音频输入和输出的接口，它可以连接耳机、音箱和话筒，实现音乐播放、语音聊天等多媒体应用，如图 1.35 所示。

8. 红外接口

红外接口是笔记本电脑上一个无线输出接口，通过无线接口可以实现笔记本电脑之间或与一些具有红外接口的手持设备（如手机、PDA 等）之间进行无线连接，如图 1.36 所示。

图 1.35　笔记本电脑音频接口

图 1.36　笔记本电脑红外接口

1.2.4　笔记本电脑的配件

笔记本电脑功能越来越强大,其外接设备也越来越丰富,这些外接设备有效地提高了笔记本电脑的性能。

1. 键盘

笔记本电脑的键盘一般都与整机合为一体,这样设计不仅充当了输入工具,而且成为机身上盖的一部分,以保护机身内的主板。由于受笔记本电脑体积的限制,笔记本电脑的键盘不像台式计算机那样对键盘的宽度和按键之间设计的距离那么宽松,它的键距、键程还有键帽面积都被不同程度地缩小,笔记本电脑键盘取消了普通键盘右侧的小数字键盘区,如图 1.37 所示。

2. 鼠标

现在笔记本电脑中常用的鼠标替代设备主要有接触板、指点杆和外接鼠标等。

(1) 接触板

接触板是目前使用最为广泛的笔记本电脑输入设备,它具有操作简单、反应灵敏、移动速度快等优点,只要用手指触摸键盘下方的触摸板,光标就会随着移动,如图 1.38 所示。由于接触板是在表面涂一层特殊材料,所以它的定位精度较低,当手指出汗时,经常出现打滑现象,变得不太灵活。

(2) 指点杆

指点杆是位于笔记本电脑键盘 B、G、H 三键中央的一个小按钮,用手指推动来对鼠标的移动轨迹进行控制,如图 1.39 所示。在空白键下方有两个大按钮,相当于鼠标的左右键。使用熟练以后,会发现它的移动速度快,而且定位非常精确。

图 1.37　笔记本电脑键盘

图 1.38　接触板

图 1.39　指点杆

(3) 外接鼠标

如果对笔记本电脑现有的鼠标方式不习惯,还可以选择使用外接的光电鼠标来进行操作,其具体操作方法与台式计算机一样。笔记本电脑的外接鼠标比台式计算机鼠标相对小巧一些,而且大部分都是 USB 接口的,这是笔记本电脑需要便于携带的特性所决定的。

3. 蓝牙

随着蓝牙技术的普及,笔记本电脑上配置了蓝牙设备以实现同其他蓝牙设备之间的无线传输。通过蓝牙技术,笔记本电脑之间可以实现在有效范围内进行通信连接,大大增加了笔记本电脑的移动性能。

4. 读卡器

现在的数码产品越来越普及,数码相机、数码摄像机等产品使用的是各种存储卡,要把这些存储卡上的数据导出到笔记本电脑上就需要用到读卡器。

5. 扩展坞

扩展坞是在笔记本电脑需要扩展接口时使用的,它上面集成了丰富的接口,一般常用于超薄型笔记本电脑。

1.3 服务器

随着信息技术的飞速发展,服务器得到越来越多的应用,普通用户接触服务器的机会也越来越多。但服务器在普通计算机用户眼里,总是显得神秘莫测。

1.3.1 服务器基础知识

1. 服务器的定义

服务器是计算机的一种,也称为 Server,它是指在网络环境下为客户机提供各种服务的、特殊的、高性能的专用计算机,如图 1.40 所示。服务器安装有网络操作系统和各种服务器应用系统软件,它在网络操作系统的控制下,为网络用户提供集中计算、信息发布及数据管理等服务。

图 1.40 服务器

知识拓展·技巧提示

客户机(Client)指安装有 Windows XP 或 Window 7 等操作系统的计算机;服务器安装的网络操作系统有 Windows Server 2003、Windows Server 2008、Linux、Unix 等;服务器的应用系统软件有 Web 服务、电子邮件服务等。

从服务器的定义可以看出,服务器的工作原理是通过网络操作系统控制和协调网络各工作站的运行,处理和响应各工作站发来的各种网络操作请求,存储和管理网络中的软硬件共享资源,如数据库、文件、应用程序、打印机等资源。

2. 服务器与普通计算机的区别

虽然服务器也是计算机的一种,但服务器的处理速度和系统可靠性都要比普通计算机高得多。因为普通计算机主要是处理个人的非关键性业务,而服务器处理的是网络核心业务,要求是 7 天×24 小时不间断工作的。服务器上运行着很多网络服务,很多重要的数据都保存在服务器上,一旦服务器发生故障,将会丢失大量的数据,造成大量的损失。

另外,服务器与普通计算机的应用领域不同,服务器主要应用于 Web、数据库等核心服务,而普通计算机主要应用于用户终端。服务器应该具备比普通计算机更可靠的持续运行能力、更强大的存储能力和网络通信能力、更快捷的故障恢复功能和更广阔的扩展空间,但在人机接口的易用性、图像、3D 处理能力和多媒体性能方面,普通计算机硬件要优于服务器。表 1.1 为服务器与普通计算机硬件(PC)的区别。

表 1.1 服务器与普通计算机硬件的区别

参数	服务器	PC
构架	复杂、稳定	较为简单
CPU	Intel 的至强、安腾;AMD 的皓龙未来逐渐走向 64 位,二级、三级缓存较大,三级最多可以达到 12 MB	普通的双核和 AMD 闪龙 CPU
内存	ECC(自动纠正),而且满足交叉读取存储	普通内存
硬盘	一般配置 SCSI 接口	一般配置 IDE 接口
网卡	一般配置千兆	一般配置百兆
可靠性	强	一般
稳定性	强(满足 7 天×24 小时×365 天运行)	较弱
可管理性	强,专业管理软件	一般
可扩展性	强	一般
安全性	高	低

1.3.2 服务器的硬件组成

与普通计算机系统硬件构成相同,服务器硬件主要包括 CPU、内存、主板、硬盘、网卡和电源等,如图 1.41 所示。

1. 服务器的 CPU

服务器是网络中的重要设备,它的业务处理都是通过 CPU 完成的,所以说 CPU 是衡量服务器性能的重要指标。服务器一般都配置有多个 CPU 插槽,出厂时至少配置 1 颗 CPU,有的会配置多颗,目前配置 2 颗和 4 颗 CPU 的服务器居多。服务器的 CPU 按指令系统来区分,可分为 CISC 型 CPU、RISC 型 CPU、VLIW 型 CPU。

(1) CISC 型 CPU

CISC 是英文 Complex Instruction Set Computing 的缩写,中文意思是复杂指令集,它是指 Intel 生产的 X86 系列 CPU 及其品牌兼容 CPU。CISC 型 CPU 一般都是 32 位的结构,所以也称为 IA-32 CPU。

CISC 型 CPU 主要分为 Intel 的服务器 CPU 和 AMD 的服务器 CPU 两类。Intel 的服务器 CPU 常见的有 XeonMP 和 Xeon(至强)等,如图 1.42 所示。AMD 的服务器 CPU 常见的有 Opteron 1XX、Opteron 2XX 和 Opteron 8XX 等。

图 1.41 服务器的硬件结构

图 1.42 Xeon CPU

(2) RISC 型 CPU

RISC 是英文 Reduced Instruction Set Computing 的缩写,中文意思是精简指令集,它是在 CISC 指令系统基础上发展起来的。与 CISC 型 CPU 相比,RISC 型 CPU 不仅精简了指令系统,还采用了超标量和超流水线结构,大大增加了并行处理能力。在同等频率下,采用 RISC 架构的 CPU 比采用 CISC 架构的 CPU 性能高很多。目前在中高档服务器中普遍采用 RISC 型 CPU,高档服务器全都采用 RISC 型 CPU。

RISC 型 CPU 更加适合高档服务器的操作系统 UNIX,常见的 RISC 型 CPU 主要有 PowerPC 处理器、SPARC 处理器、PA-RISC 处理器、MIPS 处理器和 Alpha 处理器等。

(3) VLIW 型 CPU

VLIW 是英文 Very Long Instruction Word 的缩写,中文意思是超长指令集架构,VLIW 架构采用了先进的 EPIC(清晰并行指令)设计,也称为 IA-64 架构。

从目前市场情况来看,采用 CISC 型 CPU 的 PC 服务器,凭借其稳定的性能和低廉的价格应用最为广泛。在实际应用过程中,CPU 的主频和数量决定着服务器的性能,CPU 的主频越高,缓存数量越大,则服务器的运算速度就会越快、性能就会越高。

知识拓展·技巧提示

并行处理是指一台服务器有多个 CPU 同时处理,能够大大提升服务器的数据处理能力。部门级、企业级的服务器应支持 CPU 并行处理技术。

---

2. 服务器的内存

计算机中所有程序的运行都是在内存中进行的,因此,内存的性能对计算机的影响非常大。服务器上的内存与普通内存在外观和结构上没有明显区别,但普通计算机上的内存是不能在服务器上使用的,如图 1.43 所示。

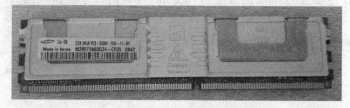

图 1.43 服务器内存

服务器一般要求 24 小时连续不间断工作,因此对内存的要求比较高,要求内存速度较高,容量较大,还要有很强的内在纠错能力。内存的优化主要体现在内存访问缓冲时间的设置,在 CMOS 中有相应设置,一般应尽量设置为小一点的缓冲时间,这样速度会更快一些。

服务器内存引入了一些新的技术,如 ECC、热插拔等。服务器内存一般都具有 ECC 纠错技术,ECC 是 Error Checking and Correcting 的缩写,中文意思是错误检查和纠正。这种技术不仅能发现错误,而且能纠正这些错误,比普通计算机内存的奇偶校正技术更先进。

中低端的两路服务器内存条是直接插在主板的内存插槽中,在高端的四路或者八路服务器上,为了能扩展更多的内存,服务器的内存条是插在内存板之中的。以 HPDL580 服务器为例,内存条插入内存板中,内存板插在主板上,如图 1.44 和图 1.45 所示。

图 1.44　服务器的内存与内存板接口

图 1.45　服务器的内存板与主板接口

3. 服务器的主板

主板是计算机中最重要的部件之一,服务器主板是专门为满足服务器高稳定性、高性能、高兼容性的需求而开发的。由于服务器需要不间断地进行工作,数据转换量和 I/O 吞吐量非常大,因此对服务器主板的要求是相当严格的。服务器主板一般都是至少支持两个处理器,支持 ECC 内存、热插拔等相关技术。服务器要求高冗余,高端服务器上要求 CPU、内存都有冗余,中低端服务器也要求硬盘、电源的冗余配置,如图 1.46 所示。

图 1.46　服务器的主板

服务器主板主要来源于三家厂商,即 Intel、超微和泰安。Intel 主板严格遵照规范制作,保证产品的最大兼容性,并对 Windows 做了优化设计,加上对自己所生产的 CPU 最为了解,更容易释放和获得性能,可以说 Intel 的服务器主板是高品质与高性能兼备的产品。但是,Intel 也有为了稳定性而牺牲性能的传统,在功能方面也没有太多的扩展性,价格也是各家服务器主板生产商中最贵的。超微的特点类似于 Intel,稳定、高效是第一要素,但价格却要比 Intel 低很多,所以,超微是最具性价比的服务器主板品牌。泰安的产品在保证稳定性的基础上,更多地关注了服务器的性能和扩展性,而且价格非常低廉,因此,它非常适用于那些非关键应用的服务器。

4. 服务器的硬盘

硬盘存储着计算机中所有的软件和用户数据,对于服务器而言,硬盘的可靠性是非常重要的。为了使硬盘能够适应大数据量、超长工作时间的工作环境,服务器一般采用高速、稳定、安全的服务器专用硬盘。服务器的硬盘接口有很多种,硬盘接口是硬盘与主机系统间的连接部件,作用是在硬盘缓存和主机内存之间传输数据。不同的硬盘接口决定着硬盘与计算机之间的连接速度,在整个系统中,硬盘接口的优劣直接影响着程序运行快慢和系统性能好坏。服务器硬盘一般具有速度快、可靠性高及热插拔等特点。

服务器常用硬盘接口有 SATA、SCSI 和 SAS 三种,目前 SAS 硬盘比较常见。主流的服务器硬盘采用 10 K(10 000 r/min)硬盘,数据库级服务器采用 15 K(15 000 r/min)硬盘,10 K 硬盘多为 2.5 in,15 K 硬盘多为 3.5 in,如图 1.47 和图 1.48 所示。

 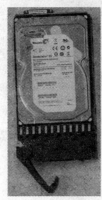

图 1.47　2.5 in 10 K 服务器硬盘　　图 1.48　3.5 in 15 K 服务器硬盘

知识拓展·技巧提示

热插拔(Hot Swap)功能就是允许用户在不关闭系统、不切断电源的情况下取出和更换损坏的硬盘、电源或板卡等部件,从而提高了系统的恢复能力、扩展性和灵活性。

---

5. 服务器的网卡

网卡是计算机进行通信的基础设备,服务器网卡一般用于服务器与交换机等网络设备之间的连接。为了满足服务器提供网络服务的需要,服务器一般情况下配置多块网卡。与普通计算机的网卡相比,服务器网卡数据传输速度快,CPU 占用率低,安全性也更高。

在服务器上经常安装的是以太网卡,按照以太网卡的标准,10 Mbit/s 和 100 Mbit/s 网卡在服务器上已经很少见了。为了提高服务器的网络连接能力,大多数服务器配置的是 1 000 Mbit/s 网卡,有的服务器配置了 10 000 Mbit/s(万兆)网卡,如图 1.49 所示。对于已经集成了 100 Mbit/s 网卡的服务器,可以通过在服务器 PCI-X 插槽中安装 1 000 Mbit/s 以太网卡来提高服务器的数据传输速率。

服务器的网卡中有一种支持 TOE(TCP Offload Engine)技术的服务器网卡,主要在存储网络中应用较多,在存储网络中,会有大量的网络传输,而 TCP/IP 协议处理网络流量时要占用大量的服务器 CPU 资源。通过使用 TOE 技术可以很好地解决这一问题,减轻服务器 CPU 的压力。TOE 技术将传统的 TCP/IP 协议栈的功能进行延伸,把网络数据流量的处理工作全部转到网卡上的集成硬件中进行,服务器则只承担 TCP/IP 控制信息的处理任务。

6. 服务器的电源

与普通计算机一样,服务器的电源为服务器的正常运行提供电力保障。服务器电源可以分为 ATX 电源和 SSI 电源两种。ATX 标准使用较为普遍,主要用于台式机、工作站和低端服务器;而 SSI 标准是随着服务器技术的发展而产生的,适用于各种档次的服务器。

关于电源的功率,市场上常见的是 300 W 和 400 W 两种,对于个人计算机来说,选用 300 W 的已经够用,而对于服务器来说,因为要面临升级以及不断增加的磁盘阵列,就需要更大的功率支持它,为此使用 400 W 电源应该是比较合适的,有的多路服务器采用 1 200 W 电源,如图 1.50 所示。

图 1.49 服务器万兆网卡

图 1.50 服务器电源

选购服务器时要注意电源是否通过 3C 认证,还要综合考虑产品品质、用户安全、健康等因素。劣质电源运行不稳定,工作噪声比较大,对用户的身体有一定的影响。一般情况下,服务器需要配置冗余电源,这主要针对系统稳定性要求比较高的服务器,冗余一般有二重冗余和三重冗余。

知识拓展·技巧提示

3C 认证也称为 CCC 认证,是 China Compulsory Certification 的缩写,中文意思是强制性产品认证制度,它是中国政府为保护消费者人身安全和国家安全,加强产品质量管理,依照法律法规实施的一种产品合格评定制度。

1.3.3 服务器的分类

随着服务器技术的不断发展,各种功能和用途的服务器不断涌现。按照不同的标准,服务器有不同的分类。

1. 按 CPU 架构划分

服务器按照 CPU 的架构划分,可以分为 X86 架构的服务器和非 X86 架构的服务器。

(1) X86 架构的服务器

X86 架构的服务器是指采用 CISC 架构 CPU 技术的服务器,即常说的 PC 服务器。X86 架构的服务器是基于 PC 机体系结构,使用 Intel 或其他兼容 X86 指令集的处理器芯片的服务器,也称 IA 架构。X86 架构的服务器具有价格便宜、兼容性好的优点,但其稳定性较差、安全性不算太高,主要用在中小企业和非关键业务中。X86 架构的服务器的 CPU 包括我们所熟悉的 IA-32、IA-64、X86-32 和 X86-64,其中 IA-32、IA-64、X86-32 属于 Intel 的 32 位 X86 架构,X86-64 是 AMD 在 Athlon64 系列处理器采用的新架构。

(2) 非 X86 架构的服务器

非 X86 架构的服务器是指采用 RISC 架构 CPU 的服务器,是高档服务器的代名词,通常使用 UNIX 系列操作系统。采用 RISC 架构服务器的性能比采用 CISC 架构的服务器高得多,但价格也高很多,通常是大型机、小型机和 UNIX 服务器采用的架构。

非 X86 架构的服务器价格昂贵,体系封闭,但是稳定性好,性能强,主要用在金融、电信等大型企业的核心系统中。常见的厂商主要有 IBM、HP、SUN 等。

随着 PC 技术的迅速发展,CISC 架构服务器与 RISC 架构服务器之间的技术差距已经大大缩小,用户基本上倾向于选择 IA 架构服务器,但是 RISC 架构服务器在大型、关键的应用领域中仍然居于非常重要的地位。

2. 按外形结构划分

按照服务器的外形结构划分,可分为机架式服务器、刀片式服务器和塔式服务器。

(1) 机架式服务器

机架式服务器是比较常用的服务器,它是按照统一标准设计配合机柜统一使用的服务器,如图 1.51 所示。因为服务器必须部署在具有良好的冷却系统、多重备份的供电系统的专业机房内,所以我们在选择服务器的时候首先要考虑服务器的体积、功耗、发热量等因素。机架式服务器的设计宗旨是为了尽可能减少服务器的占用空间,使用机架式服务器可以在有限的空间内部署更多的服务器,这将大大节省在机房环境上的投入。

图 1.51 机架式服务器

很多专业网络设备都是采用机架式的结构,如交换机、路由器、硬件防火墙等。这些设备之所以选择机架式结构,是因为它们都按统一标准进行设计,尺寸统一就可以安装在同一个机柜中。这样做一方面可以使设备占用最小的空间,另一方面也便于与其他网络设备的连接和管理,保证机房的整洁、美观。

机架式服务器通常安装在标准的 19 in 机柜里面,机架式服务器也有多种规格,如 1U、2U、4U、6U、8U 等。通常 1U 的机架式服务器最节省空间,但性能和扩展性较差,适合一些业务相对固定的使用领域。4U 以上的产品性能和扩展性较好,一般支持 4 个以上的高性能处理器和大量的标准热插拔部件。因为机架式服务器的空间比塔式服务器大大缩小,所以这类服务器在扩展性和散热问题上受到一定的限制。受到空间的限制机架式服务器单机性能就比较有限,例如 1U 的服务器大都只有 1~2 个 PCI 扩充槽。

知识拓展·技巧提示

"U"是一种表示机架式服务器外部尺寸的单位,是 unit 的缩略语。美国电子工业协会(EIA)规定厚度以 4.445 cm 为基本单位,1U 就是 4.445 cm,2U 则是 1U 的 2 倍为 8.89 cm。我们通常所说的 1U 的服务器,就是厚度为 4.445 cm 的产品。

(2)刀片式服务器

随着云计算、虚拟化等技术的应用,刀片式服务器也得到了很多高端用户的青睐,如图1.52所示。刀片式服务器已经成为高性能计算集群的主流,在全球超级500强和国内100强超级计算机中,许多新增的集群系统都采用了刀片式架构。

刀片式服务器是指在标准高度的机架式机箱内可插装多个卡式的服务器单元,是一种实现高可用高密度HAHD(High Availability High Density)的低成本服务器平台,为特殊应用行业和高密度计算环境专门设计,如图1.53所示。

图1.52 刀片式服务器

与传统的机架式和塔式服务器相比,刀片式服务器在设计上最大限度地节约服务器的使用空间,极大地减少外部线缆的数量,大大降低由于线缆连接故障带来的隐患,提高系统可靠性。每台刀片式服务器的刀箱上都安装有相应的管理系统,用户可以通过刀箱管理平台,在远程完成对每台刀片式服务器的系统安装、配置和管理。

刀箱中每台刀片式服务器都可以独立运行,它们可以通过刀片式服务器上独立的CPU、主板、内存、硬盘运行自己的操作系统。在这种模式下刀片式服务器相互之间没有关联,相比机架式服务器单个刀片服务器的性能较低。通常情况下,管理员通过刀箱背板,使用系统软件将这些刀片服务器集合成一个服务器集群。在集群模式下,所有的刀片服务器可以连接起来提供高速的运算环境。在集群模式下,只要插入新的刀片服务器,就可以提高整体性能。刀箱支持热插拔技术,如果某台刀片服务器出现故障,管理员可以轻松地进行替换,并且将维护时间减少到最短,如图1.54所示。

图1.53 刀片式服务器刀箱　　　　图1.54 刀片式服务器刀箱背板

另外,刀片式服务器还具有低功耗、空间小、稳定性高等特点,在一些密集计算、服务器虚拟化等应用中是不错的选择。

下面列举一款刀片式服务器,IBM提供的Blade Center是一个7U的19 in机架装置,可以为刀片式服务器提供冗余电源、冗余风扇、管理单元以及连接背板,并可安装网络交换机模块等。每一Blade Center可以安装14个刀片服务器,不同CPU的刀片服务器可以混插,并支持刀片服务器的热插拔。采用刀片服务器,单一机柜最多可容纳84个刀片服务器,共168个处理器。IBM的刀片支持Intel Xeon、Opteron和Power PC等不同CPU类型,以及

AIX、Linux、Windows 等不同的操作系统。由于刀片中心包含了交换机模块和独立的管理模块，可以极大地减少所需线缆和外部交换机。

(3) 塔式服务器

塔式服务器的外形及结构都与普通计算机差不多，只是体积稍大一些，其外形尺寸并无统一标准。由于塔式服务器的机箱比较大，服务器的冗余扩展性比较好，所以它的应用范围非常广泛。

塔式服务器的主板插槽很多，扩展性也比较强。由于塔式服务器的体积比较大，机箱内部往往会预留很多空间，可以随时进行硬盘、电源等的扩展。塔式服务器对放置空间没有具体要求，适合常见的入门级和工作组级服务器应用，而且成本比较低，性能也能满足大部分中小企业用户的要求，如图1.55所示。

图1.55 塔式服务器

3. 按用途划分

按照服务器的用途，可分为通用型服务器和专用型服务器。

(1) 通用型服务器

通用型服务器是可以提供各种应用和服务的服务器，市场上大多数服务器都属于通用型服务器。

(2) 专用型服务器

专用型服务器是指专门为某一种或某几种应用和服务设计的服务器，在结构设计和硬件配置上与通用型服务器不同。常见的专用型服务器有文件服务器、光盘镜像服务器、流媒体服务器等。

1.4 存储

1.4.1 存储的基础知识

1. 什么是存储

早期的存储是指服务器的磁盘，它安装于服务器机箱内，仅供本台服务器使用。随着存储的数据越来越多，服务器中的磁盘数量也在不断增加。但由于服务器主板所能提供的硬盘接口有限，这时出现了一种把磁盘集中在一起管理的设备，这就是存储，如图1.56所示。

图1.56 存储

存储是通过专用的线缆将服务器的总线和存储设备连接起来，通过专门的协议来实现数据的存储。多个服务器可以通过 SCSI 线缆或光纤与存储系统的连接，常见的存储协议包括 ISCSI 协议、FC 协议等。

2. 文件系统

文件系统是存储系统中最重要的一个概念,它定义了把文件存储于磁盘时所必需的数据结构及磁盘数据的管理方式。文件系统主要的作用是建立逻辑上的数据存储结构,在磁盘上建立文件系统的过程通常称为"格式化"。

文件系统和操作系统是紧密结合在一起的,不同的操作系统使用不同的文件系统,但有时为了兼容,不同的操作系统也使用相同的文件系统。常见的文件系统分为两类。

(1) Windows 文件系统

Windows 文件系统主要包括 FAT16、FAT32 和 NTFS,它们的功能与特点各不相同。在 Windows 系列操作系统中,MS-DOS 和 Windows 3.X 使用 FAT16 文件系统,Windows 98 和 Windows Me 可同时支持 FAT16、FAT32 两种文件系统。Windows NT 则支持 FAT16、NTFS 两种文件系统,Windows 2000 可以支持 FAT16、FAT32、NTFS 三种文件系统。

FAT32 文件系统采用 32 位的文件分配表,磁盘的管理能力较 FAT16 大为增强。但由于文件分配表的增大,性能相对来说有所下降。NTFS 文件系统是随着 Windows NT 操作系统而产生的,它比 FAT 文件系统有更好的安全性和稳定性,在使用中不易产生文件碎片。NTFS 分区对用户权限进行了严格的限制,同时它还提供了容错结构日志,从而保护了系统的安全。但 NTFS 分区格式的兼容性不好,Windows 98/ME 操作系统均不能直接访问该分区。

从磁盘容量上看,FAT32 文件系统支持最大的文件为 4 GB,使用 NTFS 文件系统可以支持的文件大小达到 64 GB,此外,NTFS 文件系统支持长文件名,分区最大支持 2 TB。

(2) UNIX 文件系统

在 UNIX 文件系统中,每个分区都是一个文件系统,都有自己的目录层次结构。UNIX 支持多种文件系统,并可以和许多其他操作系统共存。随着 UNIX 的不断发展,它所支持的文件格式系统也在迅速扩充。UNIX 系统中比较常见的文件系统包括:JFS、ext、ext2、ext3、ISO9660、XFS、Minx、MSDOS、UMSDOS、VFAT、NTFS、HPFS、NFS、SMB、SysV、PROC 等。常见文件系统和对应操作系统及其特点见表 1.2。

表 1.2 常见文件系统和对应操作系统及其特点

文件系统	操作系统	特点
Fat 文件系统 FAT12/FAT16 和 FAT32	Windows 95、Windows 98、OSR2、Windows 98 SE、Windows Me、Windows 2000 和 Windows XP	可以允许多种操作系统访问,如 MS-DOS、Windows 3.X、Windows 9X、Windows NT 和 OS/2 等。这一文件系统在使用时遵循 8.3 命名规则(即文件名最多为 8 个字符,扩展名为 3 个字符) 最大的限制在于兼容性方面,FAT32 不能保持向下兼容。当分区小于 512 MB 时,FAT32 不会发生作用。单个文件不能大于 4 GB

续表1.2

文件系统	操作系统	特点
NTFS 文件系统	Windows NT/2000	支持文件系统故障恢复,尤其是大存储媒体、长文件名,分区大小可以达到 2 TB。通过使用标准的事物处理日志和恢复技术来保证分区的一致性 只能被 Windows NT/2000 所识别,不能被 FAT 文件系统所存取
Ext2/ ext3/ XFS 等文件系统	Linux	是一种日志式文件系统。日志式文件系统的优越性在于:由于文件系统都有快取层参与运作,如不使用时必须将文件系统卸下,以便将快取层的资料写回磁盘中。因此,每当系统要关机时,必须将其所有的文件系统全部卸下后才能进行关机
NFS	UNIX 系统	网络文件系统,允许多台计算机之间共享文件系统,用于 UNIX 系统文件共享
CIFS	Windows 系列	网络文件系统,允许多台计算机之间共享文件系统,用于 Windows 系统文件共享

1.4.2 存储的分类

存储按照工作方式不同,分为直接附加存储、存储区域网络和网络附加存储。

1. 直接附加存储

直接附加存储(DAS)的全称是 Direct Attached Storage,它是指将存储设备通过 SCSI 线缆或光纤通道直接连接到服务器上的存储构架。直接附加存储解决了服务器内部存储到外部存储子系统的跨越,在早期存储解决方案中使用非常广泛。采用 SCSI 通道可以挂载最多 16 台服务器,采用 FC 通道可以支持 126 个服务器,如图 1.57 所示。

2. 存储区域网络

存储区域网络(SAN)的全称是 Storage Aera Network,它是一种通过网络方式连接存储设备和应用服务器的存储构架,这个网络专用于主机和存储设备之间的访问,如图 1.58 所示。存储区域网络由服务器、后端存储系统和连接设备组成。后端存储系统由 SAN 控制器和磁盘系统构成,控制器是后端存储系统的关键,它提供存储接入,数据操作及备份,数据共享、数据快照等数据安全管理及系统管理等一系列功能。连接设备包括交换机、HBA 卡和连接介质。

存储区域网络中,多台服务器可以通过存储网络同时访问后端存储系统,不必为每台服务器单独购买存储设备,降低存储设备异构化程度,减轻维护工作量,降低维护费用。存储区域网络的资源利用率比较高,不同应用和服务器的数据实现了物理上的集中,空间调整和数据复制等工作可以在一台设备上完成。存储区域网络使得服务器可以方便地接入现有 SAN 环境,大大降低了重复投资率和长期管理维护成本。在应用中常见的有以下两种 SAN 存储:FC SAN 和 IP SAN。

3. 网络附加存储

网络附加存储(NAS)的全称是 Network Attached Storage,它是一种文件共享服务。网络附加存储拥有自己的文件系统,通过 NFS 或 CIFS 对外提供文件访问服务。网络附加存储由存储阵列和服务器组成,存储阵列负责存储数据,服务器做对外提供文件级的访问。服务器上装有专门的操作系统,通常是简化的 Windows 或 UNIX 操作系统,如图 1.59 所示。

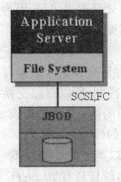
图 1.57　DAS 结构图

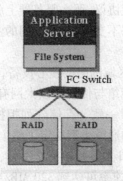
图 1.58　SAN 结构图

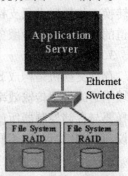
图 1.59　NAS 结构图

网络附加存储是可以即插即用的存储,它通过 TCP/IP 网络连接到应用服务器,因此可以基于现有网络扩展使用。NAS 支持不同的文件系统,可以为不同的操作系统提供文件的共享服务。NAS 通过优化文件系统提高了文件的访问效率,也支持相应的网络协议。

1.4.3　存储的硬件构成

1. 磁盘阵列柜

磁盘阵列柜的功能是将很多容量较小、稳定性较高、速度较慢的磁盘,组合成一个大的磁盘组,所以说磁盘阵列柜就是装配了大量硬盘的外置的 RAID。磁盘阵列柜在储存数据时,利用磁盘阵列技术,将数据切割成许多区段,分别存放在各个硬盘上,提高数据的安全性。磁盘阵列还能利用同位检查(Parity Check)的观念,在数组中任一块硬盘出现故障时,仍可读出数据,在数据重构时,将故障硬盘内的数据,经计算后重新置入新硬盘中。

磁盘阵列柜的原理是利用数组方式来作磁盘组,配合数据分散排列的设计,提升数据的安全性。由于磁盘阵列柜具有数据存储速度快、存储容量大等优点,所以磁盘阵列柜通常比较适合在企业内部的中小型中央集群网存储区域进行海量数据存储,如图 1.60 所示。

2. HBA 卡

HBA 的全称是 Host Bus Adapter,翻译成中文是主机总线适配器,如图 1.61 所示。它是一个在服务器和存储装置间提供物理连接的适配器,它减轻了主处理器在数据存储和检索任务中的负担,有效地提高了服务器的性能。

图 1.60　磁盘阵列柜

图 1.61　HBA 卡

为了实现服务器和存储设备之间的通信,通信的两端都需要实现同样的通信协议。存储使用的协议是由控制器决定的,控制器实现了存储设备与操作系统协议之间的转换,采用不同的协议使用的 HBA 卡也不相同。常见的服务器和存储设备之间的数据通信协议是 IDE 协议、SCSI 协议和 FC 协议。如果磁盘只支持 SCSI 协议,那么这种磁盘就不能直接与 PC 机连接。这时就需要在 PC 机扩展槽上插入一块 SCSI 卡,SCSI 卡实现了 PC 总线到 SCSI 的转换。如果磁盘只支持光纤通道协议,那么服务器上就需要支持光纤通道协议,因为光纤通道的高速特性一般服务器主板都不支持,需要专门的主机总线适配卡。

3. 存储交换机

存储交换机是构成 SAN 存储区域网络的核心设备,正确选择存储交换机才能提高存储区域网络的数据传输效率。SAN 网络与传统的以太网有着本质的区别,所以存储交换机的选择要与存储控制器所使用的协议一致。存储阵列柜控制器采用的协议有 FC 协议、SCSI 协议和 FCIP 协议等,不同的接口和通道类型决定了整个 SAN 网络的性能。

不同的 SAN 交换机支持的接口类型并不完全一样,而各种接口类型的性能也不一样。如 SCSI 接口的 Ultra 320 标准传输速率可达到 320 MB/s,传输距离最长只有 20 m;FC 光纤通道的传输速率可以达到 1~8 GB/s,至少比 SCSI 快 3 倍,常用于服务器主机与 SAN 交换机的连接。

我们在市场上接触到的大多数厂商的 SAN 交换机都是 OEM 几个主要品牌的,包括 IBM、Brocade(博科)、Cisco 等。而 EMC、HP 这样的厂商基本上都是采用 Brocade 的 SAN 交换机产品,如图 1.62 所示。

图 1.62 光纤交换机

4. 介质和接口

SAN 存储使用的传输介质包括光缆和铜缆两种,光缆分为单模长波和多模短波两种,单模长波最大传输距离为 10 km,多模短波最大传输距离为 500 m,铜缆最大传输距离为 30 m。光缆接口分为 SC 和 LC 两种,分别为 1 Gb 和 2 Gb 接口,铜缆接口分为 DB9 和 HSSDC 两种,其中 DB9 为 1 Gb 接口,HSSDC 分为 1 Gb 和 2 Gb 两种。8 Gb 光纤模块如图 1.63 所示。

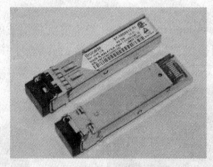

图 1.63 8 Gb 光纤模块

第 2 章
平板电脑和智能终端

知识要点

1. 了解平板电脑的分类。
2. 了解平板电脑的硬件组成。
3. 掌握苹果 iPad 的基本操作。
4. 掌握苹果 iPad 的软件和资源管理。

内容提要

平板电脑和智能终端是未来移动办公的主流设备,已成为日常办公和娱乐必备的工具,本章介绍常见的平板电脑的基本硬件构成和分类。本章实例部分以苹果 iPad 为例介绍平板电脑的硬件组成,通过实例介绍 IOS 系统的基本设置。

2.1 平板电脑的特点和分类

平板电脑是近年来个人计算机体系中新增加的一类设备,它的外观类似于一台笔记本电脑,但比笔记本电脑更袖珍,也有人把它称为笔记本电脑的浓缩版。平板电脑的外形介于笔记本电脑和掌上电脑之间,但其处理能力优于掌上电脑。它拥有笔记本电脑的所有功能,还支持手写输入和语音输入,其移动性和便携性更强。

2.1.1 平板电脑的概念

平板电脑的概念最早是由微软公司的比尔·盖茨提出的,从它的概念产品看,就是一款无须翻盖、没有键盘、小到足以放入女士手提袋的功能完整的个人计算机。平板电脑的英文全称是 Tablet Personal Computer,它是指采用触摸屏的平板形状的笔记本电脑,允许用户通过一支触控笔或数字笔来取代传统的键盘或鼠标进行操作,如图 2.1 所示。

图 2.1 平板电脑

平板电脑是下一代移动商务 PC 的代表，我们所熟知的 iPad 已成为年轻白领的必备工具。iPad 由苹果的首席执行官史蒂夫·乔布斯于 2010 年 1 月 27 日在美国旧金山发布，可以说 iPad 引发了一场平板技术革命。iPad 的成功让各 IT 厂商将目光重新聚焦在了平板电脑上，iPad 也被归为"平板电脑"一类。从专业的角度讲，iPad 不能算作真正意义上的平板电脑，从平板电脑的概念上看，它要求必须能够安装 X86 版本的 Windows 系统、Linux 系统或 Mac OS 系统。iPad 系统是基于 ARM 架构的，安装的是 IOS 系统，包括苹果的首席执行官乔布斯也表示 iPad 不是平板电脑，但人们普遍还是认为 iPad 是一款成功的平板电脑。

2.1.2 平板电脑的特点

平板电脑是集移动通信、商务办公和娱乐为一体，具有手写识别和无线网络通信功能的个人计算机。它具有以下几个特点。

1. 个性化外观

有的平板电脑就是一个单独的液晶显示屏，只是比显示屏要厚一些，在上面配置了硬盘等必要的硬件设备。有的平板电脑外观和笔记本电脑相似，但它的显示屏可以随意地旋转。

2. 触摸显示屏

平板电脑的显示屏都是带有触摸识别的液晶屏，可以用感应笔手写输入。

3. 手势识别

手势识别是非常有用的工具，当同时和键盘使用时就能大幅度提高效率。例如，Firefox 的某些扩展就支持打开触控笔在屏幕上画的圈包含的所有链接。

4. 便携移动

平板电脑像笔记本电脑一样体积小而轻，具有随身携带的特点，可以随时转移它的使用场所。在开会时平板电脑可以平放在桌面或者用户的臂弯上，在家里可以躺在沙发上用平板电脑上网。

5. 手写输入

平板电脑都支持手写输入，用户可以不用键盘和鼠标而通过直接书写的方式输入。

2.1.3 平板电脑的分类

根据平板电脑的结构和功能，一般把平板电脑分为以下 3 类。

1. 可变式平板电脑

可变式平板电脑是将键盘与电脑主机集成在一起，通过一个巧妙的结构与液晶屏紧密连接，液晶屏与键盘主机折叠在一起时可作为一台"纯平板电脑"使用，将液晶屏掀起时，又可作为一台具有触摸和手写功能的笔记本电脑（ThinkPad X1），如图 2.2 所示。

这种类型平板电脑的屏幕不仅可以进行上下翻折，还可以进行 180°的旋转，有的还可以进行插拔。这种类型的平板电脑可以方便地将显示画面展示给其他用户，它更接近于笔记本电脑，是一台双用途平板电脑。

2. 纯平板电脑

纯平板电脑是将电脑主机与液晶触摸屏集成在一起，将手写输入作为其主要输入方式，它们更强调在移动中使用。这类平板电脑也可随时通过 USB 端口、红外接口或其他端口外接键盘和鼠标，是目前市场上比较流行的平板电脑，如图 2.3 所示。

图 2.2　可变式平板电脑(ThinkPad X1)

图 2.3　纯平板电脑

3. 工业用平板电脑

工业用平板电脑就是我们常说的工业触摸屏,类似一台触摸一体机,具有电脑的基本功能,如图 2.4 所示。工业用平板电脑内部的硬件采用的是工业主板,产品性能比较稳定。工业用平板电脑的价格比较高,防护等级也非常高,广泛应用在银行、教育等各个方面。

图 2.4　工业用平板电脑

2.1.4　平板电脑的选购

平板电脑市场在 2013 年迅猛发展,苹果、三星、联想等国际大品牌不断推出新品,爱国者、纽曼、昂达等国内品牌也推出自己的特色产品。随着品牌的增加,消费者在选购平板电脑时有了更多的选择。市场上的平板电脑尺寸、处理器、操作系统、屏幕类型各不相同,对于如何选购一款最适合的平板电脑,下面从用途、配置、尺寸和操作系统 4 个角度进行分析。

1. 从用途角度分析

平板电脑从应用的领域来看,一般有以下几类用途。

(1) 移动办公

商务人士需要经常出差,必须满足移动环境下的办公需求。这类人群一般需要屏幕较大、便携性较好、配置较高、外观时尚的平板电脑。在功能上要求能够流畅地运行 Office 办公软件、完成邮件的收发和网页浏览等功能,同时还要求在商务场合能够像笔记本电脑一样,做一些商务演示。这类人群推荐三星 P7500/7300、微软 Surface Pro 等,如图 2.5 所示,这类平板电脑科技感强,产品设计兼容性好,很适合商务移动办公使用。在可变式平板电脑中,ThinkPad X1 是一款非常适合商务办公的二合一平板电脑,加上一个底座就是超级本,拔下底座就是一款便携的平板电脑。

(2) 影音娱乐

影音娱乐是很多年轻人群选择平板电脑的重要需求,在不考虑价格的情况下,苹果 iPad 是非常不错的选择,如图 2.6 所示。如果考虑性价比,可以选择一些国产品牌,例如爱国者、纽曼。这些品牌的9寸左右、配置中档的平板电脑,能够满足在线网页视频、在线游戏、在线听歌、在线看书等需求。

图2.5 微软 Surface Pro

图2.6 苹果 iPad

(3) 语音通话

带语音通话功能的平板电脑又称为智能平板手机,它既有平板电脑的功能,又能作为3G 手机使用,同时兼顾了通信与网络应用两大功能。爱国者 N700PLUS、三星 P6800 是这方面产品的代表,这类产品适合追求新技术的人群使用,如图 2.7 所示。

(4) 游戏

以游戏为主的娱乐性平板电脑要求能轻松地运行较大型的单机版 3D 游戏,如都市赛车5、沙漠风暴等游戏。这类产品多采用双核 A9 架构,典型产品如爱国者半岛铁盒 G1、纽曼 M9 等,如图 2.8 所示。

图2.7 三星 P6800

图2.8 纽曼 M9

(5) 特殊用途

特殊用途的平板电脑是指为特定的工作领域专门定制的平板电脑,如点餐平板电脑、股票交易平板电脑、电子书包等。这类平板电脑都具备 3G 网络功能,运行速度较快,如图 2.9 所示。

2. 从配置角度分析

在目前主流的平板电脑产品中,配置有高、中、低三档。

图2.9 点餐平板电脑

(1) 高档配置平板电脑

高档配置平板电脑一般配置双核 A9 主频 1.2 GB 处理器和 2 GB 左右的内存,屏幕基本为 10.1 in 十点触摸电容屏,一般采用 1 280×800 的高分辨率。这种配置已经能够完成很多工作,接近一台笔记本电脑,比较适合高端商务人群选择。

(2) 中档配置平板电脑

中档配置平板电脑一般配置 8 in 或 9.7 in 电容屏,屏幕分辨率在 800×600 以上,配置双核 A8 处理器和 1 GB 内存。在实际应用中,无论是在线视频,还是娱乐游戏,均有不错的表现。这类平板电脑比较适合追求性价比,但对配置有一定要求的用户选择。

(3) 低档配置平板电脑

低档配置平板电脑一般配置 8 in 以下电容屏,配置单核处理器。此类产品以国产为主,还有众多小品牌甚至山寨产品,也纷纷抢入此类配置产品市场。这类配置的平板电脑价格非常便宜,能实现众多功能,但产品质量良莠不齐,小品牌的返修率居高不下。

3. 从尺寸角度分析

平板电脑的尺寸有大尺寸、中等尺寸和小尺寸 3 种。

(1) 大尺寸平板电脑

大尺寸的平板电脑为 8.9 in、9.7 in、10.1 in,基本是国际大品牌及少量优质国产品牌,以三星、苹果、微软为代表。此类尺寸平板电脑在性能、配置上已经接近了笔记本电脑,能满足大部分商务方面的需求。

(2) 中等尺寸平板电脑

中等尺寸的平板电脑为 7 in、8 in,这类尺寸的平板电脑比较受大家的欢迎,大小适中,适合强调便携、以影音娱乐为主的消费者选择。爱国者、联想、纽曼等均有众多型号销售。此类产品的配置基本属于中档,在普通消费者中占有较大的份额。

(3) 小尺寸平板电脑

小尺寸的平板电脑为 4.3 in、5 in,这类尺寸的平板电脑价格便宜,主要为学生群体及预算有限的礼品市场所采用。

4. 从操作系统角度分析

平板电脑的操作系统主要有 Android、IOS、Windows 8 等。目前市场上 90% 以上品牌采用的是 Android 和 IOS 操作系统,选择什么样的平板电脑和操作系统关系密切。IOS 操作系统下的应用软件很多,但只能在苹果的 iPad 上使用,且需要从苹果商店购买。Android 操作系统被各品牌平板电脑及智能手机广泛使用,用户群庞大,应用软件也很多,且不需要花钱购买软件。Windows 8 操作系统最大的优点是容易上手操作,能与传统计算机无缝对接,但支持 Windows 8 系统的应用程序较少。每个系统都有它的特点,具体选择什么操作系统的平板电脑,最终还是要看客户需要什么样的功能。

2.2 平板电脑硬件结构

平板电脑从功能上讲已经与笔记本相差不大,说它是"迷你版"的电脑毫不为过。集成度如此之高的平板电脑是如何工作的呢?下面我们来看一下平板电脑的硬件结构,了解其与普通计算机的区别。

2.2.1 平板电脑的结构

平板电脑与普通计算机一样,由主板、CPU、内存、存储器和一些输入输出设备组成,下面以苹果 iPad 为例加以介绍。图 2.10 所示是一幅 iPad 拆机后的全家福图片,在图片中可以看到 iPad 的显示屏、主板、电池、音箱、连接线等配件。

图 2.10　iPad 硬件结构图

2.2.2 平板电脑的主板

与传统计算机一样,打开平板电脑机箱后,最先看到的就是平板电脑的主板。主板是整个平板电脑的核心部件,集成了支撑平板电脑运行的芯片和电路元件。在 iPad 的主板上配置了 Apple A4 处理器和两颗三星的 Flash 闪存,还包括 Broadcom BCM5973 以及德州仪器 CD3240A1 芯片等。平板电脑主板的集成度非常高,各个配件已经不再像传统计算机那样容易拆开,已经不再容易找到 CPU、内存、显卡等配件,如图 2.11 所示。

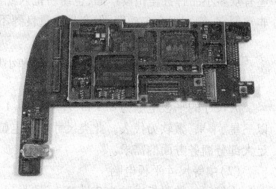

图 2.11　iPad 主板结构图

2.2.3 平板电脑的 CPU 和内存

传统计算机的 CPU 和内存是分离的,而在平板电脑高度集成的环境下,是通过一种 SoC(System on Chip)芯片来实现的。SoC 芯片,也称为"片上系统",简单来说它是集成 CPU、内存、GPU 等特别运算单元的芯片。SoC 芯片就等同于一个微型系统,采用这种设计的最大优势就是高集成度,可极大地节省空间,如图 2.12 所示。

图 2.12　iPad 的处理器

平板电脑的核心处理器已经不是一个功能单一的运算单元,它就像是一个大杂烩。在芯片内,除了核心处理器以外,还整合有负责各种多媒体工作的运算单元,例如,视频编解码、音频编解码、2D 图像处理等运算单元。在平板电脑中已经找不到传统计算机中的显卡,显卡的功能由图形运算单元实现。图形运算单元负责图形加速,与其他图形处理器配合,来完成摄像头照片拍摄、视频录制编码、特效、高清输出等工作。

平板电脑与传统计算机一样,需要高速的内存支持操作系统的工作,作为数据的临时仓库。不过,在平板电脑中,内存芯片也被整合到"处理器"芯片上。内存颗粒采用堆叠封装方式焊到处理器上,如同双层饼干一样,上面一层是内存芯片,下面一层是 ARM 处理器及 GPU 的整合层。因此,从外观上,我们同样很难看到内存颗粒的真面目,也无法把它们分离开。

> **知识拓展·技巧提示**
> 也不是所有平板的内存都是直接"焊"在处理器上的,这主要看厂商采用什么样的芯片方案,不少低端平板电脑的内存颗粒就是直接"焊"在主板上的。

2.2.4 平板电脑的存储器

平板电脑的存储器功能与传统计算机上的硬盘相同,用来存储用户数据。与传统计算机相比,平板电脑配备了固态硬盘作为自己的存储系统。平板电脑的操作系统、运行的软件、拍摄的照片都存储在存储器中。图2.13所示为iPad使用的存储芯片。

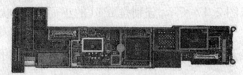

图2.13　iPad使用的存储芯片

2.2.5 平板电脑的网络芯片

平板电脑多应用于无线网络中,所以WiFi无线模块是平板电脑必备的组件。由于WiFi芯片功耗和体积较大,有些平板电脑会将它作为独立模块来设计,通过排线与主板连接。图2.14所示为iPad的WiFi独立模块。

图2.14　iPad的WiFi独立模块

平板电脑除了要支持WiFi,还要支持移动数据通信。在平板电脑中有一个专门的通信处理器CP,它负责所有通信软件的运行。这个通信处理器一般由支持不同制式手机通信网络的基带芯片构成,支持包括WCDMA、CDMA2000、GSM和4G LTE等制式网络。图2.15所示为iPad的蓝牙模块和天线。

图2.15　iPad的蓝牙模块和天线

2.2.6 平板电脑的感应单元

平板电脑除了具备传统计算机中基本硬件功能模块外,还引入了一些特殊功能的硬件,比如感应单元。用户在平板电脑上玩赛车的游戏,通过摇晃平板电脑可以控制赛车的方向,这使用的就是感应单元。三轴陀螺仪属于感应单元的一种,已经成为iPad上的基本硬件配置。安装三轴陀螺仪除了可以增加游戏的控制方式,还可以提高导航精度,可以让手机在进入隧道丢失GPS信号的时候,凭借陀螺仪感知的加速度方向和大小继续为用户导航,如图2.16所示。

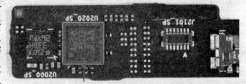

图2.16　iPad的三轴陀螺仪

此外,重力感应器、距离传感器等也均属于感应单元。多样化感应单元的应用,给平板电脑带来了新的应用模式,也给用户提供了更佳的应用体验。

2.3 iPad 的使用方法

目前市场上的平板电脑品牌和型号很多,苹果 iPad 是比较常用的平板电脑。下面以 iPad 为例详细介绍如何使用平板电脑。

2.3.1 iPad 的基本配置和按键

我们从 iPad 正反两面介绍它的基本配置,iPad 正面是它的屏幕、图标、标识和按钮。如图 2.17 所示,分别是 iPad 的正面相机、状态栏、触摸屏、应用程序图标和主屏幕按钮。

如图 2.18 所示,iPad 的背面有睡眠/唤醒开关、麦克风、耳机插孔、背部相机镜头、侧边开关、音量按键、微型 SIM 卡托架和开启孔、扬声器和数据传输/电源插孔。

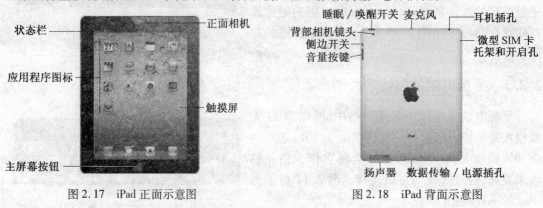

图 2.17　iPad 正面示意图　　　　图 2.18　iPad 背面示意图

iPad 的配件包括 10 W 的 USB 电源适配器、数据传输/电源插头转 USB 插头和电缆,如图 2.19 所示,另外还可以选配触屏软头书写笔。

图 2.19　iPad 配件

2.3.2 iPad 的开关机

1. 开机

iPad 的开机方法是按住"睡眠/唤醒"按钮数秒,直到屏幕上出现 Apple 标志。

2. 锁定

iPad 的锁定方法是按下"睡眠/唤醒"按钮。

3. 解锁

iPad 的解锁方法是按下主屏幕按钮或"睡眠/唤醒"按钮,然后拖移滑块。

4. 关闭

iPad 的关闭方法是按住"睡眠/唤醒"按钮数秒,直到屏幕上出现红色滑块,然后拖移滑块出现动画标志。

> **知识拓展·技巧提示**
>
> iPad 可以通过侧边开关来锁定屏幕旋转或静音。在"设置"中,选取"通用"→"侧边开关用于…"来设定。

2.3.3 iPad 系统软件介绍

1. iPad 预装的应用介绍(表 2.1)

表 2.1 iPad 预装的应用

图标	应用名称	功能简介
	日历	查看日历
	通讯录	iPad 上保存联系人的信息
	备忘录	随时随地记录备忘录
	地图	查看全球各个位置的地图、卫星影像图
	视频	播放 iTunes 资料库或影片收藏中的影片、电视节目
	YouTube	YouTube 在线收藏播放视频,需设置并登录到 YouTube 账户
	iTunes	在 iTunes Store 中搜索音乐、有声读物、电视节目、音乐视频和影片,在电脑和 ipad 间同步数据
	App Store	在 App Store 中搜索您可以购买或下载的应用程序
	Game Center	用于玩各种新游戏并与朋友分享您的游戏体验
	FaceTime	通过无线局域网与其他 FaceTime 用户进行视频通话,类似于 QQ、MSN
	相机	拍照和录像。可在 iPad 上观看照片和视频,用电子邮件发送,或将照片上传到电脑或互联网
	Photo Booth	使用正面相机或背面相机来拍摄快照。拍摄快照之前可添加特效
	设置	对 iPad 进行个性化设置,如网络、邮件、视频、照片等。管理 iPad 无线局域网,设定安全密码
	Safari	用于浏览互联网上的网站。连按两次以放大或缩小,可打开多个网页。可与电脑 Explorer 同步书签
	Mail	使用多种流行的电子邮件服务、大多数业内标准 POP3 和 IMAP 电子邮件服务收发电子邮件
	照片	将照片和视频整理到相簿
	iPod	与 iTunes 资料库同步,在 iPad 上播放歌曲、有声读物,可使用"家庭共享"从用户的电脑播放音乐

2. 其他常用 iPad 应用(表2.2)

表2.2 其他常用 iPad 应用

图标	名称	功能简介
	Office2 HD	兼容 Microsoft Word 文字处理和 Excel 工作簿,查看、编辑和创建 Word 文档和 Excel 文档
	Pages	兼容 Microsoft Word 文字处理,用于制作信函、报告等
	Numbers	兼容 Microsoft Excel,可用于制作具有表格、图表、照片和文本的电子表格
	Keynote	兼容 Microsoft PowerPoint 文档,可用于制作幻灯片演示文稿
	iBooks	采用 EPUB 电子书格式,可以搜索免费的 EPUB 书籍,然后使用 iTunes 同步到 iPad 上

2.3.4 iPad 应用程序的安装

在平板电脑中安装应用程序的方法有两个,可以在 iPad 中使用 AppStore 安装应用程序,也可以在计算机上使用 iTunes 下载应用后,通过程序同步安装应用程序。

用数据线 iPad 与计算机连接,在计算机上打开已经配置好的 iTunes,在苹果商店下载相关的应用后,按下面的步骤操作(iTunes 的安装和使用方法参照2.4.2)。

【Step1】在 iTunes 左侧菜单中选择已经识别的 iPad。

【Step2】在识别的 iPad 窗口菜单上选择应用程序,如图2.20所示。

图2.20 iPad 安装应用程序

【Step3】勾选同步应用程序复选框,并勾选准备安装的应用程序。

【Step4】点击同步按钮,并观察同步状态栏显示的同步进度,如图2.21所示。

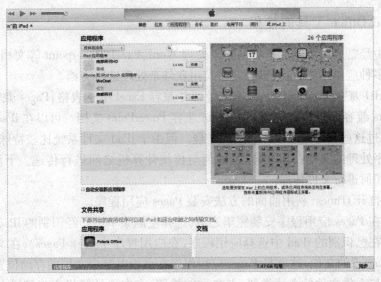

图 2.21　iPad 同步文件

2.3.5　iPad 同步文件

在平板电脑的使用过程中,需要经常从计算机中将文件拷贝到平板电脑中,最常用的方法是使用文件同步。iPad 文件同步的方法有很多,可以使用 PP 助手、iFile 等第三方软件,最常用的还是使用 iTunes 来进行操作。

通过 iTunes 可以向 iPad 中复制音乐、视频、文档等文件,下面以向 iPad 中复制音乐为例介绍文件同步的方法。

【Step1】打开 iTunes,在 iTunes 左侧选择资源库中的音乐(如果复制的是视频就选择影片)。

【Step2】将要拷贝的音乐拖拽到音乐栏的空白处。

【Step3】在 iTunes 左侧菜单中选择找到已经识别的 iPad。

【Step4】在识别的 iPad 窗口菜单上选择音乐。

【Step5】勾选同步音乐和下面的整个音乐资料库。

【Step6】点击应用并观察同步的状态。

知识拓展·技巧提示

ipad 支持的视频格式主要是 mp4 和 mov。许多视频格式都要通过转换成 mp4 和 mov 才能导入到 ipad。视频转化可以使用格式工厂 Format Factory。

文件同步是指授权计算机上 iTunes 资料库与 iPad 之间的数据(包括应用程序、音频、视频、文档等)的同步,即通过同步保持 iPad 与 iTunes 资料库所选内容的一致。文件同步之后,在计算机上可对 iTunes 资料库的数据进行随意增加或删除,iPad 上的数据也将随 iTunes 资料库变动后的数据,在同步中得到增加或删除。在 iPad 上删除的数据不会影响 iTunes 资料库,同步时会根据需要在 iPad 上得到恢复。

2.3.6　iPad Office 工具的使用

在工作中经常会需要通过平板电脑来处理 Word、Excel、Powerpoint 等文档，苹果的应用商店提供了多种应用程序，这里推荐几款应用软件来处理这些文档。

Office2 HD 兼容 Microsoft Word 文字处理并兼容 Excel 电子表格；Pages 兼容 Word 文字处理；Numbers 兼容 Excel 电子表格；Keynote 兼容 PowerPoint 文档。可以在 iPad 中安装这些应用程序，通过这些程序进行 Office 文档处理。但由于 iPad 文件系统比较特殊，必须弄清楚这些应用程序处理的文档在什么位置，如何与传统计算机之间进行传递。下面以 Pages 程序为例介绍如何进行文件传递。

【Step1】打开 iTunes，利用前面的方法安装 Pages 应用程序。

【Step2】在 Pages 应用程序安装完毕之后，选择左侧菜单中已经识别的 iPad。

【Step3】在已识别的 iPad 中选择应用程序，在应用程序中选择 Pages。在文件共享窗口中会显示"Pages"的文稿，这就是 Pages 应用程序在平板电脑中文档的存储位置。

【Step4】与上传文件的方法类似，点击添加按钮，在本地计算机中找到准备上传到平板电脑的 Word 文档，点击"打开"按钮完成文档的上传。

【Step5】在 iPad 平板电脑中打开 Pages 应用程序，在 Pages 的文件中就可以打开上传的文档并进行编辑。

【Step6】使用平板电脑中的 Pages 应用程序编辑文档之后，另存一个新的文档，再通过同样的方法拷贝到本地计算机。

通过上面的操作就完成一个 Word 文档在计算机和平板电脑上进行编辑和传递，同样也可以通过 PP 助手、iFile 等程序实现这个功能。

2.4　苹果 IOS 系统基本设置实训

iPad 已经成为很多追求时尚的人士的最佳选择，但是 iPad 所使用的 IOS 系统大家可能并不熟悉。下面以一台全新的 iPad 为例，介绍 iPad 的初始化设置和如何用 iTunes 连接 iPad。

2.4.1　激活 iPad

打开一台全新的 iPad，首先要对它进行激活。

【Step1】打开开机键，滑开锁屏键进行解锁，如图 2.22 所示。

【Step2】点下方的下拉菜单选择你需要的语言，如图 2.23 所示。

【Step3】这里我们选择简体中文，选择右上角的箭头标志，如图 2.24 所示。

【Step4】选择"显示更多"，如图 2.25 所示。

【Step5】这里我们选择"中国"，点击"下一步"，如图 2.26 所示。

【Step6】根据个人的需要选择启用定位服务或者停用，然后点击"下一步"，如图 2.27 所示。

图 2.22 iPad 解锁

图 2.23 选择语言

图 2.24 选择"简体中文"

图 2.25 选择"显示更多"

图 2.26 选择"中国"

图 2.27 选择定位服务

【Step7】无线网选择后,点击"下一步",如图 2.28 所示。
【Step8】如果没有 Apple ID,可以选择最下方的"跳过此步骤",如图 2.29 所示。
【Step9】选择"跳过",如图 2.30 所示。

图 2.28 选择无线网

图 2.29 输入 Apple ID

图 2.30 跳过步骤

【Step10】选择"同意",如图 2.31 所示。
【Step11】是否发送诊断根据个人习惯进行选择,这里选择"不发送",点击"下一步",如

图 2.32 所示。

图 2.31　同意协议

图 2.32　不发送诊断

【Step12】开始使用 iPad。

2.4.2　iTunes 的下载和安装

iTunes 是苹果所有移动设备如 iPod、iTouch、iPhone 和 iPad 的 PC 套件。通过 iTunes 在移动设备上安装应用程序,并可在电脑和移动设备之间进行数据的同步和更新。

1. 下载 iTunes

在浏览器地址栏中输入 http://www.apple.com.cn,进入苹果中国官方网站,在首页面中找到 iTunes,如图 2.33 所示。

图 2.33　进入苹果官方网站

进入 iTunes 下载页面。在电子邮件地址对话框中填写在苹果商店上注册的电子邮件地址,点击"立即下载",如图 2.34 所示。

下载完成后出现一个文件名为 iTunesSetup.exe 的文件。

2. 安装 iTunes

安装 iTunes 与安装其他 Windows 环境下的软件方法相同,双击 iTunesSetup.exe 安装文件,点击"下一步(N)"按钮。仔细阅读许可协议后,选择"我接受许可协议中的条款",点击

图 2.34　进入 iTunes 下载界面

"下一步(N)"按钮。在安装选项中为 iTunes 选择默认语言为简体中文,并为 iTunes 选择一个安装目录,点击"下一步(N)"按钮,如图 2.35 和图 2.36 所示。

后面使用软件默认安装即可,如果安装过程顺利会弹出"恭喜您,iTunes 已成功安装在您的电脑上"对话框,点击"结束(F)"按钮,进入 iTunes 程序主界面,如图 2.37 和图 2.38 所示。

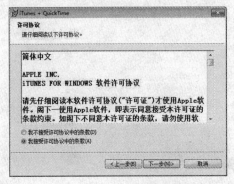

图 2.35　运行安装程序

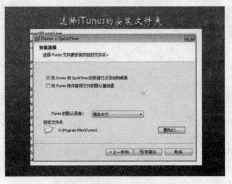

图 2.36　选择安装路径

图 2.37　结束安装

图 2.38　进入程序主界面

第 3 章 网络设备

> 📌 **知识要点**
> 1. 掌握网卡的基本概念。
> 2. 了解网卡的分类。
> 3. 掌握路由的概念。
> 4. 掌握路由器的工作原理。
> 5. 了解路由的分类。
> 6. 掌握交换机的概念。
> 7. 了解交换机的分类。

> ✏️ **内容提要**
> 组建一个办公网络离不开网络硬件设备,网络设备是连接到网络中的物理实体,网络设备的种类繁多,基本的网络设备有:集线器、交换机、防火墙、网桥、路由器、网关、网络接口卡(NIC)、无线接入点(WAP)和调制解调器。
> 在办公网络中常用的网络硬件包括网卡、路由器、交换机和防火墙。本章从组建一个办公网络的实际需求出发,介绍网卡、路由器、交换机、防火墙的基本功能、硬件构成和使用方法。

3.1 网卡

无论是在一个局域网,还是在一个广域网中,计算机通信都是由网卡通过传输介质连接到网络设备。网卡是影响计算机网络传输速率和稳定性的重要因素,下面重点介绍网卡的基本知识。

3.1.1 网卡的概念

网卡也称为网络接口卡(Network Interface Card,NIC),它是计算机或其他网络设备所附带的适配器,用于计算机和网络间的连接。网卡的主要功能是实现计算机和网络介质之间的物理连接,为计算机之间相互通信提供一条物理通道,并进行数据传输,如图 3.1 所示。

网卡使用物理层(第一层)和数据链路层(第二层)的协议标准进行工作,它负责接收网络中传输过来的数据包,并对数据包进行解析

图 3.1 网卡

后,传输给 CPU 进行处理。每一种类型的网络接口卡都是分别针对特定类型的网络设计的,例如以太网、令牌网、FDDI 或者无线局域网,在办公网络中最常用的是以太网卡。

3.1.2 网卡的分类

为满足不同网络环境的需要,出现了很多不同类型的网卡。网卡有很多分类标准,通常可以按照网卡的工作环境、总线类型、网络接口和带宽来划分。

1. 按照工作环境划分

网卡按照工作环境划分,可以分为有线网卡和无线网卡。

(1) 有线网卡

有线网卡是指工作在有线网络环境中的网卡,有线网卡要求必须将有线传输介质连接到网卡中才能正常工作。常见的有线网卡包括集成网卡、PCI 网卡和 USB 网卡。

集成网卡是集成在计算机主板上的芯片,现在的计算机的主板上通常都配有集成网卡芯片,它是目前比较常用的网卡,如图 3.2 所示。

图 3.2　集成网卡

PCI 网卡在老式的个人电脑上比较常见,我们在以往经常提到的安装网卡,也指的是 PCI 网卡。这种网卡在过去使用非常广泛,价格比较低廉,如图 3.3 所示。

USB 网卡是可以插在计算机的 USB 接口使用的网卡,它具有携带方便的优点,经常用于笔记本电脑的网络环境扩展,如图 3.4 所示。

图 3.3　PCI 网卡

图 3.4　USB 网卡

知识拓展·技巧提示

如果您使用的台式机的主板集成网卡出现硬件故障,无法修复,可以安装一块 PCI 网卡,这样操作维修时间最短,成本最低。如果是笔记本的板载网卡出现硬件故障,无法修复,可以购买一块 USB 网卡。

---

(2) 无线网卡

无线网卡是工作在无线网络环境中的网卡,无线网卡与有线网卡的用途十分相似,二者最大的区别在于使用的传输媒介不同。无线网卡是利用无线电波作为信息传输介质,利用无线电技术取代网线,可以和有线网络互为备份。

常见的无线网卡有 PCI 无线网卡、USB 无线网卡和 PCMCIA 网卡等。

PCI 无线网卡安装在主板的 PCI 插槽中,通常台式机安装 PCI 无线网卡来使用无线网络,如图 3.5 所示。

USB 无线网卡是通过 USB 接口为计算机提供无线网络接入服务器,是没有内置无线网卡的笔记本电脑使用无线网络的必选配件,如图 3.6 所示。

PCMCIA 无线网卡是老式笔记本电脑专用的外接无线网卡,目前流行的笔记本电脑都集成有 MINI-PCI 网卡,如图 3.7 所示。

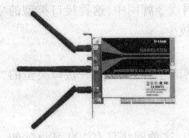
图 3.5 PCI 无线网卡

图 3.6 USB 无线网卡

图 3.7 PCMCIA 无线网卡

2. 按照总线类型划分

网卡按照总线类型划分,可以分为 ISA 总线网卡、PCI 总线网卡和 PCI-X 总线网卡。

(1) ISA 总线网卡

ISA 总线网卡是早期的一种接口类型的网卡,在 20 世纪 90 年代初期,几乎所有内置板卡都是采用 ISA 总线接口类型,一直到 20 世纪 90 年代末期都还有部分这类接口类型的网卡。当然,这种总线接口不仅用于网卡,像 PCI 接口一样,当时也普遍应用于包括网卡、显卡、声卡等在内的所有内置板卡。

ISA 总线接口由于 I/O 速度较慢,随着 PCI 总线技术的出现,ISA 总线已经被淘汰了,在市面上基本上看不到 ISA 总线类型的网卡。

(2) PCI 总线网卡

PCI 总线网卡是目前市场上主流的总线网卡,大多数的台式机上都使用 PCI 总线网卡。目前的 PCI 2.2 标准 32 位 PCI 接口数据传输速率最高可达 133 MB/s,老式的 ISA 接口数据传输速率最高仅为 33 MB/s。PCI 总线网卡的 I/O 速度要比 ISA 总线网卡快,所以 PCI 总线网卡已经取代了老式的 ISA 总线网卡。

(3) PCI-X 总线网卡

PCI-X 总线网卡是目前最新的一种在服务器上使用的网卡类型,它与原来的 PCI 相比,在 I/O 速度方面提高了一倍,比 PCI 接口具有更快的数据传输速度(2.0 版本最高可达到 266 MB/s 的传输速率)。这种总线类型的网卡在市面上还很少见,主要是由服务器生产厂商随机独家提供,如在 IBM 的 X 系列服务器中就可以见到它的踪影。PCI-X 总线接口的网卡一般为 32 位总线宽度,也有用 64 位数据宽度的。

3. 按照网络接口划分

网卡按照网络接口划分,可以分为 RJ-45 接口网卡、BNC 接口网卡、AUI 接口网卡、FDDI 接口网卡、ATM 接口网卡等。

(1) RJ-45 接口网卡

RJ-45 接口网卡是最为常见的一种网卡,也是应用最广的一种接口类型网卡,这主要得益于双绞线以太网应用的普及。因为这种 RJ-45 接口类型的网卡就是应用于以双绞线为传输介质的以太网中,它的接口类似于常见的电话接口 RJ-11,但 RJ-45 是 8 芯线,而电话线的接口是 4 芯的,通常只接 2 芯线(ISDN 的电话线接 4 芯线)。在网卡上还自带两个状态指示灯,通过这两个指示灯颜色可初步判断网卡的工作状态。

(2) BNC 接口网卡

BNC 接口网卡应用于用细同轴电缆为传输介质的以太网或令牌网中,这种接口类型的网卡较少见,主要因为用细同轴电缆作为传输介质的网络比较少。

(3) AUI 接口网卡

AUI 接口网卡应用于以粗同轴电缆为传输介质的以太网或令牌网中,这种接口类型的网卡更是很少见。

(4) FDDI 接口网卡

FDDI 接口网卡应用于 FDDI(光纤分布数据接口)网络中,这种网络具有 100 Mbit/s 的带宽,但它所使用的传输介质是光纤,所以这种 FDDI 接口网卡也是光纤接口的。随着快速以太网的出现,它的速度优越性已不复存在,但它须采用昂贵的光纤作为传输介质的缺点并没有改变,所以也非常少见。

(5) ATM 接口网卡

ATM 接口网卡应用于 ATM(异步传输模式)光纤(或双绞线)网络中,它能提供物理的传输速度达 155 Mbit/s。

4. 按照带宽划分

网卡按照工作带宽划分,可以分为 10 Mbit/s 网卡、100 Mbit/s 网卡、1 000 Mbit/s 网卡和 10 Gbit/s 网卡。

(1) 10 Mbit/s 网卡

10 Mbit/s 网卡是老式的 ISA 总线网卡,它的工作带宽限制在 10 Mbit/s 之内,目前已基本被淘汰了。

(2) 100 Mbit/s(百兆)网卡

100 Mbit/s 网卡是目前家用电脑常用的网卡,它的工作带宽可以达到 100 Mbit/s。这种网卡是目前局域网中较常用的用户端配置,网络接入交换机可以选择百兆交换机。

(3) 1 000 Mbit/s(千兆)网卡

1 000 Mbit/s 网卡也称为千兆以太网卡,是传输速率为 1 000 Mbit/s 的以太网卡,它的最大传输速度能达到 1 000 Mbit/s。它只能提供一种固定传输速度,不能实现 10/100/1 000 Mbit/s 自适应。千兆以太网卡多用于服务器,以便提供服务器与交换机之间的高速连接,提高网络主干系统的响应速度。

(4) 10 Gbit/s(万兆)网卡

10 Gbit/s 网卡是采用光纤接口的网卡,它工作在光纤网络之中,最大可达到 10 Gbit/s 的通信量。万兆网卡一般都是通过光纤线缆来进行数据传输,接口模块一般为 SFP(传输率 2 Gbit/s)和 GBIC(1 Gbit/s),对应的接口为 SC 和 LC,如图 3.8 所示。

图 3.8 双端口万兆网卡

3.1.3 网卡的工作原理

网卡上面装有处理器和存储器(包括 RAM 和 ROM),网卡在工作时要进行串行/并行转换。网卡和局域网之间的通信是通过光纤或双绞线以串行传输方式进行的。网卡和计算机之间的通信则是通过计算机主板上的 I/O 总线以并行传输方式进行。

由于网络上的数据率和计算机总线上的数据率并不相同,因此在网卡中必须装有对数据进行缓存的存储芯片。网卡并不是独立的自治单元,因为网卡本身不带电源而是必须使用所插入的计算机的电源,并受该计算机的控制。因此网卡可看成一个半自治的单元。当网卡收到一个有差错的帧时,它就将这个帧丢弃而不必通知它所插入的计算机。当网卡收到一个正确的帧时,它就使用中断来通知该计算机并交付给协议栈中的网络层。当计算机要发送一个 IP 数据包时,它就由协议栈向下交给网卡组装成帧后发送到局域网。

通常情况下网卡有两种工作模式,分别是全双工模式和半双工模式。

(1) 全双工模式

全双工模式的网卡在向网络中发送数据的同时,也能从网络中接收数据,发送和接收数据互不影响,能够同时进行,提高了网卡的使用效率。

(2) 半双工模式

半双工模式的网卡在工作时,在一个时间点只能单一地完成向网络中发送数据或从网络中接收数据的工作,而不能同时发送和接收数据。

知识拓展・技巧提示

采用全双工网卡能提高数据传输和处理能力,可以更好地利用网络带宽,提高网络资源的利用率。

在安装网卡时必须将管理网卡的设备驱动程序安装在计算机的操作系统中。这个驱动程序以后就会告诉网卡,应当从存储器的什么位置上将局域网传送过来的数据块存储下来。网卡还要能够实现以太网协议。

3.1.4 网卡的选购

在组建办公网络时,选择正确的网卡,是保证网络稳定和正常运行的重要条件。一般来说,在选购网卡时要考虑以下因素。

1. 网络类型

比较流行的有以太网、令牌环网、FDDI 网等,使用时应根据网络的类型来选择相对应的网卡。

2. 传输速率

应根据服务器或工作站的带宽需求并结合物理传输介质所能提供的最大传输速率来选择网卡的传输速率。以以太网为例,可选择的速率就有 10 Mbit/s、10/100 Mbit/s、1 000 Mbit/s,甚至 10 Gbit/s 等多种,但不是速率越高就越合适。例如,为连接在只具备 100 Mbit/s 传输速度的双绞线上的计算机配置 1 000 Mbit/s 的网卡就是一种浪费,因为其至多也只能实现 100 Mbit/s 的传输速率。

3. 总线类型

计算机中常见的总线插槽类型有 ISA、EISA、VESA、PCI 和 PCMCIA 等。在服务器上通常使用 PCI 或 EISA 总线的智能型网卡,工作站则采用可用 PCI 或 ISA 总线的普通网卡,笔记本电脑则用 PCMCIA 总线的网卡或采用并行接口的便携式网卡。PC 机基本上已不再支持 ISA 连接,所以当为自己的 PC 机购买网卡时,千万不要选购已经过时的 ISA 网卡,而应当选购 PCI 网卡。

4. 网卡的接口

网卡最终是要与网络进行连接,所以也就必须有一个接口使网线通过它与其他计算机网络设备连接起来。不同的网络接口适用于不同的网络类型,常见的接口主要有以太网的 RJ-45 接口、细同轴电缆 BNC 接口和粗同轴电缆 AUI 接口、FDDI 接口、ATM 接口等。而且有的网卡为了适用于更广泛的应用环境,提供了两种或多种类型的接口,如有的网卡会同时提供 RJ-45、BNC 接口或 AUI 接口。

除了上面介绍的几个方面,在选购网卡的时候还应注意它的功能。例如,网卡是否支持远程启动,是否支持网络唤醒等功能。最后,还应该注意网卡的驱动程序是否支持多个操作系统。

3.2 路由器

3.2.1 路由器的概念

路由器是连接因特网中各局域网、广域网的设备,它能够将不同网络或网段之间的数据信息进行"翻译",使不同网络或网段之间能够相互"读懂"对方的数据,从而构成一个更大的网络。

路由器通常由于位于两个或者多个网络的交汇处,可以在它们之间传递分组,当数据从一个网络传输到另一个网络时,可通过路由器的路由功能来完成。路由器具有判断网络地址和选择 IP 路径的功能,它能在多网络互联环境中,建立灵活的连接,可用完全不同的数据分组和介质访问方法连接各种子网,路由器只接受源站或其他路由器的信息,属网络层的一种互联设备,如图 3.9 所示。

图 3.9 路由器

目前路由器已经广泛应用于各行各业,各种不同档次的产品已成为实现各种骨干网内部连接、骨干网间互联和骨干网与互联网互联互通业务的主力军。

3.2.2 路由器的分类

路由器是互联网中必要的网络设备,为满足不同的应用,市场上出现了各式各样的路由器。路由器的分类标准有很多,通常可以通过背板交换能力、结构、功能、应用、所处网络位置、性能来划分。

1. 按照背板交换能力划分

路由器按照背板交换能力划分,可以分为高端路由器、中端路由器和低端路由器。

(1) 高端路由器

按照行业的标准,通常情况下把背板交换能力大于 40 Gbit/s 的路由器称为高端路由器。

(2) 中端路由器

按照行业的标准,通常情况下把背板交换能力在 25 Gbit/s 到 40 Gbit/s 之间的路由器称为中端路由器。

(3) 低端路由器

按照行业的标准,通常情况下把背板交换能力小于 25 Gbit/s 的路由器称为低端路由器。

按照背板交换能力划分是一种宏观上的划分标准,实际上路由器档次的划分不仅是以背板带宽为依据的,而是有一个综合的指标。以市场占有率最大的 Cisco 公司为例,12 000 系列为高端路由器,7 500 以下系列路由器为中低端路由器。

2. 按照结构划分

路由器按照结构划分,可以分为模块化路由器和非模块化路由器。

(1) 模块化路由器

模块化路由器采用模块化结构,电源、主控板、业务板都采用模块化,用户可以灵活地配置路由器,以适应用户不断增长的业务需求,如图 3.10 所示。

(2) 非模块化路由器

非模块化路由器是一个盒式设备,通常情况下只提供固定接口,设备本身无法进行扩展,如图 3.11 所示。

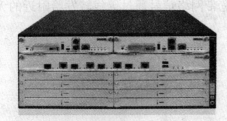
图 3.10 模块化路由器

图 3.11 非模块化路由器

模块化结构可以灵活地配置路由器,以适应企业不断增加的业务需求,非模块化路由器就只能提供固定的端口。通常中高端路由器为模块化结构,低端路由器为非模块化结构。

3. 按照功能划分

路由器按照功能划分，可以分为骨干级路由器、企业级路由器和接入级路由器。

（1）骨干级路由器

骨干级路由器是实现企业级网络互联的关键设备，它的数据吞吐量较大。骨干级路由器要求满足高速度和高可靠性，网络系统普遍采用诸如热备份、双电源、双数据通路等传统冗余技术，从而使得骨干级路由器的可靠性一般不成问题。

（2）企业级路由器

企业级路由器连接对象较多，但系统相对简单，且数据流量较小，对这类路由器要求是以尽量简便的方法实现尽可能多的端点互联。企业级路由器大多可以提供大量端口，比较容易配置，支持 QoS、广播和组播等功能。

（3）接入级路由器

接入级路由器主要应用于连接家庭或 ISP 内的小型企业客户群体，并能在各个端口运行多种协议。

4. 按照应用划分

路由器按照应用划分，可以分为核心路由器、宽带路由器和无线路由器。

（1）核心路由器

核心路由器是位于网络中心的路由器，它和边缘路由器是相对的概念，有不同的大小和容量。从网络结构上说，某一层的核心路由器等同于另一层的边缘路由器。

（2）宽带路由器

宽带路由器是在一个紧凑的盒式设备中集成了路由器、防火墙、带宽控制和管理等功能，具备快速转发能力的网络设备。多数宽带路由器都针对中国宽带进行优化设计，可满足不同的网络流量环境。多数宽带路由器采用高度集成设计，集成 10/100 Mbit/s 宽带以太网 WAN 接口，并内置多口 10/100 Mbit/s 自适应交换机，方便多台机器连接内部网络与 Internet。

宽带路由器一般通过连接宽带调制解调器的以太网口接入 Internet，也支持与运营商宽带以太网接入的直接连接。宽带路由器内置了 PPPoE 拨号、DHCP 服务器、NAT 等功能，是组建小型办公网络的必备硬件，如图 3.12 所示。

（3）无线路由器

无线路由器是带有无线覆盖功能的路由器，它主要应用于用户上网和无线覆盖。无线路由器可以看作一个转发器，将家中墙上接出的宽带网络信号通过天线转发给附近的无线网络设备，如图 3.13 所示。

图 3.12　宽带路由器

图 3.13　无线路由器

无线路由器可以与所有以太网的 ADSL MODEM 直接相连,也可以在使用时通过交换机/集线器、宽带路由器等局域网方式接入。其内置有简单的虚拟拨号软件,可以存储用户名和密码拨号上网,可以为拨号接入 Internet 的 ADSL、CM 等提供自动拨号功能,而无需手动拨号或占用一台电脑做服务器使用。

> **知识拓展·技巧提示**
>
> SSID(Service Set Identifier)是"业务组标识符"的简称,是无线网络的标志符,用来识别在特定无线网络上发现的无线设备身份。所有的工作站及访问点必须使用相同的 SSID 才能在彼此间进行通信。SSID 是一个 32 位的数据,其值区分大小写。

5. 按照所处网络位置划分

路由器按照所处网络位置划分,可以分为边界路由器和中间节点路由器。

边界路由器处于网络边缘,用于不同网络路由器的连接。中间节点路由器处于网络的中间,用于连接不同的网络,起到数据转发的桥梁作用。由于各自所处的网络位置有所不同,其主要性能也不同。中间节点路由器主要面对各种各样的网络,所以中间节点路由器就需要更加注重 MAC 地址记忆功能,也就是要求选择缓存更大、MAC 地址记忆能力较强的路由器。由于边界路由器要同时接收来自不同网络路由器发来的数据,所以要求这种边界路由器的背板带宽要足够宽,当然这也要因边界路由器所处的网络环境而定。这两种路由器在性能上各有侧重,但所发挥的作用却是一样的,都是网络路由和数据转发。

6. 按照性能划分

路由器按照性能划分,可以分为线速路由器和非线速路由器。

线速路由器就是完全可以按传输介质带宽进行通畅传输,基本上没有间断和延时。通常线速路由器是高端路由器,具有非常高的端口带宽和数据转发能力,能以媒体速率转发数据包。中低端路由器属于非线速路由器,但是一些新的宽带接入路由器也有线速转发能力。

3.2.3 路由器的结构

路由器具有非常强大的网络连接和路由功能,它可以与各种各样的不同网络进行物理连接。路由器与计算机一样有处理器、内存、接口等硬件和操作系统软件。下面从路由器的处理器、内存和接口 3 个方面介绍路由器的物理结构。

1. 路由器的处理器

与计算机一样,路由器也包含了一个中央处理器,也就是常说的 CPU。CPU 是路由器的心脏,负责交换路由信息、路由表查找、数据包转发等任务,路由器处理数据包的速度在很大程度上取决于处理器的性能。

在中低端路由器中,CPU 的能力直接影响路由器的吞吐量和路由计算能力。在高端路由器中,CPU 只实现路由计算、分发路由表的工作,数据包的转发和查表由专门的芯片完成。随着路由器技术的发展,路由器上很多功能都可以通过芯片来实现,路由器的性能需要综合考虑路由器的吞吐量、延时、路由的计算能力等指标。

知识拓展·技巧提示

路由器的吞吐量表示在单位时间内通过某个网络(或信道、接口)的数据量。路由计算能力影响路由的收敛时间。

2. 路由器的内存

路由器的内存用于存储路由器配置、路由器操作系统、路由协议软件等内容。中低端路由器的路由表存储在内存中,高端路由器的路由表存储在存储卡中。路由器中存在多种内存,每种内存以不同的方式协助路由器工作,主要包括以下4种类型:只读内存、闪存、随机存取内存和非易失性随机存储内存。

(1)只读内存(ROM)

ROM 保存着路由器的引导(启动)软件,它是路由器运行的第一个软件,负责让路由器进入正常工作状态。有些路由器将一套完整的 IOS 保存在 ROM 中,以便在另一个 IOS 不能使用时救急使用。ROM 通常配置在一个或多个芯片上,焊接在路由器的主机板上。

(2)闪存(Flash)

闪存的主要用途是保存 IOS 软件,维持路由器的正常工作。若路由器安装了闪存,它便是用来引导路由器的 IOS 软件的默认位置,只要闪存容量足够大,可以保存多个 IOS 映象,以提供多重启动选项。

(3)随机存取内存(RAM)

RAM 的作用很广泛,IOS 通过 RAM 满足其所有的常规存储需要。

(4)非易失性随机存储内存(NVRAM)

NVRAM 的主要作用是保存 IOS 在路由器启动时读入的配置数据,这种配置称为"启动配置"。

3. 路由器的端口

路由器的端口主要分局域网端口、广域网端口和配置端口3类。常见的局域网接口主要有 AUI、BNC 和 RJ-45 接口,还有 FDDI、ATM、千兆以太网等都有相应的网络接口。

(1)AUI 端口

AUI 端口是用来与粗同轴电缆连接的接口,它是一种"D"型15针接口,这在令牌环网或总线型网络中是一种比较常见的端口之一。路由器可通过粗同轴电缆收发器实现与网络的连接,AUI 端口也常被用于与广域网的连接,但是这种接口类型在广域网应用得比较少。在 Cisco2600 系列路由器上,提供了 AUI 与 RJ-45 两个广域网连接端口,用户可以根据自己的需要选择适当的类型。

(2)RJ-45 端口

RJ-45 端口是双绞线以太网端口,它是我们最常见的端口。因为在快速以太网中也主要采用双绞线作为传输介质,所以根据端口的通信速率不同,RJ-45 端口又可分为10Base-T 网 RJ-45 端口和100Base-TX 网 RJ-45 端口两类。其中,10Base-T 网的 RJ-45 端口在路由器中通常标识为"ETH",而100Base-TX 网的 RJ-45 端口则通常标识为"10/100bTX"。这两种 RJ-45 端口仅就端口本身而言是完全一样的,但端口中对应的网络电路结构是不同的,所以接线时要特别注意。

(3) SC 端口

SC 端口也就是我们常说的光纤端口,用于与光纤的连接。光纤端口通常是不直接用光纤连接至工作站,而是通过光纤连接到具有光纤端口的交换机。

(4) 高速同步串口

在路由器的广域网连接中,应用最多的端口还要算高速同步串口,也就是我们常说的 SERIAL 口。这种端口主要是用于连接目前应用非常广泛的 DDN、帧中继(Frame Relay)、X.25、PSTN(模拟电话线路)等网络连接模式。在企业网之间有时也通过 DDN 或 X.25 等广域网连接技术进行专线连接。这种同步端口一般要求速率非常高,因为一般来说,通过这种端口所连接的网络的两端都要求实时同步。

(5) 异步串口

异步串口主要应用于 Modem 或 Modem 池的连接,用于实现远程计算机通过公用电话网拨入网络,最高数据传输速率可达到 115.2 KB/s。异步串口工作时不要求网络的两端保持实时同步,只要保证连续即可。网络传输时有一定的延时,用户上网时看到的内容不一定是实时内容。但这种延时非常小,不影响用户的正常使用。

(6) ISDN BRI 端口

ISDN BRI 端口用于 ISDN 线路通过路由器实现与 Internet 或其他远程网络的连接,可实现 128 KB/s 的通信速率。ISDN 有两种速率连接端口,一种是 ISDN BRI(基本速率接口),另一种是 ISDN PRI(基群速率接口)。

(7) 路由器配置端口

路由器的配置端口有两个,分别是"Console"和"AUX"。"Console"通常是用来进行路由器的基本配置时通过专用连线与计算机联用的,而"AUX"是用于路由器的远程配置连接用的。Console 端口使用配置专用连线直接连接至计算机的串口,利用终端仿真程序(如 Windows 下的"超级终端")进行路由器本地配置。路由器的 Console 端口多为 RJ-45 端口,AUX 端口多为异步端口,主要用于远程配置。AUX 端口与 Console 端口通常同时提供,因为它们各自的用途不一样。

3.2.4 路由器的工作原理

在一个企业网络中,如果实现内部通信,计算机可以通过交换机实现信息传递。如果内部网络要与外部网络进行通信,就需要识别不同网络的网络 ID 进行通信。路由器是用来连接不同的网络的,路由器的工作原理就是识别对方网络的路由器 IP 地址的网络 ID,判断是否与目的节点地址中的网络 ID 相一致。如果判断一致就向这个网络的路由器进行转发,接收网络的路由器在接收到源网络发来的报文后,根据报文中所包括的目的节点 IP 地址中的主机 ID 来识别是发给哪一个节点的,然后再直接发送。

为了更清楚地说明路由器的工作原理,下面以一个实例进行说明。假设其中一个网段网络 ID 号为"A",在同一网段中有 4 台终端设备连接在一起,这个网段的每个设备的 IP 地址分别假设为 A_1、A_2、A_3 和 A_4。连接这个网段上的一台路由器是用来连接其他网段的,路由器连接于 A 网段的那个端口 IP 地址为 A_5。同样路由器连接另一网段为 B 网段,这个网段的网络 ID 号为"B",连接在 B 网段的另几台工作站设备设的 IP 地址我们设为 B_1、B_2、B_3、B_4,同样连接与 B 网段的路由器端口的 IP 地址我们设为 B_5,如图 3.14 所示。

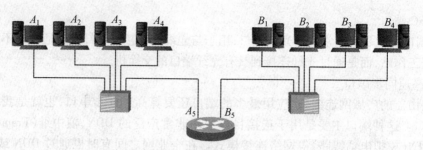

图 3.14　路由器工作原理图

在这样一个存在多个网段的网络中,假设 A 网段中的 A_1 用户想发送一个数据给 B 网段的 B_2 用户,我们来看一下路由器是如何工作的。

第 1 步:A_1 用户把所发送的数据及发送报文准备好,以数据帧的形式通过集线器或交换机广播发给同一网段的所有节点。

第 2 步:路由器在侦听到 A_1 发送的数据帧后,分析目的节点的 IP 地址信息得知目的主机不在同一网段,就把数据帧接收下来,根据其路由表分析得知接收节点的网络 ID 号与 B_5 端口的网络 ID 号相同,这时路由器的 A_5 端口就直接把数据帧发给路由器 B_5 端口。

第 3 步:路由器的 B_5 端口根据数据帧中的目的节点 IP 地址信息中的主机 ID 号来确定最终目的节点为 B_2,然后再发送数据到节点 B_2。

这样一个完整的数据帧的路由转发过程就完成了,数据也正确、顺利地到达了目的节点。

3.3　交换机

3.3.1　交换机的概念

交换机是一种用于电信号转发的网络设备,部署于网络核心和接入位置。最常见的交换机是以太网交换机,其他还包括电话语音交换机、光纤交换机等。交换(Switching)是按照通信两端传输信息的需要,用人工或设备自动完成的方法,把要传输的信息送到符合要求的相应路由上的技术的统称。交换机的主要功能包括物理编址、网络拓扑结构、错误校验、帧序列以及流控,高端交换机还具备对 VLAN(虚拟局域网)和链路汇聚的支持,有的还具有防火墙的功能,如图 3.15 所示。

图 3.15　交换机

交换机除了能够连接同种类型的网络之外,还可以在不同类型的网络(如以太网和快速以太网)之间起到互联作用。如今许多交换机都能够提供支持快速以太网或 FDDI 等的高速连接端口,用于连接网络中的其他交换机或者为带宽占用量大的关键服务器提供附加带宽。

3.3.2 交换机的分类

市场上出现了各种类型的交换机,按照标准不同,交换机的分类也不同。

1. 按照网络覆盖范围划分

交换机按照网络覆盖范围划分,可以分为广域网交换机和局域网交换机。

(1) 广域网交换机

广域网交换机主要应用于电信城域网互联、互联网接入等领域的广域网中,提供通信用的基础平台。

(2) 局域网交换机

局域网交换机应用于局域网络,用于连接终端设备,如服务器、工作站、集线器、网络打印机等网络设备,提供高速独立通信通道。

2. 按照网络传输介质和传输速率划分

交换机按照网络传输介质和传输速率划分,可以分为以太网交换机、快速以太网交换机、千兆以太网交换机、万兆以太网交换机和 ATM 交换机等。

(1) 以太网交换机

以太网交换机是基于以太网传输数据的交换机,它的结构是每个端口都直接与主机相连,并且一般都工作在全双工方式。以太网交换机的档次比较齐全,应用领域也非常广泛。以太网包括 3 种网络接口:RJ-45、BNC 和 AUI,所用的传输介质分别为双绞线、细同轴电缆和粗同轴电缆。目前市场上的交换机已经很少配置 BNC 或 AUI 接口,一般配置的都是 RJ-45 接口。

(2) 快速以太网交换机

快速以太网是一种在普通双绞线或者光纤上实现 100 MB/s 传输带宽的网络技术,快速以太网交换机用于百兆以太网及千兆以太网。快速以太网交换机通常所采用的介质也是双绞线,有的快速以太网交换机也配置了少量的光纤接口。

(3) 千兆以太网交换机

千兆以太网也称为"吉比特(GB)以太网",它的传输带宽可以达到 1 000 Mbit/s。千兆以太网交换机应用于千兆以太网中,它一般用于一个大型网络的骨干网段,如图 3.16 所示。千兆交换机是指上联和下联口都是千兆口的交换机,也可理解为交换机端口支持 1 000 Mbit/s 或 10/100/1 000 Mbit/s 自适应传输。千兆以太网交换机所采用的传输介质有光纤、双绞线两种,对应的接口为 SC 和 RJ-45 接口。

(4) 万兆以太网交换机

万兆以太网交换机采用光纤作为传输介质,其接口方式为光纤接口,它一般应用于骨干网络,如图 3.17 所示。万兆以太网技术提供了更多的功能,能更好地满足网络安全、服务质量、链路保护等多方面需求。

图 3.16 千兆以太网交换机

图 3.17 万兆以太网交换机

（5）ATM交换机

ATM交换机是用于ATM网络的交换机产品，目前在市场上已经很少看到。ATM交换机的传输介质一般采用光纤，接口类型同样一般有两种：以太网RJ-45接口和光纤接口，这两种接口适合与不同类型的网络互联。相对于物美价廉的以太网交换机而言，ATM交换机的价格比较高，在普通局域网中应用很少。

此外还有FDDI交换机、令牌环交换机等。

3. 按照工作的协议层划分

交换机按照工作的协议层划分，可以分为二层交换机、三层交换机和四层交换机。

（1）二层交换机

二层交换机是工作于OSI参考模型的第二协议层数据链路层，依赖于链路层中的信息（如MAC地址）完成不同端口数据间的线速交换，主要功能包括物理编址、错误校验、帧序列以及数据流控制。桌面型的交换机处于网络的接入层，所承担的工作复杂性不是很强，属于二层交换机。二层交换机价格便宜，功能满足基本应用需求，一般应用于小型企业或中型以上企业网络的接入层。

> **知识拓展·技巧提示**
>
> 二层交换技术的发展比较成熟，二层交换机属于数据链路层设备，可以识别数据包中的MAC地址信息，根据MAC地址进行转发，并将这些MAC地址与对应的端口记录在自己内部的一个地址表中。

（2）三层交换机

三层交换机是工作于OSI参考模型的第三协议层网络层，它比第二层交换机的功能更强。三层交换机因为工作于OSI参考模型的网络层，所以具有路由功能。三层交换机将IP地址信息提供给网络做路径选择，并实现不同网段间数据的线速交换。当网络规模较大时，可以根据特殊应用需求划分为小而独立的VLAN网段，以减小广播所造成的影响。通常三层交换机是采用模块化结构，以适应灵活配置的需要。在大中型网络中，第三层交换机已经成为基本配置设备。

（3）四层交换机

四层交换机是工作于OSI参考模型的第四协议层传输层，四层交换机直接面对具体应用，是采用第四层交换技术而开发出来的交换机产品。四层交换机支持的协议是各种各样的，如HTTP、FTP、Telnet、SSL等。在第四层交换中为每个供搜寻使用的服务器组设立虚IP地址（VIP），每组服务器支持某种应用。

4. 按照应用类型划分

交换机按照应用的类型划分，可以分为企业级交换机、校园网交换机、部门级交换机、工作组交换机和桌面型交换机。

（1）企业级交换机

企业级交换机属于一类高端交换机，一般采用模块化的结构，可作为企业网络骨干构建高速局域网，所以它通常用于企业网络的最顶层。企业级交换机可以提供用户化定制、优先级队列服务和网络安全控制，并能很快适应数据增长和改变的需要，从而满足用户的需求。

对于有更多需求的网络,企业级交换机不仅能传送海量数据和控制信息,更具有硬件冗余和软件可伸缩性特点,保证网络的可靠运行。

(2) 校园网交换机

校园网交换机应用相对较少,主要应用于较大型的网络,且一般作为网络的骨干交换机。这种交换机具有快速数据交换能力和全双工能力,可提供容错等智能特性,还支持扩充选项及第三层交换中的虚拟局域网(VLAN)等多种功能。这种交换机因通常用于分散的校园网而得名,主要应用于物理距离分散的较大型网络中。因为校园网比较分散,传输距离比较长,这类交换机通常采用光纤或者同轴电缆作为传输介质,交换机当然也就需提供 SC 光纤口和 BNC 或者 AUI 同轴电缆接口。

(3) 部门级交换机

部门级交换机是面向部门级网络使用的交换机。这类交换机可以是固定配置,也可以是模块配置,一般除了常用的 RJ-45 双绞线接口外,还带有光纤接口。部门级交换机一般具有较为突出的智能型特点,支持基于端口的 VLAN(虚拟局域网),可实现端口管理,可任意采用全双工或半双工传输模式,可对流量进行控制;有网络管理的功能,可通过 PC 机的串口或经过网络对交换机进行配置、监控和测试。

(4) 工作组交换机

工作组交换机是传统集线器的理想替代产品,一般为固定配置,配有一定数目的 10Base-T 或 100Base-TX 以太网口。交换机按每一个包中的 MAC 地址相对简单地进行决策信息转发,这种转发决策一般不考虑包中隐藏得更深的其他信息。与集线器不同的是,交换机转发延迟很小,操作接近单个局域网性能,远远超过了普通桥接互联网络之间的转发性能。工作组交换机一般没有网络管理的功能,如果是作为骨干交换机则一般认为支持 100 个信息点以内的交换机为工作组级交换机。

(5) 桌面型交换机

桌面型交换机是最常见的一种最低档交换机,它区别于其他交换机的一个特点是支持的每端口 MAC 地址很少,通常端口数也较少(12 口以内,但不是绝对),只具备最基本的交换机特性,当然价格也是最便宜的。这类交换机虽然在整个交换机中属最低档的,但是相比集线器来说它还是具有交换机的通用优越性,况且有许多应用环境也只需这些基本的性能,所以它的应用还是相当广泛的。它主要应用于小型企业或中型以上企业办公桌面。在传输速度上,目前桌面型交换机大都提供多个具有 10/100 Mbit/s 自适应能力的端口。

5. 按照端口结构划分

交换机按照端口结构划分,可以分为固定端口交换机和模块化交换机。其实还有一种是两者兼顾,那就是在提供基本固定端口的基础之上再配备一定的扩展插槽或模块。

(1) 固定端口交换机

固定端口顾名思义就是它所带有的端口是固定的,如果是 8 端口的,就只能有 8 个端口,再不能添加。16 端口也就只能有 16 个端口,不能再扩展。目前这种固定端口的交换机比较常见,端口数量没有明确的规定,一般的端口标准是 8 端口、16 端口和 24 端口。非标准的端口数主要有:4 端口、5 端口、10 端口、12 端口、20 端口、22 端口和 32 端口等。

固定端口交换机虽然相对来说价格便宜一些,但由于它只能提供有限的端口和固定类型的接口,因此,无论从可连接的用户数量上,还是从可使用的传输介质上来讲都具有一定的局限性,但这种交换机在工作组中应用较多,一般适用于小型网络和桌面交换环境。

固定端口交换机因其安装架构又分为桌面式交换机和机架式交换机。与集线器相同,机架式交换机更易于管理,更适用于较大规模的网络,它的结构要符合19 in国际标准,它是用来与其他交换设备或者是路由器、服务器等集中安装在一个机柜中。而桌面式交换机,由于只能提供少量端口且不能安装于机柜内,所以通常只用于小型网络。

(2)模块化交换机

模块化交换机虽然在价格上要贵很多,但拥有更大的灵活性和可扩充性,用户可任意选择不同数量、不同速率和不同接口类型的模块,以适应千变万化的网络需求。而且,模块化交换机大都有很强的容错能力,支持交换模块的冗余备份,并且往往拥有可热插拔的双电源,以保证交换机的电力供应。在选择交换机时,应按照需要和经费综合考虑选择模块化或固定方式。一般来说,企业级交换机应考虑其扩充性、兼容性和排错性,因此,应当选用模块化交换机;而骨干交换机和工作组交换机则由于任务较为单一,故可采用简单明了的固定式交换机。

3.3.3 交换机的结构

交换机作为网络的核心设备,除了能连接同种类型的网络之外,还可以实现不同类型的网络之间互联。

1. 交换机的内存

交换机中可能有多种内存,用于存储配置、数据缓冲,包括闪存(Flash)、动态内存(DRAM)等。

交换机采用了以下几种不同类型的内存,每种内存以不同的方式协助交换机工作。

(1)只读内存(ROM)

ROM在交换机中的功能与计算机中相似,主要用于系统初始化等功能。顾名思义,ROM是只读存储器,不能修改其中存放的代码。如要进行升级,则要替换ROM芯片。

(2)闪存(Flash)

Flash是可读可写的存储器,在系统重新启动或关机之后仍能保存数据。

(3)随机存储器(RAM)

RAM也是可读可写的存储器,但它存储的内容在系统重启或关机后将被清除。

2. 交换机插槽

模块化插槽数量是针对模块化交换机而言,这个参数对固定端口交换机没有实际意义。模块化插槽数量就是指模块化交换机所能安插的最大模块数。在模块化交换机中,为用户预留了不同数量的空余插槽,以方便用户扩充各种接口,预留的插槽越多,用户扩充的余地就越大,一般来说,这种结构的交换机的插槽数量不能低于两个。

模块化交换机配备了多个空闲的插槽,用户可任意选择不同数量、不同速率和不同接口类型的模块,以适应千变万化的网络需求,拥有更大的灵活性和可扩充性,因此模块化交换机的端口数量就取决于模块的数量和插槽的数量。一般来说,企业级交换机应考虑其扩充性、兼容性和排错性,应当选用模块化交换机以获取更多的端口。

3. 堆叠

交换机堆叠是通过厂家提供的一条专用连接电缆,从一台交换机的"UP"堆叠端口直接连接到另一台交换机的"DOWN"堆叠端口,以实现单台交换机端口数的扩充。

为了使交换机满足大型网络对端口的数量要求,一般在较大型网络中都采用交换机的堆叠方式来解决,一般交换机能够堆叠 4~9 台。当多个交换机连接在一起时,其作用就像一个模块化交换机一样,堆叠在一起的交换机可以当作一个单元设备来进行管理。堆叠中所有的交换机从拓扑结构上可视为一个交换机,所有交换机可视为一个整体的交换机来进行管理。

交换机堆叠技术采用了专门的管理模块和连接电缆,这样做的好处有两个:一方面增加了用户端口,能够在交换机之间建立一条较宽的宽带链路,这样每个实际使用的用户带宽就有可能更宽;另一方面,多个交换机能够作为一个大的交换机,便于统一管理。

4. 端口类型

端口类型是指交换机上的端口是以太网、令牌环、FDDI 还是 ATM 等类型,一般来说,固定端口交换机只有单一类型的端口,适合中小企业或个人用户使用,而模块化交换机由于有不同介质类型的模块可供选择,故端口类型更为丰富,这类交换机适合部门级以上级别用户选择。

快速以太网交换机端口类型一般包括 10Base–T、100Base–TX、100Base–FX,其中 10Base–T 和 100Base–TX 一般是由 10 Mbit/s/100 Mbit/s 自适应端口提供,即通常我们所讲的 RJ-45 端口。交换机设备的端口数量是交换机最直观的衡量因素,通常此参数是针对固定端口交换机而言,常见的标准的固定端口交换机端口数有 8 端口、12 端口、16 端口、24 端口、48 端口等几种。而非标准的端口数主要有 4 端口、5 端口、10 端口、12 端口、20 端口、22 端口和 32 端口等。

5. 交换机的背板带宽

交换机的背板带宽是指交换机接口处理器或接口卡和数据总线间所能吞吐的最大数据量。背板带宽标志了交换机总的数据交换能力,单位为 Gbit/s,也称交换带宽,一般的交换机的背板带宽从几 Gbit/s 到上百 Gbit/s 不等。一台交换机的背板带宽越大,所能处理数据的能力就越强,但同时成本也会越高。

第 4 章
计算机网络基础知识

知识要点

1. 掌握计算机网络的定义。
2. 了解计算机网络的发展过程。
3. 了解计算机网络的基本功能。
4. 掌握计算机网络的分类。
5. 掌握计算机网络的拓扑结构。

内容提要

计算机网络是计算机技术与通信技术相结合的产物,它的诞生使计算机的体系结构发生了巨大变化。在社会的发展中,计算机网络起着非常重要的作用,并对人类社会的进步做出了巨大贡献。

计算机网络的应用遍布世界的各个领域,并已成为人们社会生活中不可缺少的重要组成部分。从某种意义上讲,计算机网络的发展水平不仅反映了一个国家的计算机科学和通信技术的水平,也是衡量其现代化程度的重要标志之一。本章主要介绍计算机网络和相关的基础知识,为后面的学习打下理论基础。

4.1 认识计算机网络

信息技术的飞速发展,为人与人之间的信息传递提供了多种手段,形成了多种类型的网络。我们在生活中就会接触很多网络,比如,我们在家看电视所使用的有线电视网络、打电话使用的电信网络、上网聊天所用的计算机网络等。2010 年 1 月 13 日,国务院召开常务会议,决定加快推进电信网、广播电视网和互联网三网融合。三网融合将成为大势所趋,在融合的过程中网络的核心将是计算机网络。在生活中,我们所说的网络通常也都是指计算机网络。

4.1.1 计算机网络的定义

计算机网络是指将地理位置不同的具有独立功能的多台计算机及其外部设备,通过通信线路连接起来,在网络操作系统、网络管理软件及网络通信协议的管理和协调下,实现资源共享和信息传递的计算机系统,如图 4.1 所示。

关于计算机网络的定义可以简单地理解为利用通信设备和线路,将分布在不同地理位置、功能独立的多个计算机系统连接起来,实现资源共享。从逻辑关系来理解计算机网络的定义,计算机网络是以传输信息为目的,用通信线路将多个计算机连接起来的计算机系统的集合,一个计算机网络组成包括传输介质和通信设备。要更好地理解计算机网络的定义,应

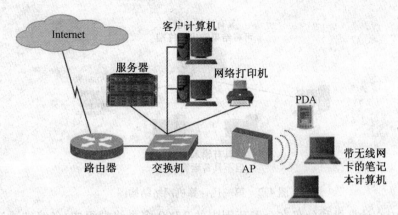

图 4.1 计算机网络结构图

把握以下 3 个要点。

1. 一个计算机网络包含多台具有独立功能的计算机

所谓独立功能的计算机,是指这些计算机脱离计算机网络后,也能独立地工作和运行。通常将这些具有独立功能的计算机称为主机(host)。

2. 使用通信手段把网络中的计算机连接起来

计算机网络中主机连接时必须遵循所规定的规则,这些规则包括通信协议、传输介质等。

3. 实现资源共享

建立计算机网络的主要目的是实现数据资源的共享、通信联络、信息的交流,实现主机之间的协同工作。

4.1.2 计算机网络的发展过程

计算机网络的起源可以追溯到 20 世纪 50 年代后期,当时所有的军事通信都使用公共电话交换网络,这种网络采用的是电路交换技术。从电路交换技术的原理上看,它需要预先分配线路带宽。在进行通信之前首先要建立一条从发送端到接收端的物理链路,只有在物理链路建立成功之后,双方才能进行通信。在通信的过程中,始终占有从发送端到接收端的固定传输带宽。一旦其中的某个节点发生故障或被敌方摧毁,则整个系统有可能被分成多个孤岛。为了解决这样的问题,计算机网络诞生了。

随着计算机的广泛应用,计算机网络的影响也越来越大,计算机网络从形成、发展到广泛应用,大致经历了以下 4 个阶段。

1. 第一代计算机网络——远程终端连接阶段(20 世纪 60 年代中期之前)

第一代计算机网络是以单个计算机为中心的终端计算机网络,这是早期计算机网络的主要形式。第一代计算机网络是将一台计算机通过通信线路与若干终端直接相连,终端是一台计算机的外部设备,包括显示器和键盘,终端没有中央处理器和内存。终端不具备自主处理数据的功能,只负责采集数据,将数据发送到中央主机。随着远程终端的增多,在主机前又增加了前端机(FEP),这就是网络的雏形。通常把第一代计算机网络定义为"以传输信息为目而连接起来的,实现远程信息处理的系统",如图 4.2 所示。

第一代计算机网络的典型应用为 20 世纪 60 年代初的美国航空订票系统 SABRE-1,该

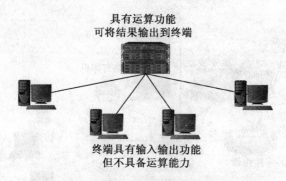

图 4.2 第一代计算机网络结构图

系统由一台中心计算机和分布在全美范围内的 2 000 多个终端组成,各终端通过电话线连接到中心计算机。

第一代计算机网络的特点是主机为网络的中心和控制者,终端(显示器与键盘)分布在各地与主机连接,用户通过本地终端使用远程主机。由于终端没有独立处理数据的能力,因此第一代计算机网络并不是真正意义上的计算机网络,属于数据通信型网络。

2. 第二代计算机网络——计算机网络的形成阶段(20 世纪 60 年代中期至 70 年代)

第二代计算机网络由多个主机通过通信线路互联组成,主机之间不是直接用线路相连,而是由接口报文处理机(IMP)转接后互联。IMP 和它们之间互联的通信线路一起完成主机间的通信任务,构成通信子网。计算机网络中的主机负责程序运行、提供资源,组成资源子网,通信子网和资源子网组成了基本的计算机网络,如图 4.3 所示。

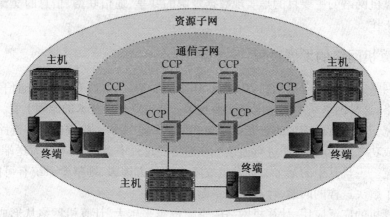

图 4.3 第二代计算机网络结构图

第二代计算机网络的特点是采用了分组交换技术,主要用于传输和交换信息。第二代计算机网络属于资源共享型网络,典型代表是 Internet 的前身美国 ARPAnet 网络。

3. 第三代计算机网络——计算机网络互联阶段(20 世纪 70 年代末至 90 年代)

第三代计算机网络是具有统一的网络体系结构并遵循国际标准的开放式和标准化的网络。随着 ARPAnet 的广泛应用,计算机网络发展迅猛,各大计算机公司相继推出自己的网络体系结构和相关的软硬件产品。但是,由于没有统一的标准,不同厂商的产品之间很难实现互联。为了解决这个问题,国际标准化组织 ISO 在 1984 年正式颁布了"开放系统互联基本参考模型"OSI 国际标准,使计算机网络体系结构实现了标准化,如图 4.4 所示。

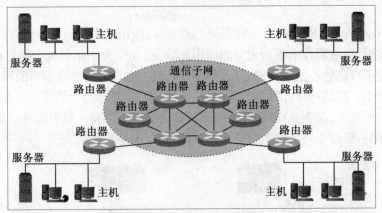

图 4.4　第三代计算机网络结构图

第三代计算机网络的特点是网络中所有计算机遵守同一种网络协议,把多个小型网络进行互联形成一个大型网络。第三代计算机网络通过统一标准解决了不同网络互联的兼容性问题,实现了不同类型的主机之间进行数据传输,是一种标准系统型网络。

4. 第四代计算机网络——信息高速公路阶段(20 世纪 90 年代初至今)

微电子技术、光通信技术、大规模集成电路技术的快速发展,为计算机网络技术的发展提供了有力的支持。第四代计算机网络采用了异步传输模式、分布式网络、智能网络和互联网等技术,实现了网上电视点播、电视会议、可视电话、网上购物、网上银行、网络图书馆等应用,如图 4.5 所示。

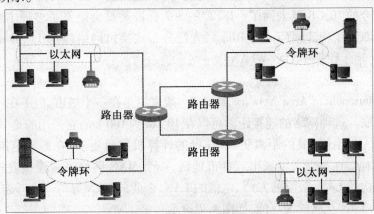

图 4.5　第四代计算机网络结构图

第四代计算机网络的主要特点是信息综合化和传输高速化,从此,全球网络进入高速化、信息多元化和智能化的发展阶段。

4.2　计算机网络的分类

在网络应用范围越来越广泛的今天,各种各样的网络越来越多。采用不同的分类标准,计算机网络有不同的分类方法。我们通常使用以下几种方法对计算机网络进行划分。

4.2.1　按照网络的地理覆盖范围划分

计算机网络按照地理覆盖范围划分,可以分为局域网、城域网和广域网。

1. 局域网

局域网(Local Area Network,LAN)是我们最常见、应用最广泛的一种网络。随着计算机网络技术的发展,局域网技术得到充分的应用和普及,几乎每个单位都有自己的局域网,有的家庭也建立了自己的小型局域网。所谓局域网,就是在局部地区范围内的网络,它所覆盖的地区范围较小。局域网在计算机数量配置上没有太多的限制,少的可以只有两台,多的可达几百台。一般来说,在企业局域网中,网络所涉及的地理距离一般来说可以是几米至十公里以内,局域网一般位于一个建筑物或一个单位内,如图4.6所示。

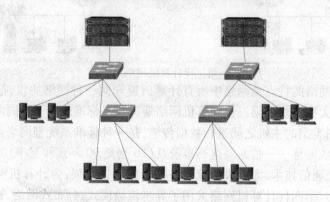

图4.6 局域网结构图

局域网具有连接范围窄、用户数量少、配置容易、连接速率高的特点。目前局域网最快的速率要算现今的 10 GB 以太网了。IEEE 的 802 标准委员会定义了多种主要的 LAN 网:以太网(Ethernet)、令牌环网(Token Ring)、光纤分布式接口网络(FDDI)、异步传输模式网(ATM)以及最新的无线局域网(WLAN)。

2. 城域网

城域网(Metropolitan Area Network,MAN)一般来说是在一个城市,但不在同一地区范围内的计算机互联。这种网络的连接距离可以在 10 km 到 100 km,它采用的是 IEEE 802.6 标准。MAN 与 LAN 相比扩展的距离更长,连接的计算机数量更多,在地理范围上可以说是 LAN 网络的延伸。在一个大型城市或都市地区,一个 MAN 网络通常连接着多个 LAN 网。如连接政府机构的 LAN、医院的 LAN、电信的 LAN、企业的 LAN 等等。光纤连接的引入,使 MAN 中高速的 LAN 互联成为可能,如图4.7所示。

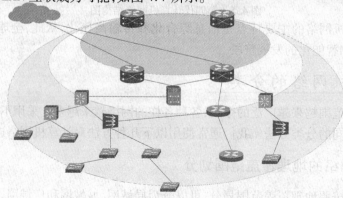

图4.7 城域网结构图

城域网多采用 ATM 技术做骨干网。ATM 技术是一个用于数据、语音、视频以及多媒体应用程序的高速网络传输方法。ATM 包括一个接口和一个协议,该协议能够在一个常规的传输信道上,在比特率不变及变化的通信量之间进行切换。ATM 也包括硬件、软件以及与 ATM 协议标准一致的介质。ATM 提供一个可伸缩的主干基础设施,以便能够适应不同规模、速度以及寻址技术的网络。ATM 的最大缺点就是成本太高,所以一般仅在政府城域网中应用,如邮政、银行、医院等。

3. 广域网

广域网(Wide Area Network,WAN)也称为远程网,它所覆盖的范围比城域网(MAN)更广,它一般是在不同城市之间的 LAN 或者 MAN 网络互联,地理范围可从几百公里到几千公里。因为距离较远,信息衰减比较严重,所以这种网络一般是要租用专线,通过 IMP(接口信息处理)协议和线路连接起来,构成网状结构,解决循径问题。

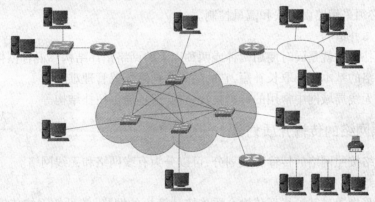

图 4.8 广域网结构图

在实际应用过程中我们接触最多的还是局域网,因为它可大可小,无论在单位还是在家庭实现起来都比较容易,应用也最广泛。

4.2.2 按照网络构成的拓扑结构划分

计算机网络按照网络构成的拓扑结构划分,可以分为总线型拓扑、环型拓扑、树型拓扑、星型拓扑、网状拓扑以及混合型拓扑。其中总线型拓扑、环型拓扑、星型拓扑是 3 个最基本的拓扑结构。在局域网中,使用最多的是星型拓扑结构。

1. 总线型拓扑结构

总线型拓扑结构是将网络中的所有设备通过相应的硬件接口直接连接到公共总线上,节点之间按广播方式通信,一个节点发出的信息,总线上的其他节点均可接收到。优点:结构简单、布线容易、可靠性较高,易于扩充,是早前局域网常采用的拓扑结构。缺点:所有的数据都需经过总线传送,总线成为整个网络的瓶颈,出现故障诊断较为困难。

2. 环型拓扑结构

环形拓扑结构的各节点通过通信线路组成闭合回路,环中数据只能单向传输。优点:结构简单,适合使用光纤,传输距离远,传输延迟确定。缺点:环网中的每个节点均成为网络可靠性的瓶颈,任意节点出现故障都会造成网络瘫痪,另外故障诊断也较困难。最常见的环形拓扑结构网络是令牌环网(Token Ring)。

3. 树型拓扑结构

树型拓扑结构是一种层次结构,节点按层次连接,信息交换主要在上下节点之间进行,相邻节点或同层节点之间一般不进行数据交换。优点:连接简单,维护方便,适用于汇集信息的应用要求。

4. 星型拓扑结构

星型拓扑结构每个节点都由一条单独的通信线路与中心节点连接。优点:结构简单、容易实现、便于管理,连接点的故障容易监测和排除。缺点:中心节点是全网络的瓶颈,中心节点出现故障会导致网络的瘫痪。

5. 网状拓扑结构

网状拓扑结构又称作无规则结构,节点之间的连接是任意的,没有规律。

网状拓扑结构的优点是系统可靠性高,容易扩展。它的缺点是结构复杂,每一点都与多点进行连接,必须采用路由算法和流量控制。

6. 混合型拓扑结构

混合型拓扑结构就是同时使用两种或两种以上的网络拓扑结构。混合型拓扑结构的优点是可以对网络的基本拓扑取长补短,它的缺点是网络配置管理难度大。

此外还有无线局域网中常用的蜂窝拓扑结构、卫星通信拓扑结构等。

4.2.3 按照网络的传输介质划分

计算机网络按照网络的传输介质划分,可以分为有线网络和无线网络。

1. 有线网络

有线网络是指通过某种线形传输介质连接计算机的网络,常见的网络传输介质有同轴电缆、双绞线、光纤等。

采用同轴电缆作为传输介质的优点是经济实惠,但是传输率和抗干扰能力一般、传输距离较短;采用双绞线电缆作为传输介质的优点是价格便宜、安装方便,但是容易受到干扰、传输速率较低;使用光纤作为传输介质的优点是传输距离远、传输速率高、抗干扰性强,但是相应网络设备投入较高。

目前双绞线电缆是比较常用的有线网络传输介质,光纤网络也在迅速发展。

2. 无线网络

无线网络是指采用空气中的微波、红外线、无线电等电磁波作为载体来传输数据的网络。

无线网络发展迅速,它具有联网方便、传输速率高的优点,但无线网络受环境的限制较大、抗干扰性较差。目前常见的无线网包括微波通信网、卫星通信网、蜂窝通信网等。

4.2.4 按照网络的服务方式划分

计算机网络按照网络的服务方式划分,可以分为对等网和客户机/服务器网络。

1. 对等网

对等网不要求有专用的服务器,组网的计算机一般类型相同,网络中每台计算机的地位都是平等的,每台计算机都可以与其他计算机对话,共享彼此的硬件资源和信息资源。

对等网部署方便灵活,但是安全性较低,难以实现集中监控和管理,适合于小型网络使用,如图4.9所示。

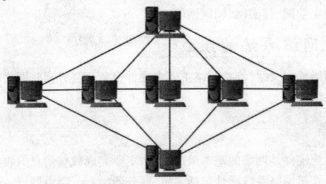

图4.9 对等网

2. 客户机/服务器网络

客户机/服务器网络要求网络中有专门的服务器,网络中客户机向服务器发出请求获得服务,客户机可以共享服务器提供的各种资源。

网络中的服务器是指专门提供服务的高性能计算机或者工作站,客户机是指用户的计算机。根据服务器所提供的服务不同可以分为 Web 应用服务器、文件服务器、视频流媒体服务器等,如图4.10所示。

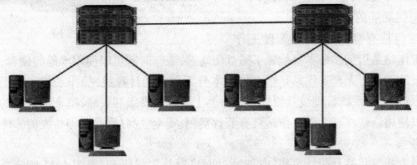

图4.10 客户机/服务器网络

客户机/服务器网络应用比较广泛,既适用于同类型计算机联网,也适用于不同类型的计算机联网。网络的安全性相对较高,计算机的权限、优先级易于监控和管理,能够实现网络规范化管理。

4.2.5 按照网络的使用对象划分

计算机网络按照网络的使用对象划分,可以分为公用网和专用网。

1. 公用网

公用网是由网络运营商组建、管理和控制的网络,"公用"的意思就是所有愿意交纳费用的企业或者个人都可以使用。因此,公用网也可以称为公众网。公用网常用于广域网络的构建,可以为任何企业和个人提供互联网接入服务。国内常见的公用网包括中国联通、中国电信、中国移动等。

2. 专用网

专用网是由企业和单位组建的私有网络,专用网多数为局域网,有些大型的专用网也是通过租借运营商链路的方式而组建的广域网。专用网是不允许未经授权的用户使用的,常见的专用网络包括企业网、校园网、园区网等。

4.3 计算机网络系统的组成

根据计算机网络的定义,计算机网络主要由硬件设备、通信链路、网络协议、网络操作系统和网络应用软件组成。

4.3.1 硬件设备

计算机网络系统硬件是网络的基本组成部分,主要完成数据信息的收集和处理,并提供各种网络服务。计算机网络系统硬件包括主机、服务器、网卡、路由器、集线器、交换机等。

1. 主机(工作站)

主机是计算机网络系统中用户进行网络操作、实现人机对话的重要工具,通常也被称为客户机或者工作站,如图4.11所示。主机具有独立运行能力,并且能够接受网络服务器控制和管理,是一种可以进行数值计算,又可以进行逻辑计算,还具有存储记忆功能的硬件设备。

工作站包括有盘工作站和无盘工作

图4.11 主机

站。有盘工作站是指工作站本身配置了磁盘驱动器,工作时既可以使用本地的硬盘,也可以使用服务器上的硬盘。无盘工作站是指工作站本身无硬盘的计算机,操作系统和应用软件被全部安装在服务器上,系统管理员只要完成服务器上软件的升级和安装,整个网络中的所有计算机就都可以使用新软件。无盘工作站具有节省费用、安全性高、易管理和易维护等优点。

2. 服务器

服务器专指某些高性能计算机,它能通过网络对外提供服务,如图4.12所示。相对于普通计算机来说,服务器对稳定性、安全性、性能等方面都要求更高,因此它的CPU、芯片组、内存、磁盘系统、网络等硬件与普通计算机有所不同。服务器是网络的节点,存储、处理网络上大量的数据、信息,在计算机网络中起到举足轻重的作用。服务器是为客户端计算机提供各种服务的高性能的计算机,其高性能主要表现在高速度的运算能力、长时间的可靠运行、强大的外部数据吞吐能力等方面。服务器的构成与普通计算机类似,也有处理器、硬盘、内存、系统总线等,但因为它是针对具体的网络应用特别制定的,因而服务器比普通计算机在处理能力、稳定性、可靠性、安全性、可扩展性、可管理性等方面高很多。服务器主要有网络服务器(DNS、DHCP)、打印服务器、终端服务器、磁盘服务器、邮件服务器和文件服务器等。

3. 网卡

网卡的全称是网络接口卡(Network Internet Card),也称网络适配器,它是连接计算机和网络的硬件设备。网卡安装在计算机主板的插槽中,是工作在链路层的网络组件,是局域网中连接计算机和传输介质的接口。网卡上面装有处理器和存储器(包括RAM和ROM)。网卡和局域网之间的通信是通过电缆或双绞线以串行传输方式进行的。网卡和计算机之间的通信则是通过计算机主板上的I/O总线以并行传输方式进行的。因此,网卡的一个重要功能就是进行串行/并行转换。由于网络上的数据率和计算机总线上的数据率并不相同,因此在网卡中必须装有对数据进行缓存的存储芯片,如图4.13所示。

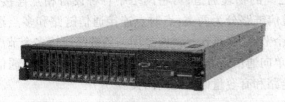

图4.12 服务器

图4.13 网卡

4. 路由器

路由器(Router)是一种负责寻径的网络设备,它在互联网络中从多条路径中寻找通信量最少的一条网络路径提供给用户。路由器用于连接多个逻辑上分开的网络,为用户提供最佳的通信路径,路由器利用路由表为数据传输选择路径,路由表包含网络地址以及各地址之间距离的清单,路由器利用路由表查找数据包从当前位置到目的地址的正确路径,路由器使用最少时间算法或最优路径算法来调整信息传递的路径,如图4.14所示。

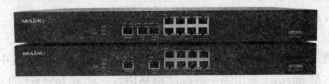

图4.14 路由器

5. 集线器

集线器(HUB)是一种共享介质的网络设备,它的作用可以简单地理解为将一些机器连接起来组成一个局域网,如图4.15所示。集线器上的所有端口争用一个共享信道的带宽,因此随着网络节点数量的增加,数据传输量的增大,每个节点的可用带宽将随之减少。集线器采用广播的形式传输数据,即向所有端口传送数据。由于所发送的数据包每个节点都能侦听到,容易给网络带来一些安全隐患。

6. 交换机

交换机(Switch)是一种在网络中完成信息交换功能的设备,它是集线器的升级换代产品,外观上与集线器非常相似,其作用与集线器大体相同。但是两者在性能上有区别,集线器采用的是共享带宽的工作方式,而交换机采用的是独享带宽方式。即交换机上的所有端口均有独享的信道带宽,以保证每个端口上数据的快速有效传输,交换机为用户提供的是独占的、点对点的连接,数据包只被发送到目的端口,而不会向所有端口发送,其他节点很难侦听到所发送的信息,这样在机器很多或数据量很大时,不容易造成网络堵塞,也确保了数据传输安全,同时大大地提高了传输效率,如图4.16所示。

图4.15 集线器

图4.16 交换机

4.3.2 通信链路

通信链路是指网络中两个节点之间的物理通道,可将网络中各种设备相互连接起来。根据通信链路的连接方法,又可把通信链路分为两类:点对点连接通信链路和多点连接链路。点对点连接通信链路,只连接两个节点,多点连接链路是用一条链路连接多个节点。根据通信方式不同,则又可把链路分为单向通信链路和双向通信链路两类。而根据通信容量的不同可以把链路分成无容量通信链路和有容量通信链路两类。

4.3.3 网络协议

网络协议是用来描述信息数据交换时的规则术语,它是为计算机网络中进行数据交换而建立的规则、标准或约定的集合。网络协议是计算机网络中所有设备(网络服务器、计算机及交换机、路由器、防火墙等)之间通信必须遵守的规则,它规定了通信时信息必须采用的格式。网络协议使网络上各种设备能够相互交换信息,大多数计算机网络都采用分层的体系结构,每一层都建立在它的下层之上,向它的上一层提供一定的服务。在网络的各层中存在着许多协议,接收方和发送方同层的协议必须一致,否则一方将无法识别另一方发出的信息。

常见的协议有:TCP/IP 协议、NetBEUI 协议、IPX/SPX 协议等。

1. TCP/IP 协议

TCP/IP 全称是 Transmission Control Protocol/Internet Protocol,翻译成中文是传输控制协议/互联网协议,它是 Internet 采用的一种标准网络协议。随着 Internet 的发展,TCP/IP 也得到进一步的研究开发和推广应用,成为 Internet 网上的"通用语言"。

TCP/IP 协议作为互联网的基础协议,任何与互联网有关的操作都离不开 TCP/IP 协议,如果计算机中不安装 TCP/IP 协议就无法连接网络。TCP/IP 协议需要进行详细配置,要在计算机中设置 IP 地址、子网掩码、网关、DNS 等参数。

TCP/IP 尽管是目前最流行的网络协议,但 TCP/IP 协议在局域网中的通信效率并不高,使用它在浏览"网上邻居"中的计算机时,经常会出现不能正常浏览的现象,这时安装 NetBEUI 协议就可以解决这个问题。

2. NetBEUI 协议

NetBEUI 全称是 NetBios Enhanced User Interface,翻译成中文是 NetBios 增强用户接口。它是 NetBIOS 协议的增强版本,曾被许多操作系统采用,如 Win 9X 系列、Windows NT 等。NetBEUI 协议在许多情形下很有用,是 Windows 98 之前的操作系统的缺省协议。NetBEUI 协议是一种短小精悍、通信效率高的广播型协议,安装后不需要进行设置,特别适合使用"网络邻居"传送数据。所以建议除了 TCP/IP 协议之外,小型局域网的计算机也可以安上 NetBEUI 协议。

知识拓展·技巧提示

如果一台只装了 TCP/IP 协议的 Windows 98 机器要想加入到 WINNT 域,也必须安装 NetBEUI 协议。

3. IPX/SPX 协议

IPX/SPX 协议是 Novell 开发的专用于 NetWare 网络中的协议,但是也常用于游戏联网。大部分可以联机的游戏都支持 IPX/SPX 协议,比如星际争霸、反恐精英等。虽然这些游戏通过 TCP/IP 协议也能联机,但显然还是通过 IPX/SPX 协议更简单,因为 IPX/SPX 不需要任何设置。除此之外,IPX/SPX 协议在非局域网络中的用途似乎并不是很大。如果确定不在局域网中联机玩游戏,那么这个协议可有可无。

4.3.4 操作系统

操作系统也称为 OS,全称是 Operating System,它是管理和控制计算机硬件与软件资源的计算机程序。操作系统是直接运行在计算机上的最基本的系统软件,任何软件都必须在操作系统的支持下才能运行。操作系统是用户和计算机的接口,同时也是计算机硬件和其他软件的接口。

1. 操作系统的功能

① 管理计算机系统的硬件、软件及数据资源,控制程序运行,改善人机界面,为其他应用软件提供支持等。

② 使计算机系统所有资源最大限度地发挥作用,提供了各种形式的用户界面,使用户有一个友好的工作环境。

③ 为其他软件的开发提供必要的服务和相应的接口。

④ 管理着计算机硬件资源,同时按应用程序的资源请求,为其分配资源。

2. 操作系统的分类

操作系统的种类有很多,按系统安装的复杂程度可分为智能卡操作系统、实时操作系统、传感器节点操作系统、嵌入式操作系统、个人计算机操作系统、多处理器操作系统、网络操作系统和大型机操作系统。按应用领域划分主要分为桌面操作系统、服务器操作系统和嵌入式操作系统。

(1) 桌面操作系统

桌面操作系统主要用于个人计算机上。个人计算机市场从硬件架构上来说主要分为两大阵营:PC 机与 Mac 机;从软件上主要分为两大类,即 Unix 操作系统和 Windows 操作系统。Unix 操作系统主要包括 Ubuntu、Linux、openSUSE、Fedora、Redhat 等,如图 4.17 所示。

Windows 操作系统主要包括 Windows 98、Windows XP、Windows Vista、Windows 7、Windows 8、Windows 8.1 等,如图 4.18 所示。

图 4.17 Redhat

图 4.18 Windows 8.1

(2) 服务器操作系统

服务器操作系统一般指的是安装在大型计算机上的操作系统,比如 Web 服务器、应用服务器和数据库服务器等。服务器操作系统主要包括 Unix 系列、Linux 系列、Windows 系列 3 类。

Unix 系列包括 Solaris、IBM-AIX、HP-UX、FreeBSD 等,如图 4.19 所示。

Linux 系列包括 Red Hat Linux、Ubuntu Server、CentOS 等,如图 4.20 所示。

图 4.19　FreeBSD

图 4.20　CentOS

Windows 系列包括 Windows NT Server、Windows Server 2003、Windows Server 2008、Windows Server 2008 R2 等,如图 4.21 所示。

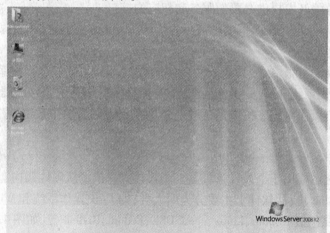
图 4.21　Windows Server 2008 R2

(3) 嵌入式操作系统

嵌入式操作系统是应用在嵌入式系统的操作系统。嵌入式系统广泛应用在生活的各个方面,涵盖范围从便携设备到大型固定设施,如数码相机、手机、平板电脑、家用电器、医疗设备、交通灯、航空电子设备和工厂控制设备等。

在嵌入式领域常用的操作系统有嵌入式 Linux、Android、IOS、Symbian、Windows Phone 和 BlackBerry OS 等,这些嵌入式操作系统广泛使用在智能手机或平板电脑等消费电子产品中,如图 4.22 和图 4.23 所示。

图 4.22　Android

图 4.23　IOS

4.4　计算机网络的拓扑结构

计算机网络的拓扑结构是指网络中各个节点相互连接的形式,它是引用拓扑学中研究点、线关系的方法,把网络中的计算机和通信设备抽象为一个点,把传输介质抽象为一条线,由点和线组成的几何图形就是计算机网络的拓扑结构。

网络的拓扑结构反映出网中各实体的结构关系,是建设计算机网络的第一步,是实现各种网络协议的基础,它对网络的性能、系统的可靠性与通信费用都有重大影响。常见的拓扑结构主要有总线型拓扑、环型拓扑、星型拓扑、树型拓扑、网状拓扑等。

4.4.1　总线型拓扑结构

总线型拓扑是一种基于多点连接的拓扑结构,是将网络中的所有设备通过相应的硬件接口直接连接在共同的传输介质上。总线型拓扑结构使用一条所有 PC 都可访问的公共通道,每台 PC 只要连一条线缆即可。在总线结构中,所有联网的计算机都通过相应的硬件接口直接连在总线上,任何一个节点的信息都可以沿着总线向两个方向传输扩散,并且能被总线中任意一个节点所接收。由于其信息向四周传播,类似于广播电台,故总线网络也被称为广播式网络。总线有一定的负载能力,因此,总线长度有一定的限制,一条总线也只能连接一定数量的节点,如图 4.24 所示。

图 4.24　总线型拓扑结构示意图

总线布局的特点包括结构简单灵活,非常便于扩充;可靠性高,网络响应速度快;设备量少、价格低、安装使用方便;共享资源能力强,非常便于广播式工作。

在总线两端连接的器件称为端结器或末端阻抗匹配器,主要与总线进行阻抗匹配,最大限度吸收传送端部的能量,避免信号反射回总线产生不必要的干扰。

1. 总线型拓扑的优点

①所需电缆数量较少。
②结构简单、无源工作、有较高的可靠性。
③易于扩充。

2. 总线型拓扑的缺点
①总线传输距离有限,通信范围受到限制。
②故障诊断和隔离比较困难。
③分布式协议不能保证信息的及时传送,不具有实时功能,站点必须有介质访问控制功能,从而增加了站点的硬件和软件开销。

总线型拓扑结构是传统的一种主流网络结构,适合于信息管理系统、办公自动化系统领域的应用。总线型拓扑结构适用于计算机数目相对较少的局域网络,通常这种局域网络的传输速率在 100 Mbit/s,网络连接选用同轴电缆。

4.4.2 环型拓扑结构

环形拓扑就是把每台计算机连接起来,网络中各节点通过环路接口连在一条首尾相连的闭合环形通信线路中,数据沿着环路依次通过每台计算机直接到达目的地。环路上任何节点均可以请求发送信息,请求一旦被批准,便可以向环路发送信息。环型拓扑结构中传输的数据可以是单向传输也可以是双向传输,信息在每台计算机上的延迟时间是固定的。环型拓扑适合实时控制的局域网系统,在环型拓扑结构中每台计算机都与另两台计算机相连,每台计算机的接口适配器必须接收数据再传往另一台。最常见的环型拓扑结构网络是令牌环网(Token Ring),如图 4.25 所示。

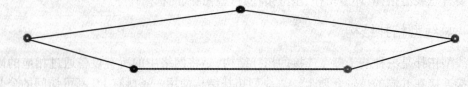

图 4.25 环型拓扑结构示意图

1. 环型拓扑的优点
①电缆长度短,只需要将各节点逐次相连。
②可使用光纤,光纤的传输速率很高,十分适合于环型拓扑的单方面传输。
③所有节点都能公平访问网络的其他部分,网络性能稳定。

2. 环型拓扑的缺点
①节点故障会引起全网故障,是因为数据传输需要通过环上的每一个节点,如果某一节点出现故障,则会引起全网出现故障。
②节点的加入和撤出过程复杂。
③介质访问控制协议采用令牌传递的方式,在负载很轻时信道利用率相对较低。

4.4.3 星型拓扑结构

星型拓扑是一种以中央节点为中心,把若干外围节点连接起来的辐射式互联结构,各节点与中央节点通过点与点的方式连接。星型拓扑的中央节点执行集中式通信控制策略,因此中央节点设计较复杂。星型拓扑适用于局域网,大多数的局域网都采用这种连接方式。星型拓扑在中心放置一台中心计算机,每个端点放置一台计算机,所有的数据包及报文通过中心计算机来进行通信,星型拓扑结构在网络布线中较为常见,如图 4.26 所示。

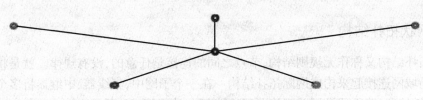

图4.26 星型拓扑结构示意图

1. 星型拓扑的优点

（1）控制简单

任何一个站点只和中央节点相连接，因而介质访问控制方法简单，致使访问协议也十分简单，易于网络监控和管理。

（2）故障诊断和隔离容易

中央节点对连接线路可以逐一隔离进行故障检测和定位，单个连接点的故障只影响一个设备，不会影响全网。

（3）服务方便

中央节点可以方便地对各个站点提供服务和网络重新配置。

2. 星型拓扑的缺点

① 需要耗费大量的电缆，安装、维护的工作量也骤增。

② 中央节点负担重，形成"瓶颈"，一旦发生故障，则全网受到影响。

③ 各站点的分布处理能力较低。

总地来说星型拓扑结构相对简单，便于管理，建网容易，是目前局域网普遍采用的一种拓扑结构。采用星型拓扑结构的局域网，一般使用双绞线或光纤作为传输介质，符合综合布线标准，能够满足多种宽带需求。

4.4.4 树型拓扑结构

树型拓扑从总线型拓扑演变而来，形状像一棵倒置的树，顶端是树根，树根以下带分支，每个分支还可再带子分支。树型拓扑结构是总线型拓扑结构的扩展，它是在总线网上加上分支形成的，其传输介质可有多条分支，但不形成闭合回路。树型网是一种分层网，其结构可以对称，联系固定，具有一定的容错能力，一般一个分支和节点的故障不影响另一个分支节点的工作，任何一个节点送出的信息都可以传遍整个传输介质，也是广播式网络，如图4.27所示。

图4.27 树型拓扑结构示意图

树型拓扑具有较强的可折叠性，非常适用于构建网络主干，还能够有效地保护布线投资。树型拓扑的网络一般采用光纤作为网络主干，用于军事单位、政府单位等上下界限相当严格和层次分明的部门。树型拓扑与星型拓扑相比，它们有许多相似的优点，只是树型拓扑比星型拓扑的扩展性更高。

4.4.5 网状拓扑结构

网状拓扑结构又称作无规则结构,节点之间的连接是任意的,没有规律。就是将多个子网或多个局域网连接起来构成网际拓扑结构。在一个子网中,集线器、中继器将多个设备连接起来,而桥接器、路由器及网关则将子网连接起来,如图4.28所示。

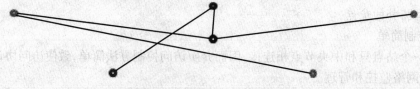

图 4.28　网状拓扑结构示意图

4.4.6 其他网络拓扑结构

在日常施工中,还会遇到一些网络拓扑结构,包括混合型拓扑结构、蜂窝拓扑结构和卫星通信拓扑结构等。

第 5 章 网络传输介质

📓 **知识要点**

1. 掌握双绞线电缆的结构。
2. 掌握双绞线电缆的分类。
3. 了解双绞线的标识、品牌。
4. 了解光纤的工作原理。
5. 掌握光纤的分类。
6. 了解无线传输介质的分类和特点。
7. 学会如何选择传输介质。

✍ **内容提要**

在组建一个办公型网络的时候,首先遇到的是通信线路和数据传输的问题。计算机网络是用传输介质将孤立的主机连接到一起,使之能够互相通信,完成数据传输功能。目前,计算机网络传输介质分为有线传输介质和无线传输介质两种,有线传输介质包括同轴电缆、双绞线电缆、光缆等,无线传输介质包括微波、蜂窝通、蓝牙、红外线等。

在网络传输介质中,双绞线电缆一般用于星型网络中,同轴电缆一般用于总线型网络,光缆一般用于主干网的连接。网络传输介质的选择必须综合考虑网络的规模、性能、投入、扩展性等因素,在办公型网络中最为常用的网络传输介质是双绞线、光纤和微波。

5.1 双绞线电缆

双绞线(Twisted Pair wire)是由两根相互绝缘的导线按照一定密度互相缠绕在一起制作而成的一种通用配线,是常用的通信网络传输介质。双绞线过去主要是用来传输模拟信号的,但现在同样适用于数字信号的传输。双绞线是最常用的一种有线网络传输介质,是家庭网络和办公网络综合布线工程的首选,如图5.1所示。

图5.1 双绞线

知识拓展·技巧提示

与其他传输介质相比,双绞线在传输距离、信道宽度和数据传输速率等方面均受到一定的限制,但价格较为低廉。

79

5.1.1 双绞线的结构和标识

双绞线一般由两根22-26号绝缘铜导线相互缠绕而成,这种结构的优点是一根导线在传输中辐射的电波会被另一根导线上发出的电波抵消。双绞线在实际使用时,是由多对双绞线一起包在一个绝缘电缆套管里的,我们称之为双绞线电缆。

常见的双绞线电缆有四对的,也有更多对双绞线放在一个电缆套管里的,如图5.2所示。在双绞线电缆内,不同线对具有不同的扭绞长度,一般来说,扭绞长度在3.81~14 cm内,按逆时针方向扭绞。相邻线对的扭绞长度在1.27 cm以上,一般双绞线扭线越密,其抗干扰能力就越强。扭绞的密度沿着电缆循环变化,可以有效地消除线对之间的串扰。

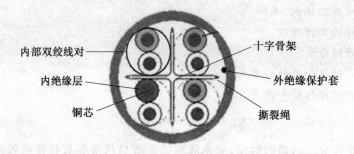

图5.2 双绞线结构图

在综合布线施工过程中我们可以通过双绞线电缆的标识来区别双绞线电缆的类别、线长等信息。在外观上双绞线电缆每隔两英尺有一段文字,文字信息包括:品牌、标准、类别、线长等。

> **知识拓展·技巧提示**
>
> 铜导线的直径通常用AWG(American Wire Gauge)单位来衡量,通常AWG数值越小,铜导线直径越大,我们通常使用的双绞线均是24 AWG;CM是NEC(美国国家电气规程)中防火耐烟等级中的一种;UL(Underwriters Laboratories Inc.)保险业者实验室是一家非营利的独立组织,致力于产品的安全性测试和认证。

下面我们以一条双绞线电缆的标识信息来详细说明其含义。

双绞线电缆标识信息为 AMP NETCONNECT 1061C+ 4/24 AWG CM VERIFIEDUL CAT 5E 31086FEET 09745.0 METERS ,这些标识提供了这条双绞线的以下信息(表5.1)。

表5.1 双绞线电缆标识对照表

标识	信息
AMP NETCONNECT	标明该双绞线电缆的生产商
1061C+	标明该双绞线电缆的产品号
4/24 AWG	标明这条双绞线电缆是由4对24 AWG铜导线的线对所构成
CM	标明这条双绞线电缆是通信通用电缆
VERIFIEDUL	标明这条双绞线电缆满足UL的标准要求
CAT 5E	标明该双绞线通过UL测试,达到超5类标准。详细见双绞线电缆的分类
31086FEET 09745.0 METERS	标明生产这条双绞线电缆时的长度点。单位为英尺(ft),1 ft = 0.304 8 m,有的双绞线以m作为单位

5.1.2 双绞线电缆的分类

双绞线电缆最外层由绝缘材料包裹,为了降低信号干扰,内部每两根绝缘铜导线相互缠绕。双绞线电缆分为屏蔽双绞线电缆和非屏蔽双绞线电缆两大类。

1. 屏蔽双绞线(STP)电缆

屏蔽双绞线电缆(Shielded twisted-pair cable)采用屏蔽、电磁抵消和线对扭绞技术,同时具备同轴电缆和非屏蔽双绞线电缆的优点,如图5.3所示。在综合布线应用过程中,屏蔽双绞线电缆可以完全消除线对之间的电磁串扰,最外层的屏蔽层可以屏蔽来自电缆外的电磁EMI干扰和无线电RFI干扰,如图5.4所示。

图5.3 屏蔽双绞线电缆

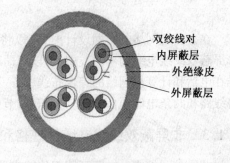

图5.4 屏蔽双绞线电缆结构图

屏蔽双绞线抗电磁辐射的能力很强,适合于有严重电磁辐射干扰或无线电辐射干扰的场合布放。另外,屏蔽双绞线的外屏蔽层有效地屏蔽了线缆本身对外界的辐射。在军事、情报、使馆以及审计署、财政部这样的政府部门,都可以使用屏蔽双绞线来有效地防止外界对线路数据的电磁侦听。对于线路周围有敏感仪器的场合,屏蔽双绞线可以避免对它们的干扰。但是屏蔽双绞线的端接需要可靠地接地,否则反而会引入更严重的噪声,这是在综合布线施工中需要注意的。

屏蔽双绞线电缆在综合布线施工过程中安装复杂,因为屏蔽双绞线电缆的屏蔽层需要接地操作。屏蔽双绞线电缆线对的屏蔽层和外屏蔽层都要在连接器处与连接器的屏蔽金属外壳可靠连接,交换设备、配线架也都需要良好接地。因此,屏蔽双绞线电缆不仅材料本身成本高,而且安装的成本也相应增加。

2. 非屏蔽双绞线(UTP)电缆

非屏蔽双绞线电缆(Unshielded twisted-pair cable)是最常用的网络连接传输介质,包括4对绝缘塑料包皮的铜线,如图5.5所示。非屏蔽双绞线8根铜线每两根互相绞扭在一起形成线对,铜线绞扭在一起的目的是相互抵消彼此之间的电磁干扰,如图5.6所示。

非屏蔽双绞线电缆有许多优点,非屏蔽双绞线电缆直径细,容易弯曲,因此易于施工,而且非屏蔽双绞线电缆的价格相对便宜。非屏蔽双绞线电缆的缺点是其对电磁辐射采用简单扭绞,靠互相抵消的处理方式。在抗电磁辐射方面,非屏蔽双绞线电缆不如同轴电缆。早期的非屏蔽双绞线电缆还有一个缺点就是数据传输得比较慢,但是现在不是这样的。事实上,非屏蔽双绞线电缆现在可以传输高达1 000 MB/s的数据,是铜缆中传输速度最快的通信介质。

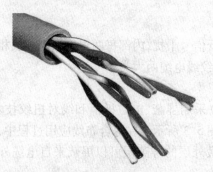
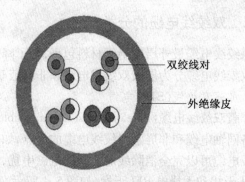

图 5.5 非屏蔽双绞线电缆　　　　图 5.6 非屏蔽双绞线电缆结构图

在办公型网络的组网设计时,可以将电话和网络使用一根非屏蔽双绞线来传输数据。非屏蔽双绞线电缆的4对线中,可以有两对作为数据通信线,另外两对作为语音通信线。这样在电话和计算机网络的综合布线中,一根非屏蔽双绞线电缆可以同时提供一条计算机网络线路和两条电话通信线路,可以有效节约成本。

5.1.3 非屏蔽双绞线电缆的规格和等级

非屏蔽双绞线电缆既可用于传输模拟信号,又可用于传输数字信号。美国的电气工业协会/电信工业协会(EIA/TIA)制定了评估非屏蔽双绞线的标准,分为多个等级,每个等级的传输速率和应用环境不同,标准如下。

1. 一类双绞线电缆(CAT1)

CAT1 主要用于传输语音(一类标准主要用于80年代初之前的电话线缆),不用于数据传输,其数据传输速率可达 4 Mbit/s。

2. 二类双绞线电缆(CAT2)

CAT2 的传输频率为 1 MHz,用于语音传输和最高传输速率 4 Mbit/s 的数据传输,常见于使用 4 Mbit/s 规范令牌传递协议的旧的令牌网。

3. 三类双绞线电缆(CAT3)

CAT3 是指目前在 ANSI 和 EIA/TIA568 标准中指定的电缆,该电缆的传输频率为 16 MHz,用于语音传输及最高传输速率为 10 Mbit/s 的数据传输,主要用于 10base-T 网络。

4. 四类双绞线电缆(CAT4)

CAT4 的传输频率为 20 MHz,用于语音传输和最高传输速率 16 Mbit/s 的数据传输,主要用于基于令牌的局域网和 10base-T/100base-T 网络。

5. 五类双绞线电缆(CAT5)

CAT5 增加了绕线密度,外皮采用一种高质量的绝缘材料,传输频率为 100 MHz,用于语音传输和最高传输速率为 100 Mbit/s 的数据传输,主要用于 100base-T 和 10base-T 网络。

6. 超五类双绞线电缆(CAT5e)

CAT5e 衰减小,串扰少,并且其有更高的衰减与串扰的比值(ACR)和信噪比(Structural Return Loss)、更小的时延误差,性能得到很大提高。CAT5e 主要用于千兆位以太网(1 000 Mbit/s)。

7. 六类双绞线电缆(CAT6)

CAT6 的传输频率为 1 MHz～250 MHz,六类布线系统在 200 MHz 时综合衰减串扰比(PS-ACR)有较大的余量,提供 2 倍于 CAT5e 的带宽,最大速度可达到 1 000 Mbit/s,能满足千兆位以太网需求。CAT6 是一个较新级别的电缆,为了保证频率带宽达到更高要求,各项参数的要求非常严格。

在目前网络施工中三类、四类、五类线都应用得比较少了,现在主流的双绞线为超五类线,六类双绞线电缆的应用也日渐广泛。

> **知识拓展·技巧提示**
>
> 快速以太网的传输速度是 100 Mbit/s,其信号的频宽约 70 MHz;ATM 网的传输速度是 150 Mbit/s,其信号的频宽约 80 MHz;千兆网的传输速度是 1 000 Mbit/s,其信号的频宽是 100 MHz。

5.1.4　常见双绞线电缆的品牌

目前,市场上双绞线电缆的品牌众多,每个品牌都用不同规格的双绞线电缆。在综合布线工程中常用的品牌包括安普、康普、普天、大唐、TCL 等。

安普、康普是国外品牌的双绞线电缆,这类双绞线电缆的做工和质量较好,但国内市场上假货很多,在购买时需要注意。普天、大唐、TCL 等几款国产品牌的产品并没有出现假货的现象,另外在价格上也要比一些国外品牌要便宜几十块钱,而且质量也能达到国际标准。因此,近年来很多项目中大都是采用国产网线,如普天、TCL、大唐等品牌都可在一些大的项目中使用。超五类双绞线电缆一箱的价格大概在 400 元至 500 元不等,一箱网线的标准长度为 1 000 in,相当于 305 m。

1. 安普 AMP

AMP NETCONNECT 是世界著名结构化布线系统提供商,作为全球通信器件和电缆产品的主导厂商,AMP NETCONNECT 可为各种建筑物的布线系统提供完整的产品和服务。AMP NETCONNECT 可为客户提供符合行业标准的完整解决方案,其建筑结构电缆系统的可靠性和杰出工艺受到整个行业的赞赏,如图 5.7 所示。泰科电子公司布线产品安普 AMP,是进入中国市场较早的一个国外品牌,市场占有率很好。市场上安普 AMP 的假冒产品非常多,除了产品假冒外,市场中还出现了大量的 XX 安普或安普 XX 的品牌。正宗的安普线就只有安普和 AMP 的字样,如果安普外还有其他字样的,则是假货。

2. 康普 CommScope

SYSTIMAX Solutions 是结构化网联解决方案的全球领导者,其母公司美国康普 CommScope Inc. 是全球最大的用于 HFC 应用宽带同轴电缆的生产商以及高性能光纤及双绞电缆的供应商,如图 5.8 所示。康普综合布线产品的品质非常好,它收购了知名品牌朗讯的布线产品业务。朗讯被分拆成语音部门和亚美亚 AVAYA 的布线品牌,亚美亚 AVAYA 再被康普所收购。原来的朗讯和 AVAYA 会在市场上逐步消失,取而代之的就是现在的康普了。无论是原来的朗讯或亚美亚 AVAYA,在市场中同样存在着假货的冲击,有所不同的是它比 AMP 的假货少一些。

图 5.7　安普布线产品　　　　　图 5.8　康普布线产品

3. 普天

中国普天公司是国内专门致力于综合布线产品的设计开发、生产及工程施工、技术推广的专业厂家,如图 5.9 所示。2003 年推出六类布线系统并通过信产部检测入网,同年获信产部综合布线技术培训授权,其六类布线系统顺利通过国家级验收,并在政府院校等工程中成熟应用。公司连续三年通过 ISO 9001(2000)质量管理体系审核,确保产品以优良的管理、严格的品质服务于市场。普天的网线已经应用到电信、邮电等重大项目工程中,得到了很好的应用效果。

4. TCL

TCL 为国内客户提供完善的、智能化的网络解决方案和服务,如图 5.10 所示。TCL 整合上游供应链资源,形成系统化、集成化、集约化的产品结构,与渠道合作商、系统集成商一起为用户提供最完整、最合适的楼宇智能化解决方案,并且提供最好的增值服务体系。TCL 着力于楼宇布线,在小区的楼宇布线以及一些校园工程项目里都取得了不错的成绩。

图 5.9　普天布线产品　　　　　图 5.10　TCL 布线产品

5.1.5　双绞线电缆的选购

1. 判别双绞线电缆是否为假冒产品

国内系统集成商一般情况下都是使用国外的网线居多,原因就是国外的网线质量确实比国内的大部分网线质量要好得多,工程比较容易通过验收,所以国内有些不法厂商就开始仿国外的网线。从外观上检验,正品的国外网线外皮的塑料皮弹性很大,把一段网线对折,如果能立即弹回,基本上可以认为此网线为真品。

2. 选择适合的双绞线类型

根据美国线缆规格(AWG)规定,双绞线中的导线全部应为 4 对,共 8 根。但是 10 MB/s 以太网标准规定只使用两对导线传输信号,所以三类双绞线中有些是 2 对的,而有些则是 4 对的。快速以太网的出现,一方面将原来 10 MB/s 网络的速度从理论上提高了 10 倍,另一方面为将来更快速度的网络做好准备,同时传输速度为 100 MB/s 的五类双绞线也投入使用。虽然快速以太网只使用其中的 2 对,但千兆位以太网必须要用到全部的 4 对。要根据组网的规模和应用来选择适合的双绞线电缆类型,普通的百兆办公网络可以选用五类或者超五类双绞线电缆,对网络要求较高的百兆网和千兆网必须使用超五类或者六类双绞线电缆。

3. 测试双绞线电缆的基本性能

测试双绞线电缆是否具有一定的耐热、抗拉、抗燃和易弯曲等性能。首先,可以将双绞线放在高温环境中测试一下,正常的双绞线在周围温度达到 35 ℃至 40 ℃时外面的一层胶皮不会变软;其次,为了保证连接的安全,需要测试一下双绞线电缆外包的胶皮是否具有较强的抗拉性;再次,标准双绞线电缆中一般使用金属铜,而一些劣质产品在生产时为了降低成本,在铜中添加了其他的金属元素,其直观表现是掺假后的导线比正常的明显要硬,不易弯曲,使用中容易产生断线;最后,还要测试一下双绞线的外皮是否具有抗燃性,标准的双绞线电缆外皮是采用阻燃材料制成的,而劣质的双绞线电缆外皮是使用普通的易燃材料制成的。

5.2 光缆

光缆(Optical Fiber Cable)由光导纤维纤芯(光纤核心)、玻璃网层(内部敷层)和坚强的外壳组成(外部保护层)。由于声音、图像和数据等信息的流量非常大,双绞线电缆已经不能满足现在的要求,而光纤通信以其信息容量大、保密性好、质量轻、体积小、无中继段距离长等优点得到广泛应用。其应用领域遍及通信、交通、工业、医疗、教育、航空航天和计算机等行业,并正在向更广更深的层次发展。光缆是目前主要的数据传输工具,光缆的应用正给人类的生活带来深刻的影响与变革。

5.2.1 光缆、光纤的结构

光缆是一定数量的光纤按照一定方式组成缆心,在外面包有护套,实现光信号传输的一种通信线路。光缆一般是由光纤、加强钢丝、填充物和护套等几部分组成,另外根据需要还有防水层、缓冲层、绝缘金属导线等构件,如图 5.11 所示。

塑料包层用作光纤的缓冲材料,用来保护光纤。有两种塑料包层的设计:松包裹和紧包裹。大多数在局域网中使用的多模光纤使用紧包裹,这时的缓冲材料直接包裹到光纤上。松包裹用于室外光缆,在它的光纤上增加涂抹垫层后再包裹缓冲材料。

外护套使用 PVC 材料或橡胶材料。室内光缆多使用 PVC 材料,室外光缆则多使用含金属丝的黑橡胶材料。

光纤是光导纤维的简称,光纤是光缆中最重要的组成部分,光导纤维是一种能够传导光信号的极细且柔软的介质,横截面积非常小,利用内部全反射原理来传导光束,如图 5.12 所示。光纤一般都是使用石英玻璃制成,构成光纤的材料主要有超纯二氧化硅、多成分光导玻璃纤维和塑料纤维等。

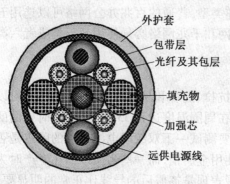
图 5.11 光缆的基本结构

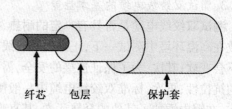
图 5.12 光纤的基本结构

5.2.2 光纤的分类

光纤的分类方式有很多种,目前最常见的分类方式是按照光在光纤中的传输模式来划分,分为单模光纤和多模光纤。

1. 单模光纤

单模光纤(Single Mode Fiber)的纤芯直径较小,约为 $8\sim10~\mu m$,在给定的工作波长上只能以单一模式传输,只能传输一种模式的光,如图 5.13 所示。单模光纤的模间色散很小,对光源的谱宽和稳定性的要求较高,传输频带宽,传输距离远,多用于远程通信。

单模光纤标识为 $8.3/125~\mu m$,表示单模光纤的纤芯直径为 $8.3~\mu m$,包层外径 $125~\mu m$。单模光纤一般由激光光源发光,传输性能较好,一般用于长距离传输。

2. 多模光纤

多模光纤(Multi Mode Fiber)的纤芯直径较粗,约为 $50\sim62.5~\mu m$,在给定的工作波长上,能以多个模式同时传输,能传输多种模式的光,如图 5.14 所示。多模光纤的模间色散较大,限制了传输数字信号的频率,而且随距离的增加会更加严重,多用于近距离通信。

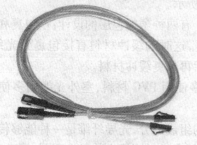
图 5.13 单模光纤

图 5.14 多模光纤

常见的多模光纤标识为 $50/125~\mu m$ 或 $62.5/125~\mu m$,表示多模光纤的纤芯直径为 $50~\mu m$ 或 $62.5~\mu m$,包层外径 $125~\mu m$。多模光纤一般由二极管发光,与单模光纤相比,多模光纤的传输性能较差。例如,600 MB/km 的光纤在 2 km 时则只有 300 MB 的带宽。因此,多模光纤传输的距离就比较近,一般只用于短距离传输。

3. 单模光纤与多模光纤比较

在光纤通信中,常用的波长是 850 nm、1 310 nm 和 1 550 nm。这些波长都跨红色可见光和红外光。对于后两种频率的光,在光纤中的衰减比较小。850 nm 的波段的衰减比较大,但在此波段的光波其他特性比较好,因此也被广泛使用。

多模光纤使用发光二极管作为发射光源,而单模光纤使用激光光源。我们通常看到用 50/125 或 62.5/125 表示的光缆就是多模光纤。而如果在光缆外套上印刷有 9/125 的字样,即说明是单模光纤。单模光纤使用 1 310 nm 和 1 550 nm 的激光光源,在长距离的远程连接局域网中使用。多模光纤使用 850 nm、1 300 nm 的发光二极管 LED 光源,被广泛地使用在局域网中。

5.2.3 光纤的特点

光缆是高速、远距离数据传输的最重要的传输介质,多用于局域网的骨干线段、局域网的远程互联。光缆在工作时不对外产生电磁辐射,也不受任何外界电磁辐射的干扰。在周围电磁辐射严重的环境下(如工业环境中),以及需要防止数据被非接触侦听的需求下,光纤是一种可靠的传输介质。

与其他传输介质比较,光纤的电磁绝缘性能好、信号衰减、频带宽、传输速度快、传输距离大。主要用于要求传输距离较长、布线条件特殊的主干网连接。光纤中传输的是光束,由于光束不受外界电磁干扰与影响,而且本身也不向外辐射信号,加上提供极宽的频带且功率损耗小,所以光纤具有传输距离长(多模光纤有 2 km 以上,单模光纤则有上百千米,如我们熟知的海底通讯光缆)、传输率高(可达数千 MB/s)、保密性强(不会受到电子监听)等优点,适用于高速局域网,远距离的信息传输以及主干网连接。但是光纤的安装和连接需由专业技术人员完成,在施工过程中实施成本较高。

光纤具有以下几个特点:频带宽、损耗低、质量轻、抗干扰能力强、保真度高、工作性可靠。

5.2.4 光纤的工作方式

由于光束不受外界电磁干扰与影响,本身也不向外辐射信号,光束提供极宽的频带且功率损耗小,所以多应用于主干链路和远距离传输。光纤进行数据传输是由交换机模块或光纤收发器产生光束,将电信号转变为光信号,再把光信号导入光纤,在光纤的另一端由交换机模块或光纤收发器接收光纤上传输来的光信号,并将它转变成电信号,经解码后再处理。

光纤传输是根据光学的全反射定律,当光线从折射率高的纤芯射向折射率低的覆层的时候,其折射角大于入射角。如果入射角足够大,就会出现全反射,即光线碰到覆层时就会折射回纤芯。这个过程不断重复下去,光也就沿着光纤传输下去了,如图 5.15 所示。由全反射原理可以知道,光发射器的光源的光必须在某个角度范围才能在纤芯中产生全反射。纤芯越粗,这个角度范围就越大。当纤芯的直径减小到只有一个光的波长,则光的入射角度就只有一个,而不是一个范围。可以存在多条不同的入射角度的光纤,不同入射角度的光线会沿着不同折射线路传输。这些折射线路被称为"模"。如果光纤的直径足够大,以至有多个入射角形成多条折射线路,这种光纤就是多模光纤。单模光纤的直径非常小,只有一个光的波长。因此单模光纤只有一个入射角度,光纤中只有一条光线路,这也是单模光纤与多模光纤工作原理的不同。

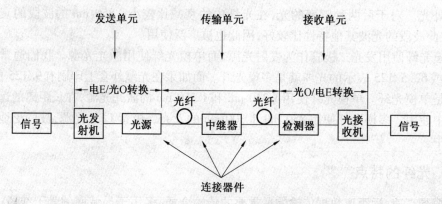

图 5.15 光纤信号传输方式

> **知识拓展·技巧提示**
>
> 可见光部分波长范围是:390～760 nm。大于760 nm部分是红外光,小于390 nm部分是紫外光。光纤的工作波长有短波850 nm、长波1 310 nm和1 550 nm,光纤损耗一般是随波长增加而减小,850 nm的损耗一般为2.5 dB/km,1.31 μm的损耗一般为0.35 dB/km,1.55 μm的损耗一般为0.20 dB/km,这是光纤的最低损耗,波长1.65 μm以上的损耗趋向加大。

5.2.5 光纤的连接与检测

光缆的连接方法主要有永久性连接、应急连接、活动连接。

1. 永久性光纤连接(热熔)

这种连接是用放电的方法将两根光纤的连接点熔化并连接在一起,一般用在长途接续、永久或半永久固定连接。永久性光纤连接的主要特点是连接衰减在所有的连接方法中最低,典型值为0.01～0.03 dB/点。但连接时,需要专用的光纤熔接机和专业人员进行操作,而且连接点也需要专用容器保护起来,如图5.16所示。

2. 应急连接(冷熔)

应急连接主要是用机械和化学的方法,将两根光纤固定并黏结在一起。这种方法的主要特点是连接迅速可靠,连接典型衰减为0.1～0.3 dB/点。但连接点长期使用会不稳定,衰减也会大幅度增加,所以只能短时间内应急用。

3. 活动连接

活动连接是利用各种光纤连接器件将光缆与光缆连接起来的一种方法,这种方法灵活、简单、方便、可靠,多用在建筑物内的计算机网络布线中,其典型衰减为1 dB/接头,如图5.17所示。

图5.16 光纤熔接机

图5.17 光纤连接器

> **知识拓展·技巧提示**
>
> 光纤的连接与双绞线不同,需要使用专业的仪器设备进行连接,但每种连接的方法在结合处都会有一定的反射,有一定的信号衰减。

光纤连接成功后,需要进行光纤连接性检测后才能使用。检测光纤的主要目的是保证系统连接的质量,减少故障因素以及故障时找出光纤的故障点。检测方法很多,主要分为人工简易测量和精密仪器测量。

1. 人工简易测量

这种方法一般用于快速检测光纤的通断和施工时用来分辨所做的光纤。它是用一个简易的打光笔从光纤的一端打入可见光,从另一端观察哪一根光纤发光来实现。这种方法虽然简便,但它不能定量测量光纤的衰减和光纤的断点,如图5.18所示。

2. 精密仪器测量

使用光功率计或光时域反射图示仪对光纤进行定量测量,可测出光纤的衰减和接头的衰减,甚至可测出光纤的断点位置。这种测量可用来定量分析光纤网络出现故障的原因和对光纤网络产品进行评价,如图5.19所示。

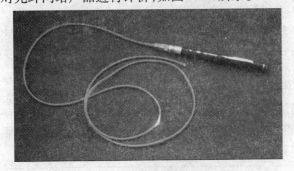

图5.18 打光笔

图5.19 OTDR光时域反射图示仪

> **知识拓展·技巧提示**
>
> 现代的生产工艺可以制造出超低损耗的光纤,光可以在光纤中传输数千米而基本上没有什么损耗,光纤工作时的损耗大小与熔接的质量有很大关系。

5.3 无线传输介质

通常计算机网络的传输介质主要依赖双绞线或光缆,构成有线网络。但有线网络在某些场合要受到布线的限制,特别是当要把相离较远的节点连接起来时,敷设专用通信线路的布线施工难度大、费用高、耗时长,这时采用无线传输介质就成为最好的选择。

无线传输是一种不使用线缆的数据传输方式,可以在自由空间利用电磁波发送和接收信号进行通信。无线传输介质上传输的不是电信号或光信号,而是电磁波。无线传输是利用电磁波通过空间来传输,常用于那些难于铺设有线电缆的通信工程,包括会场、岛屿、边远地区等。

地球上的大气层为大部分无线传输提供了物理通道,无线传输所使用的频段很广。目前常用的无线传输介质主要有微波、蜂窝、蓝牙和红外线。

5.3.1 微波通信

微波是指频率为 300 MHz～300 GHz 的电磁波,是无线电波中一个有限频带的简称,即波长在 1 m(不含 1 m)到 1 mm 之间的电磁波,是分米波、厘米波、毫米波的统称。微波频率比一般的无线电波频率高,通常也称为"超高频电磁波"。微波通信在数据通信中占有重要地位,微波分为地面微波通信和卫星微波通信两种。

1. 地面微波通信

地面微波通信是把微波信号作为载波信号,建立天线塔实现微波信号传输。由于微波在空间是直线传播的,而地球表面是个曲面,这就要求发送端和接收端之间没有大的障碍或视线能及。为了增大传播距离,使用较高的天线塔。为实现远距离通信,必须在一条无线电通信信道的两个终端之间建立若干个中继站,中继站把前一站送来的信号经过放大后再发送到下一站,从而实现微波的"接力"通信,如图 5.20 所示。

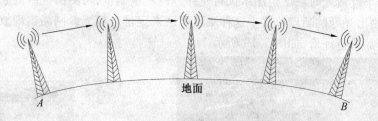

图 5.20　地面微波通信传播方式

地面微波通信的优点:频段范围宽、信道容量大、初期建设费用低、见效快。

地面微波通信的缺点:相邻站点间不能被障碍物遮挡、传播时受气候影响、隐蔽性和保密性较差、中继站管理和维护费用高。

> **知识拓展·技巧提示**
> 微波的传播距离一般只有 50 km 左右。

2. 卫星微波通信

卫星微波通信是一种特殊的微波通信,与一般地面微波通信的不同在于,它是使用地球同步卫星作为中继站来转发微波信号,在两个或多个地球站之间进行的通信。地面发送站使用上行通道向通信卫星发射微波信号,卫星接收微波信号后,经过通过转发器放大后使用下行通道(与上行通道具有不同的频率)以广播方式发向地面上的微波接收站,如图5.21所示。

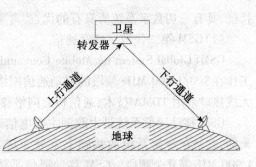

图5.21 卫星微波通信传播方式

上行频率是指发射站把信号发射到卫星上所用的发射频率,由于信号是由地面向上发射,故称"上行频率"。转发器是指卫星上用于接收地面发射来的信号,并对信号进行放大,再以另一个频率向地面进行发射的设备。下行频率是指卫星向地面发射信号所使用的频率。

卫星微波通信的优点:通信频带宽,容量大,覆盖面积大,可以进行广播式通信;通信距离远,通信成本与距离无关,通信质量好,是可靠性高的全球通信系统。

知识拓展·技巧提示

卫星通信由于距离远,所以存在传输延时,一般从发送站到卫星的延时值为250~300 ms,典型值为270 ms,所以卫星通信系统的传输延时值为540 ms。

5.3.2 蜂窝通信

蜂窝通信是较为常用的无线通信介质,目前我们使用的中国移动、中国联通、中国电信的网络就是采用这种无线通信介质。蜂窝通信采用蜂窝无线组网方式,将一个覆盖区域划分成多个小区,每个小区设立一个基站,在终端和基站之间通过无线通道连接起来,进而实现用户在活动中可相互通信。蜂窝通信覆盖的半径较小,一般为1~10 km,因此可用较小的发射功率实现双向通信。由若干小区构成的覆盖区叫作区群,由于区群的结构酷似蜂窝,因此叫作蜂窝移动通信系统,如图5.22所示。

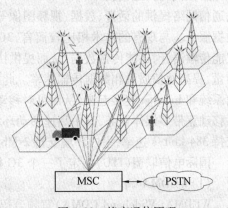

图5.22 蜂窝通信原理

蜂窝通信的主要特征是终端的移动性,并具有越区切换和跨本地网自动漫游功能。蜂窝移动通信业务是指经过由基站子系统和移动交换子系统等设备组成蜂窝移动通信网提供的话音、数据、视频图像等业务。目前市场上常见的蜂窝通信业务包括:900/1 800 MHz GSM 第二代数字蜂窝移动通信业务、800 MHz CDMA 第二代数字蜂窝移动通信业务、第三代数字蜂窝移动通信业务。

1. 第一代蜂窝通信技术

第一代蜂窝通信技术为模拟无线网络,是指用户的语音信息的传输以模拟语音方式出现的,这种通信技术目前已经退出通信市场。

2. 第二代蜂窝通信技术

第二代蜂窝通信技术为数字蜂窝移动电话系统,它以直接传输和处理数字信息为主要特征,具有一切数字系统所具有的优点,常见的第二代蜂窝通信技术有 GSM 和 CDMA。

(1) GSM 第二代数字蜂窝通信

GSM(Global System for Mobile Communications)全称第二代数字蜂窝通信,它是指利用工作在 900/1 800 MHz 频段的移动通信网络提供的话音和数据业务,GSM 移动通信系统的无线接口采用 TDMA 技术,通信核心网络移动性管理协议采用 MAP 协议。

GSM 移动通信系统是由欧洲主要电信运营者和制造厂家组成的标准化委员会设计出来的,它是在蜂窝系统的基础上发展而成。包括 GSM 900 MHz、GSM 1 800 MHz 及 GSM 1 900 MHz 等几个频段。GSM 移动通信系统具有防盗拷能力佳、网络容量大、号码资源丰富、通话清晰、稳定性强不易受干扰、信息灵敏、通话死角少、手机耗电量低等特点。

(2) CDMA 第二代数字蜂窝通信

CDMA(Code Division Multiple Access)全称第二代数字蜂窝通信,它是指利用工作在 800 MHz 频段上的移动通信网络提供的话音和数据业务。CDMA 移动通信的无线接口采用窄带码分多址 CDMA 技术,通信核心网络移动性管理协议采用 IS-41 协议。

CDMA 移动通信是在扩频通信技术上发展起来的一种崭新而成熟的无线通信技术,它能够满足市场对移动通信容量和品质的高要求,具有频谱利用率高、话音质量好、保密性强、掉话率低、电磁辐射小、容量大、覆盖广等特点,可以大量减少投资和降低运营成本。

3. 第三代蜂窝通信技术

第三代蜂窝通信技术(3rd-generation,3G)简称为 3G 通信,3G 通信是指利用第三代移动通信网络提供的话音、数据、视频图像等业务,系统致力于为用户提供更好的语音、文本和数据服务。与现有的技术相比较而言,3G 技术的主要优点是 3G 通信具有更宽的带宽,不仅能传输语音,还能传输数据,从而提供快捷、方便的无线应用。3G 通信能极大地增加系统容量、提高通信质量和数据传输速率。此外利用在不同网络间的无缝漫游技术,可将无线通信系统和 Internet 连接起来,从而可对移动终端用户提供更多更高级的服务。3G 通信可提供移动宽带多媒体业务,其中高速移动环境下支持 144 kbit/s 速率,步行和慢速移动环境下支持 384 kbit/s 速率,室内环境支持 2 Mbit/s 速率的数据传输,并保证高可靠的服务质量。

国际电信联盟(ITU)制定了三个 3G 标准,即 WCDMA、CDMA2000 和 TD-SCDMA。

(1) WCDMA

WCDMA(Wideband CDMA)宽频分码多重存取技术,这是基于 GSM 网发展出来的 3G 技术规范,是欧洲提出的宽带 CDMA 技术,它与日本提出的宽带 CDMA 技术基本相同,目前正在进一步融合。WCDMA 的支持者主要是以 GSM 系统为主的欧洲厂商,包括欧美的爱立信、阿尔卡特、诺基亚、朗讯、北电,以及日本的 NTT、富士通、夏普等厂商。该标准提出了 GSM(2G)-GPRS-EDGE-WCDMA(3G)的演进策略。这套系统能够架设在现有的 GSM 网络上,对于系统提供商而言可以较轻易地过渡。预计在 GSM 系统相当普及的亚洲,对这套新技术的接受度会相当高,具有先天的市场优势。WCDMA 已是当前世界上采用的国家及地区最广泛的,终端种类最丰富的一种 3G 标准,占据全球 80% 以上的市场份额。

(2) CDMA 2000

CDMA 2000 是由窄带 CDMA 技术发展而来的宽带 CDMA 技术,也称为 CDMA Multi-Carrier,它是由美国高通北美公司为主导提出,摩托罗拉、Lucent 和后来加入的韩国三星都有参与,韩国现在成为该标准的主导者。这套系统是从窄频 CDMAOne 数字标准衍生出来的,可以从原有的 CDMAOne 结构直接升级到 3G,建设成本低廉。但目前使用 CDMA 的地区只有日、韩和北美,所以 CDMA2000 的支持者不如 W-CDMA 多。不过 CDMA2000 的研发技术却是目前各标准中进度最快的,该标准提出了从 CDMA IS95(2G)-CDMA20001x-CDMA20003x(3G)的演进策略。CDMA20001x 被称为 2.5 代移动通信技术。CDMA20003x 与 CDMA20001x 的主要区别在于应用了多路载波技术,通过采用三载波使带宽提高。

(3)TD-SCDMA

TD-SCDMA(Time Division - Synchronous CDMA)时分同步 CDMA 技术,该标准是由中国大陆独自制定的 3G 标准,1999 年 6 月 29 日,中国原邮电部电信科学技术研究院(大唐电信)向 ITU 提出,但技术发明始于西门子公司,TD-SCDMA 具有辐射低的特点,被誉为绿色 3G。该标准将智能无线、同步 CDMA 和软件无线电等当今国际领先技术融于其中,在频谱利用率、对业务支持具有灵活性、频率灵活性及成本等方面的独特优势。另外,由于中国内地庞大的市场,该标准受到各大主要电信设备厂商的重视,全球一半以上的设备厂商都宣布可以支持 TD-SCDMA 标准。该标准提出不经过 2.5 代的中间环节,直接向 3G 过渡,非常适用于 GSM 系统向 3G 升级。军用通信网也是 TD-SCDMA 的核心任务。相对于另两个主要 3G 标准 CDMA 2000 和 WCDMA,它的起步较晚,技术不够成熟。

4. 国内 3G 运营商

目前,中国 3G 处于快速发展阶段,工业和信息化部已经向中国移动、中国联通和中国电信三家运营商发放了三张牌照。

(1)中国移动 3G

中国移动采用中国自主研发的 TD-SCDMA 标准,如图 5.23 所示,中国移动用户可以不用更换手机号码、不用更换 SIM 卡直接升级为 3G 用户,目前中国移动的 3G 专属号段为 182、183、187 和 188。中国移动 3G 提供的业务包括:可视电话、可视电话补充业务、视频留言、视频会议、多媒体彩铃、数据上网等。TD-SCDMA 网络在北京奥运会开幕式上得到了一定规模的使用,在北京有近 7 000 个用户在当晚使用了 TD-SCDMA 网络,其中使用视频通话的次数达到 800 多次。而中国移动的 3G 网络也经历了最严峻的考验:在国家体育场及奥林匹克中心区内举行开幕式时,移动通信的网络通话峰值达到每小时 110 065 次。

(2)中国电信 3G

中国电信采用 CDMA2000 标准,中国电信 CDMA2000 的网络建设速度最快,网络稳定性和质量已超过 WCDMA 和 TDCDMA,如图 5.24 所示。目前中国电信 3G 专属号段:180、181、189、133 和 153。中国电信 3G 提供的业务包括:无线宽带、天翼视讯、爱音乐、天翼 Live、189 邮箱、综合办公、全球眼、天翼对讲等。中国电信极力打造终端产业链,全球知名终端厂家已全部与中国电信合作,CDMA2000 终端的种类也与 WCDMA 持平,目前中国电信已成为全球 CDMA 用户最多的电信运营商。

(3)中国联通 3G

中国联通采用 WCDMA 标准,在出售 CDMA 网络资产和业务之后,不仅获得了可观的资金保障,而且借助重组的快速推进以及拥有 WCDMA 技术和产业链最为成熟的优势,如图 5.25 所示。目前中国联通 3G 专属号段:185 和 186。中国联通 3G 能够提供的业务包括可视电话、无线上网、手机上网、手机电视、手机音乐多种信息服务。中国联通有望获得超过 2G 时代的市场份额,并已经着手进行 3G 网络的规划建设。

图 5.23 中国移动 3G

图 5.24 中国电信 3G

图 5.25 中国联通 3G

3G 在中国的发展初期即拥有了较好的成绩,也为其今后的稳步发展打下了坚实的基础,移动通信和互联网的高速发展也让中国 3G 向更高的目标迈进。

5.3.3 蓝牙

蓝牙(Bluetooth),是一种支持设备短距离通信(一般在 10 m 内)的无线电技术,能在包括移动电话、PDA、无线耳机、笔记本电脑、相关外设等众多设备之间进行无线信息交换,如图 5.26 所示。利用"蓝牙"技术,能够有效地简化移动通信终端设备之间的通信,也能够成功地简化设备与因特网 Internet 之间的通信,从而数据传输变得更加迅速高效,为无线通信拓宽道路。蓝牙采用分散式网络结构以及快跳频和短包技术,支持点对点及点对多点通信,工作在全球通用的 2.4 GHz ISM(即工业、科学、医学)频段。

1998 年 5 月,爱立信、诺基亚、东芝、IBM 和英特尔公司 5 家著名厂商,在联合开展短程无线通信技术的标准化活动时提出了蓝牙技术,其宗旨是提供一种短距离、低成本的无线传输应用技术。蓝牙无线技术规格供全球的成员公司免费使用,使蓝牙技术呈现出极其广阔的市场前景,并预示着 21 世纪初将迎来波澜壮阔的全球无线通信浪潮。

1. 蓝牙技术的应用领域

蓝牙无线传输应用领域非常广泛,包括家居、工作、娱乐等各个方面,下面列举了几种我们常见的蓝牙技术应用,如图 5.27 所示。

图 5.26 蓝牙图　　　　图 5.27 蓝牙技术的应用

在办公室可以使用蓝牙技术从计算机向打印机无线发送文件;可以将计算机无线连接至鼠标和键盘,免去了桌上一堆的杂乱电线;可以通过连接手机至扬声器召开免提电话会议;可以从手机向打印机发送图片,并进行打印。在家里可以通过蓝牙技术使用无线立体声耳机收听从家庭音响或其他类似音频设备传送的流音乐;可以通过蓝牙适配器连接从膝上型计算机或手机向媒体查看器发送图片,在电视上查看数码照片;可以使用蓝牙耳机连接至手机或固定电话随意接听来电等等。可以说在我们的工作和生活中,蓝牙技术的应用无处不在。

2. 蓝牙技术的功耗

蓝牙设备有多种工作状态,每种状态都有相应的耗电量,打开蓝牙初期电量消耗会增大 20～30 ma 左右,待机后回复正常待机电流。蓝牙建立连接瞬间:70 ma 左右,大数据传输:110～130 ma 左右。

3. 常见的蓝牙设备

随着蓝牙技术的广泛应用,蓝牙设备也五花八门。除了比较常见的蓝牙耳机、蓝牙适配器,还有很多蓝牙车载、蓝牙 MP3、蓝牙闪存盘、蓝牙网关、蓝牙 CF 卡等,如图 5.28 和图 5.29 所示。

图 5.28　蓝牙耳机

图 5.29　蓝牙适配器

5.3.4　红外线

红外线通信(Infrared Communication)是利用红外线传输信息的方式,可用于沿海岛屿间的辅助通信、室内通信、近距离遥控、飞机内广播和航天飞机内宇航员间的通信等。红外线是太阳光线中众多不可见光线中的一种,由德国科学家霍胥尔于 1800 年发现,又称为红外热辐射,他将太阳光用三棱镜分解开,在各种不同颜色的色带位置上放置了温度计,试图测量各种颜色的光的加热效应。研究发现位于红光外侧的那支温度计升温最快,因此确定在太阳光谱中,红光的外侧必定存在看不见的光线,这就是红外线。

红外线波长为 0.75～1 000 μm,其中 300 μm～1 mm 区域的波也称为亚毫米波。红外线可分为三部分,即近红外线,波长为 0.75～1.50 μm;中红外线,波长为 1.50～6.0 μm;远红外线,波长为 6.0～1 000 μm。

红外通信技术适合于低成本、跨平台、点对点高速数据连接,尤其是嵌入式系统。其主要应用是设备互联和信息网关。设备互联后可完成不同设备内文件与信息的交换。信息网关负责连接信息终端和互联网。红外通信技术是在世界范围内被广泛使用的一种无线连接技术,红外线通信具有不易被人发现和截获、保密性强、抗干扰性强等优点。此外,红外线通信机体积小,质量轻,结构简单,价格低廉。但是它必须在直视距离内通信,且传播受天气的影响。在不能架设有线线路,而使用无线电又怕暴露自己的情况下,使用红外线通信是比较好的。

5.3.5　无线传输使用的频段

无线数据传输使用无线电波和微波,可选择的频段很广。目前在计算机网络通信中占主导地位的是 2.4 GHz 的微波。其他常见的无线传输频率见表 5.3。

表 5.3　无线网络使用的频段

频率	划分	主要用途
300 Hz	超低频 ELF	
3 kHz	次低频 ILF	
30 kHz	甚低频 VLF	长距离通信、导航
300 kHz	低频 LF	广播
3 MHz	中频 MF	广播、中距离通信
30 MHz	高频	广播、长距离通信
300 MHz	微波（甚高频 VHF）	移动通信
2.4 GHz	微波	计算机无线网络
3 GHz	微波（超高频 UHF）	电视广播
5.6 GHz	微波	计算机无线网络
30 GHz	微波（特高频 SHF）	微波通信
300 GHz	微波（极高频 EHF）	雷达

第6章 组建小型办公网络

知识要点

1. 掌握组建局域网的基本步骤。
2. 掌握如何对用户的需求进行分析。
3. 了解如何根据需求选购组网的基本硬件。
4. 掌握局域网计算机的网络配置。
5. 掌握路由器的基本配置方法。
6. 掌握双绞线电缆水晶头的制作方法

内容提要

随着办公自动化的普及,办公室计算机联网已经成为一个必要条件。通过组建一个小型办公网络,可以实现办公室的每台计算机都可以上网。工作人员可以通过网络相互传递文件,共享打印机等硬件设备。在办公室增加网络无线覆盖可以实现手机、笔记本、平板电脑上网。在组建办公局域网之前,我们需要了解办公网络的基本模型、网络传输介质等相关知识。

6.1 需求分析和组网规划

小型办公网络是我们在日常组网中最常见的网络形式,各个企事业单位内部的办公环境都会出现。组建一个小型办公网络,可以实现网络中各个计算机之间互相通信,共享网络内部资源,提高工作的效率,为工作和生活带来方便。

6.1.1 办公网络需求

小张办公室原来只有一台计算机,通过中国联通的ADSL上网。由于工作需要,办公室又增加两位同事,增加了两台计算机。由于办公室只有一台打印机连接在小张的计算机上,另外两个同事需要经常使用优盘拷贝文件进行打印。另外,小张和同事的智能手机、平板电脑希望能够通过办公室的网络上网。小张就想能否组建一个小型办公网络,把三台计算机连接起来,这样就可以通过网络实现共享打印机等硬件资源。具体需求如下:

①办公室内计算机相互之间进行文件传递。
②新接入的两台计算机可以使用小张的打印机。
③办公室内的计算机全部接入互联网。
④能够实现手机、平板电脑上网。

6.1.2 办公网络需求分析

为了完成办公网络的组建,对小张提出的需求进行逐一分析。

需求一：办公室内计算机相互之间进行文件传递。

实现办公室内计算机相互之间进行文件传递，可以使用交换机或集线器，通过双绞线电缆，将三台计算机连接成一个局域网。对每台接入计算机分配一个 IP 地址，通过网络协议进行文件传递。

需求二：新接入的两台计算机可以使用小张的打印机。

办公室的三台计算机连接成一个局域网，计算机之间可以互相共享资源和硬件设备。办公室的打印机连接到小张计算机上，在小张计算机上做网络共享。在小张计算机上建立一个共享权限的用户，另外两台计算机通过网络使用打印机进行共享打印。

需求三：办公室内的计算机全部接入互联网。

小张的办公室安装了中国联通的固定电话，并办理了 ADSL 上网业务。小张的计算机连接运营商提供的 ADSL Modem，每次上网需要通过宽带连接拨号上网。组建局域网之后，可以安装一个宽带路由器，将宽带路由器与 ADSL Modem 相连，由宽带路由器代理局域网内计算机接入互联网。同时，也可以使用宽带路由器的 DHCP、NAT 等功能，保证局域网的安全。

需求四：能够实现手机、平板电脑上网。

智能手机、平板电脑没有有线接入端口，也不能像计算机那样安装有线网卡，只能通过 WLAN 接入互联网。可以通过两种方法满足这一需求，第一种方法是在局域网中安装一台 AP（无线访问点），手机和平板电脑通过 WLAN 连接 AP，通过 AP 上网。第二种方法是在办公局域网出口使用具备无线功能的路由器，开启路由器的 WLAN 功能，设置好路由器的 SSID，就可以实现手机和平板电脑上网。

知识拓展·技巧提示

ADSL 全称为非对称数字用户线路，它的上行和下行带宽不对称，因此称为非对称数字用户线路。它采用频分复用技术把普通的电话线分成了电话、上行和下行三个相对独立的信道，从而避免了相互之间的干扰。ADSL modem 为 ADSL 提供调制数据和解调数据的机器，最高支持 8 Mbit/s（下行）和 1 Mbit/s（上行）的速率，抗干扰能力强，适于普通家庭用户使用。

6.1.3 办公网络组网规划

组建小型办公网络的第一步是根据现有的硬件基础和用户应用需求进行组网规划，选择合适的网络拓扑结构。在规划中对网络协议、软硬件体系等核心因素做充分论证。组网规划面向应用，充分利用现有资源，结合应用和需求的变化，制定适合的组网方案。

1. 办公网络拓扑结构

小型办公网络主要是用来进行企业内部信息资源共享，包括打印共享、文件传递等。由于小型办公网络规模较小，通常在 20 个节点以内，计算机位置相对集中，因此星型拓扑结构是小型办公网络的最佳选择。

本项目中接入网络的计算机数量相对较少，而且需要信息传递和共享资源，同时考虑到未来网络的扩充，所以本项目也采用星型拓扑结构，使用交换机作为中央节点，每台计算机通过双绞线与交换机相连，具体拓扑结构如图 6.1 所示。

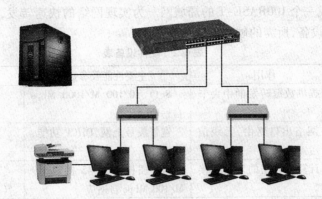

图6.1 拓扑结构图

2. 办公网络 IP 地址规划

本项目中网络是单位内部使用,所以使用私有 IP 地址。办公网络连接的计算机只有 3 台,即使考虑后期扩充,选择 C 类网络也是完全够用的。同时考虑到办公室网络需要接入 Internet,IP 地址使用 C 类的保留地址。办公网络所使用的网段为 192.168.1.0/24,各计算机 IP 地址配置见表6.1。

表6.1 IP 地址配置表

办公局域网 IP 地址规划一览表			
设备	IP 地址	子网掩码	网关
路由器	192.168.1.1	255.255.255.0	
公用计算机	192.168.1.3	255.255.255.0	192.168.1.1
小张计算机	192.168.1.4	255.255.255.0	192.168.1.1
小王计算机	192.168.1.5	255.255.255.0	192.168.1.1
小李计算机	192.168.1.6	255.255.255.0	192.168.1.1
无线接入	192.168.1.10-20	255.255.255.0	192.168.1.1

3. 资源共享规划

根据项目用户需求,在组建好办公局域网之后,可以在公用计算机中设置一个共享文件夹,所需要共享的文件均可以通过此文件夹进行传输。同时,为了保证计算机使用的安全性,可以对每台计算机的管理员用户设置一个密码,同时新建一个用户,通过此用户来保证共享的权限。

将办公室的打印机连接到公用计算机上,安装驱动程序并测试打印机是否工作正常。在公用计算机上建立一个打印账号,设置打印机共享,办公室的 3 台计算机通过共享实现文件打印。

6.2 硬件选择与组网

组建一个运行稳定、安全可靠的办公网络,可以保证企事业单位内部各种应用系统的正常运行,实现办公自动化。

6.2.1 组建小型办公网络硬件设备

本项目中包含三台用户计算机和一台公用计算机,将这四台计算机通过双绞线与网络设备相连,先组成一个 100BASE-T 的局域网。为实现网络的快速转发,本项目中使用交换机作为网络核心设备,所需的硬件设备见表6.2。

表6.2 硬件设备表

设备名称	作用	主要性能及参数	数量
交换机	提供数据转发的中央节点	8 口、10/100 M/1000 Mbps 自适应	1 台
无线路由器	网络出口路由,无线信号覆盖	宽带拨号上网、DHCP 功能、无线	1 台
网卡	计算机数据的发出和接收	PCI 插槽、RJ-45 接口、10 M/100 Mbps 自适应	2 块(另两台集成网卡)
双绞线	提供计算机与交换机之间数据的传输	超五类非屏蔽双绞线	5 条(具体长度由施工环境决定)

硬件采购完毕后,按照拓扑图进行组网,通过双绞线电缆将要各个设备进行连接。硬件设备配置信息见表6.3。

表6.3 硬件设备配置信息表

序号	设备名称	计算机名	工作组	IP 地址	子网掩码	网关
1	无线路由器	Router	Office	192.168.1.1	255.255.255.0	
2	交换机	Switch	Office	192.168.1.2	255.255.255.0	
3	公用计算机	Share	Office	192.168.1.3	255.255.255.0	192.168.1.1
4	小张计算机	Zhang	Office	192.168.1.4	255.255.255.0	192.168.1.1
5	小李计算机	Li	Office	192.168.1.5	255.255.255.0	192.168.1.1
6	小王计算机	Wang	Office	192.168.1.6	255.255.255.0	192.168.1.1

6.2.2 组建小型办公网络实施步骤

根据网络规划进行组网,具体步骤如下。

1. 安装网卡

检查计算机是否已经安装网卡,为主板没有集成网卡的两台计算机(新增的小王和小李的计算机)安装 PCI 网卡,同时在系统中正确安装网卡驱动安装。

2. 制作双绞线电缆

根据办公室内计算机的布局,截取适当长度的双绞线电缆,按照 568B 规范制作双绞线。双绞线制作完成后,使用测试设备测试双绞线电缆的连通性(后面详细介绍双绞线电缆的制作方法)。

> **知识拓展·技巧提示**
>
> 项目实施前如果提前确定双绞线电缆的长度,也可以购买成品跳线。

3. 连接设备

根据网络拓扑图,使用双绞线电缆将设备连接起来,组成办公局域网。

4. 设置计算机名和工作组

为避免由于网络重名导致网络冲突,需要根据硬件设备配置规划对局域网内的计算机进行设置,如图6.2所示。本项目中所有计算机都加入 Office 工作组,每一台计算机设置唯一的计算机名(见硬件设备配置信息表)。

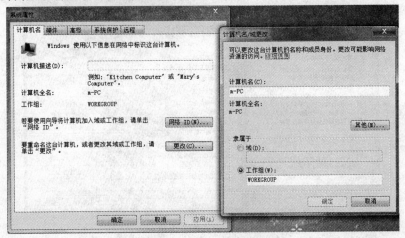

图6.2 设置计算机名

5. 配置交换机和路由器

在完成局域网硬件连接后,需要对局域网的核心设备交换机和路由器进行配置。在小型办公网络中选择的交换机,通常是不需要进行配置的,只要注意接线是否正确即可使用。

在本项目中无线路由器作为网络的出口并提供无线接入信号,必须进行详细设置。需要设置 ADSL 上网的账号、无线 SSID、DHCP、LAN 接口 IP、网络安全等等(后面章节详细介绍无线路由器的设置方法)。

> **知识拓展・技巧提示**
>
> 交换机与设备进行连线时需要注意防止出现环路。

6. 设置计算机网络参数

网卡安装并驱动后,必须根据网络 IP 规划,为每台计算机设置 IP 地址。

设置网卡参数的方法是在控制面板的网络和共享中心中,选择设置更改适配器设置。

在打开的网络连接对话框中,找到使用的网卡对应的本地连接。右击本地连接打开属性对话框,选择 Internet 协议版本 4(TCP/IPv4),打开 Internet 协议版本 4(TCP/IPv4)属性对话框,如图 6.3 所示。根据上面的方法,按照 IP 地址规划表对每台计算机的网络参数进行配置。

7. 测试局域网网络连通性

正确配置局域网内每台计算机参数之后,局域网内计算机之间即可进行通信,可以使用 ping 命令来测试网络的连通性。在任意一台计算机上打开开始菜单中,选择附件中的命令提示符。在命令提示符执行 ping 192.168.1.X,如果结果是"来自 192.168.1.X 的回复:字节=32 时间=1 ms TTL=255",如图 6.4 所示,表示当前计算机与网关通信正常,网络连通性正常。如果结果是"来自 172.188.1.56 的回复:无法访问目标主机",如图 6.5 所示,则表示当前计算机不能与网关通信,需要检查链路连接和路由器配置是否正确。

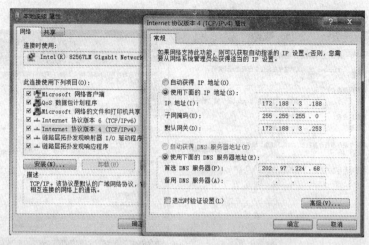

图 6.3　网络连接

图 6.4　连接正常

图 6.5　连接失败

根据上面的方法,可以在任意两台计算机之间测试网络的连通性。

知识拓展·技巧提示

如果在日后网络出现故障的时候,也可以通过这个方法来查找网络故障。在任何一个局域网组建的项目实施过程中,都可以根据以上的步骤实施。

6.3　配置文件和打印共享

本项目需要在公用计算机上实现文件共享和打印机共享,这样的需求在网络组建过程中很常见,本节将详细介绍如何配置文件和打印共享。

6.3.1　配置前检查

配置局域网中计算机的共享之前,需要对计算机的配置进行检查。

1. 检查计算机是否有重名,是否在同一工作组

选择计算机右键属性,在系统窗口中查看计算机名称、域和工作组。要求局域网内每台计算机不能有重名,所有配置共享的计算机处在同一工作组。

2. 检查公共计算机系统管理员账号名称

为提高办公网络的安全性,防止未经授权的计算机共享公共计算机资源,必须更改公共计算机的管理员账号名称并设置密码。计算机右键选择管理,打开计算机管理对话框,查看本地用户和组中的用户,如图 6.6 所示。如果管理员账号的名称为"administrator",需要修改一个不常用的名称。右键点击账号名称"administrator"选择重命名进行修改,选择"设置

密码"为其设置一个安全密码。

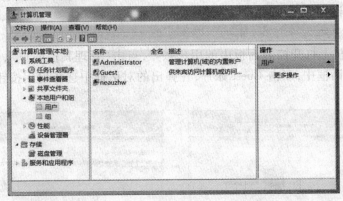

图 6.6　查看本地用户

3. 检查本地连接属性

检查本地连接中是否安装了 Microsoft 网络的文件和打印机共享，检查 IP 地址配置是否正确。

在控制面板的网络和共享中心中，选择设置更改适配器设置。在打开的网络连接对话框中，找到使用的网卡对应的本地连接。右击本地连接打开属性对话框，如图 6.7 所示，查看 Microsoft 网络的文件和打印机共享是否被勾选。本地连接打开属性对话框中双击 Internet 协议（TCP/IP），在打开的 Internet 协议（TCP/IP）属性对话框中检查计算机的 IP 地址配置是否正确。

4. 检查服务

在计算机的运行里输入 services.msc 回车打开服务，在打开的服务对话框中，确认 server 服务是否启动，如果没有启动将其设置为自动启动，如图 6.8 所示。

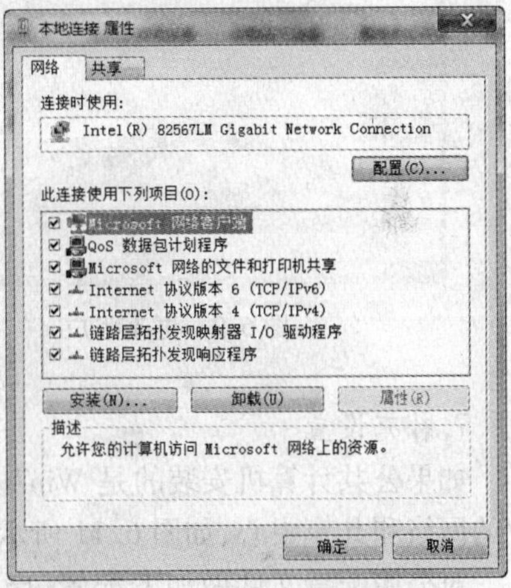

图 6.7　打开本地连接属性

图 6.8　配置服务

5. 检查防火墙设置

检查是否已经允许文件和打印机共享程序通过防火墙通信。打开控制面板中的 Windows 防火墙,选择"允许程序或功能通过 Windows 防火墙",在允许的程序窗口中勾选"文件和打印共享",并设置为允许通信。

6. 启用来宾账户

在公共计算机上打开控制面板中的用户账户,点击"管理其他账户",如图 6.9 所示。在更改账户的对话框中,双击 Guest 账户,在弹出的对话框中选择启用按钮,如图 6.10 所示。

图 6.9　更改账户

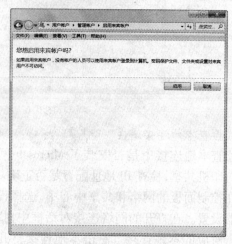

图 6.10　启用来宾账户

7. 补充设置

如果公共计算机安装的是 Win7 操作系统,还需要更改高级共享设置。打开控制面板中的网络和共享中心,如图 6.11 所示,点击"更改高级共享设置"。

对公用配置文件做如下配置,启用"网络发现""文件和打印机共享""公用文件夹共享",设置"密码保护的共享"为"关闭密码保护共享",如图 6.12 所示。

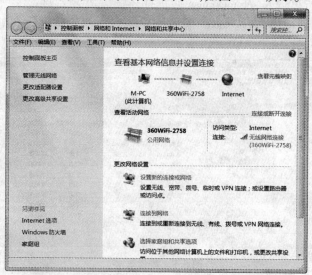

图 6.11　网络和共享中心

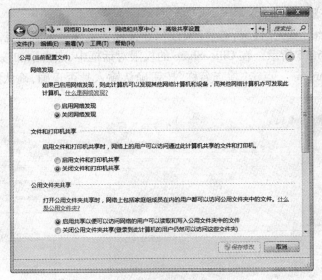

图 6.12 配置高级共享设置

6.3.2 配置文件共享

根据本项目需求,在完成配置检查后,需要在公共计算机配置文件共享,实现局域网内计算机的文件传递。下面的方法同样适用于局域网内任意两台计算机之间进行文件共享。

1. 建立共享文件夹

本项目中规划在公共计算机 D 盘中,建立一个名称为 OfficeShare 的文件夹。打开资源管理器在 D 盘中新建 OfficeShare 文件夹。

2. 设置文件夹共享

右键点击 OfficeShare 文件夹,选择"属性",在文件夹属性对话框中点击"共享"标签,单击"高级共享"按钮,如图 6.13 所示。

在高级共享对话框中,勾选"共享此文件夹"后,单击"应用"或"确定"退出。如果某文件夹被设为共享,它的所有子文件夹将默认被设为共享,如图 6.14 所示。

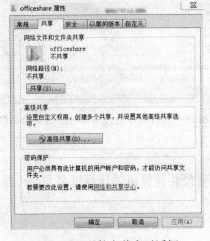

图 6.13 文件夹共享对话框

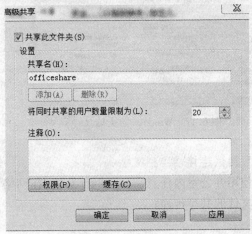

图 6.14 高级共享设置

3. 设置共享权限

右键点击 OfficeShare 文件夹，选择"属性"，在文件夹属性对话框中点击"安全"标签，点击编辑按钮，如图 6.15 所示。在 OfficeShare 的权限对话框中，点击添加按钮，在输入名称的对话框中输入"Everyone"，点击"检查名称"按钮确认输入是否正确，确认后点击确定，如图 6.16 所示。

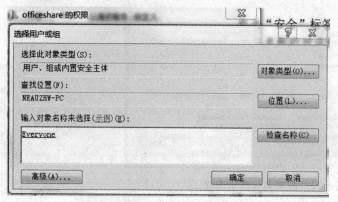

图 6.15 OfficeShare 权限

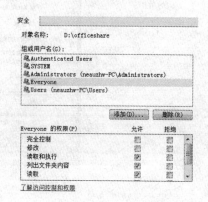

图 6.16 配置 Everyone 的权限

为 OfficeShare 文件夹添加 Everyone 用户之后，根据设计需求允许用户上传和下载文件，在"Everyone 的权限"对话框中勾选"修改"和"读取和执行"复选框。

4. 设置防火墙

在公共计算机上打开控制面板中的 Windows 防火墙，如图 6.17 所示，点击"允许程序或功能通过 Windows 防火墙"，确定"文件和打印机共享"是否是勾选状态，如图 6.18 所示。

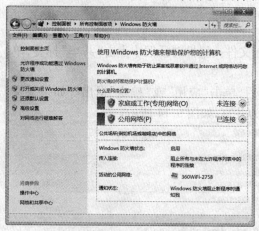

图 6.17 Windows 防火墙

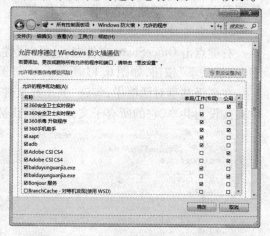

图 6.18 允许程序通过 Windows 防火墙通信

5. 测试连接

使用办公室内任意一台联网计算机，在网络中搜索公共计算机的计算机名 Share，即可完成文件的共享传递。

6.3.3 配置打印机共享

在完成配置检查之后,将打印机连接到公共计算机上,安装驱动并打印测试页。

1. 设置公共打印机

在公共计算机上点击"开始"按钮,选择"设备和打印机",在弹出的窗口中找到想共享的打印机,在该打印机上右键,选择"打印机属性",如图 6.19 所示。切换到"共享"选项卡,勾选"共享这台打印机",并且设置一个共享名,如图 6.20 所示。

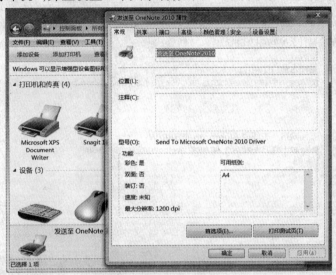

图 6.19 设置打印机属性

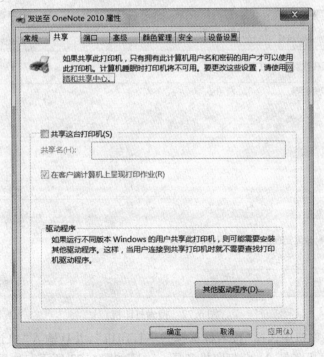

图 6.20 设置共享名称

2. 检查设置

按照配置前检查的步骤对公共计算机和用户计算机进行检查。检查计算机名和工作组设置、确认是否启用了文件共享、检查防火墙的配置等。

3. 连接网络打印机

在用户计算机上点击"开始"按钮,选择"设备和打印机",点击"添加打印机",在弹出的窗口中选择"添加网络、无线或 Bluetooth 打印机",如图 6.21 和图 6.22 所示。

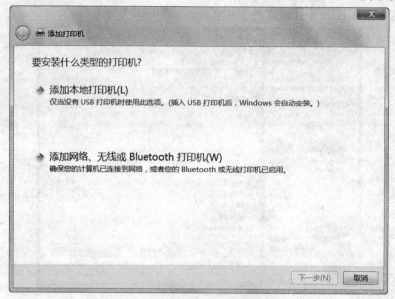

图 6.21 添加网络打印机

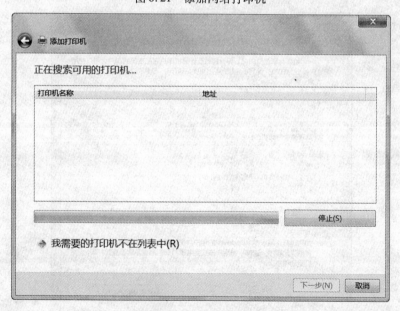

图 6.22 搜索打印机

在添加打印机窗口中选择"按名称选择共享打印机",并且输入"\\计算机名\打印机名"(本实例中计算机名是 share,打印机名是 print),如图 6.23 所示。如果前面的设置正确的话,就会搜索到公共计算机的打印机,点击"下一步",按照默认设置即可完成打印机的安装。

注意:如果系统没有搜索到公共计算机,可以把"计算机名"用"IP"来替换,应输入"\\172.188.1.3\print"。

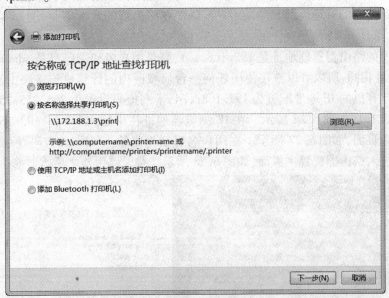

图6.23　手动输入打印机名称

6.4　配置宽带路由器联网

在小型办公局域网中,必须配置一台路由器,代理局域网内的计算机联网。根据本项目的需求,配置一台 TP-LINK300 M 无线路由器作为出口。下面根据项目规划详细介绍无线路由器的配置,配置方法同样适用于同一品牌路由器的日常应用。

6.4.1　物理连接

本项目中出口使用的是 ADSL 方式上网,把从 ADSL Modem 接出的网线接到路由器的 WAN 口上,与交换机连接的网线接到路由器的 LAN 口上,如图6.24所示。在完成路由器连接之后,再次仔细检查局域网交换机和计算机物理连接是否正确。

图6.24　路由器的接口

知识拓展·技巧提示

如果局域网是通过专线上网,把入户的主线接到路由为的 LAN 口。路由器上除了一个 WAN 口外其余全是 LAN 口,端口有标识,也可以通过颜色区分。

6.4.2 连接路由器

通常情况下需要通过计算机的浏览器配置路由器，如 IE 或火狐浏览器。首先查看路由器的说明书，确定路由器配置的管理地址和登录密码。一般情况下路由器的管理地址和登录用户密码都在路由器的背面印制，例如本项目中使用的 TP-LINK，如图 6.25 所示。

本项目中的路由器管理地址是 192.168.1.1，登录用户名和密码都是 admin。这与项目规划的 IP 地址相同，所以可以直接使用任何一台局域网内的计算机连接路由器进行配置。将一台用户计算机的 IP 地址配置为 192.168.1.4，子网掩码设置为 255.255.255.0，网关设置为 192.168.1.1，如图 6.26 所示。在 IE 浏览器地址栏中输入 http://192.168.1.1，打开路由器的管理页面，如图 6.27 所示。在用户名对话框中输入 admin，密码登录输入 admin，登录成功后进入路由器配置主界面，如图 6.28 所示。登录路由器之后需要修改管理密码。

图 6.25　路由器的管理地址

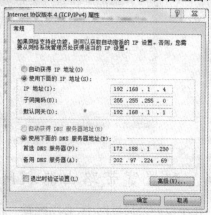

图 6.26　配置计算机 IP 地址

图 6.27　路由器的登录窗口

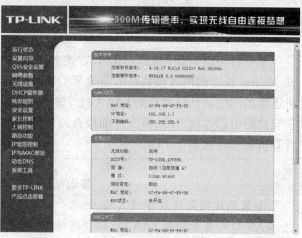

图 6.28　路由器的管理页面

知识拓展·技巧提示

在进行路由器配置时，如果路由器的管理 IP 是 192.168.1.1，那么配置计算机的 IP 地址就应该是 192.168.1.X，如果路由器的管理 IP 是 192.168.0.1，那么配置计算机的 IP 地址就应该是 192.168.0.X。（X 是 2 和 254 之间的任意数字）市场上的路由器牌子较多，有 TP-LINK、阿尔法、腾达、实达等等，牌子不同的路由器，他它的默认管理 IP 也是不一样的，在配置前一定要看清楚你的路由器的管理 IP 是多少。

6.4.3　配置上网账号和密码

配置上网账号密码可以通过两种方法，一种是通过设置向导配置，另外一种是通过网络参数配置。下面我们以设置向导为例来介绍。

登录路由器的配置管理界面后，在左侧的菜单中点"设置向导"进入路由器设置向导界面，如图 6.29 所示。

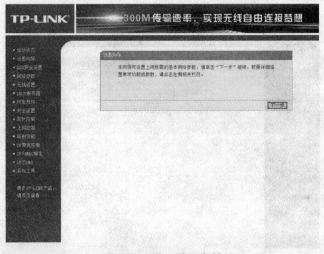

图 6.29　进入设置向导

一般的路由器都支持多种上网方式，本项目使用的 TP-LINK 路由器支持三种上网方式，分别是 PPPoE、动态 IP、静态 IP。本项目中使用的是中国联通 ADSL 方式上网，这里选择 PPPoE（ADSL 虚拟拨号）这一项，如图 6.30 所示。如果局域网上网使用的是其他的上网方式，就选其他的上网方式，并填入相关信息。

选择 ADSL 虚拟拨号（PPPoE），点击"下一步"。在相应的对话框中输入运营商提供的 ADSL 宽带拨号用户名和密码，如图 6.31 所示。

确认输入的用户名和密码正确之后，点"下一步"就进入无线设置。本项目中要求手机和平板电脑接入网络，需要对路由器的无线进行设置，包括状态、SSID 和密码进行设置，如图 6.32 所示。确认路由器无线设置之后，点击"完成"按钮即可完成路由器的设置，如图 6.33 所示。

测试路由器上网连接是否正确，可以点击主界面左侧菜单中的运行状态，来查看路由器的运行状态，如图 6.34 所示。通过查看路由器的运行状态中的 WAN 口信息，可以确定路由器是否拨号成功。同时，在局域网的运行过程中，也可以通过运行状态来监测路由器的运

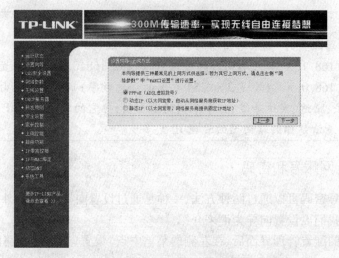

图 6.30　选择上网方式

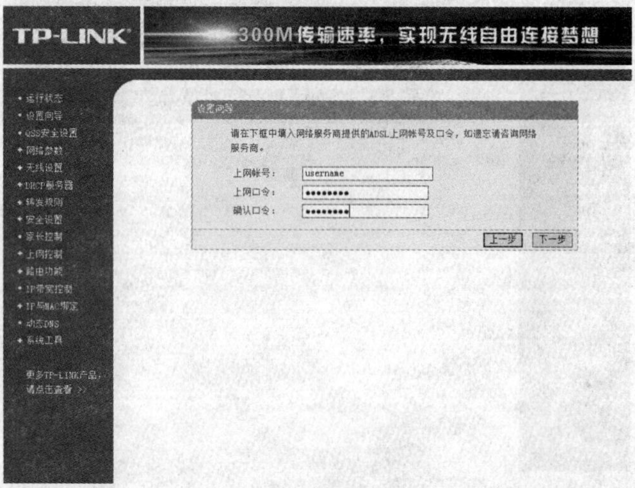

图 6.31　配置上网密码

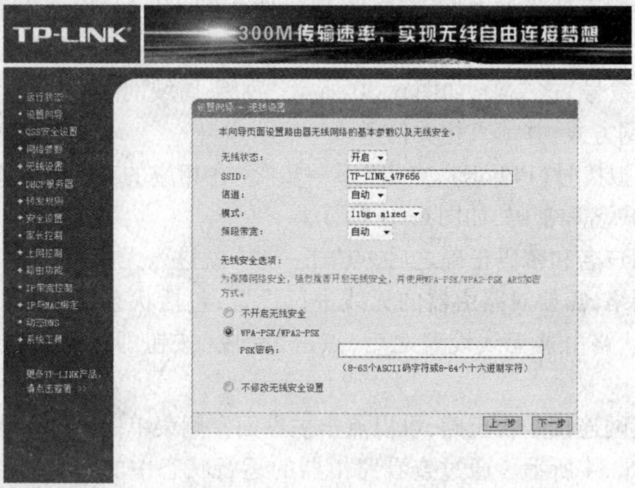

图 6.32　配置无线连接密码

行时间、端口状态、上网流量等信息。

如果要修改拨号设置,可以在左侧"网络参数"的"WAN 设置"中修改并保存。

图 6.33　完成路由器配置

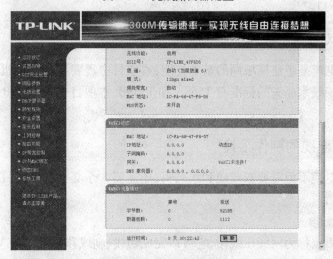

图 6.34　查看路由器状态

6.4.4　路由器恢复出厂设置

如果在路由器的工作过程中出现了运行故障或者丢失了路由器的管理账号和密码,可以对路由器进行复位操作,把路由器还原为出厂默认设置。

路由器进行复位操作如下。

① 找到路由器上面的一个小孔,一般在插网线的端口那一边,找到后拔下路由器的电源。

② 用针或牙签插进复位的小孔并抵紧,插上路由器电源,观察路由器的指示灯会闪烁几次,等指示灯正常以后松开,一般 2~3 s 复位完毕。

恢复出厂设置之后,路由器将清除原有的所有配置,管理员账号和密码就是路由器说明书上的初始账号和密码。这时可以按照前面的方法,重新对路由器进行配置设置。

6.4.5 常见路由器的运行故障

在正确设置路由器后,如果出现计算机正常连接局域网,但无法连接外网的情况,可以参考以下几点。

①ADSL MODEM 上有一个 ADSL 灯,正常情况下 MODEM 接好电话线并加电后,这个灯会规律性地快慢闪烁,闪烁最终停止变为长亮。如果 ADSL 灯不停地闪烁而不长亮,这是由于 ADSL MODEM 同局端的交换机不能同步,请与运营商联系。

②查看 ADSL MODEM 是否启用了"路由模式",需要将 ADSL MDOEM 复位成"桥接模式",复位方法可以查看 ADSL MODEM 的说明书或联系运营商。

③检查是否是运营商将原计算机网卡的 MAC 地址绑定到了 ADSL 链路上,如果 MAC 地址被绑定,可以使用路由器的"MAC 地址克隆"功能,将网卡的 MAC 地址复制到路由器的 WAN 口。

④如果宽带入户方式是网线直接引入,ISP 承诺带宽是 10 Mbit/s。发生拨号不成功的情况,可以找个 10/100 Mbit/s 自适应的集线器,将宽带进线接在集线器上,然后再连结集线器到路由器 WAN 口。

6.5 制作双绞线电缆

制作双绞线电缆是组建局域网的基本技能,本项目中需要制作交换机与计算机之间的直连双绞线。双绞线水晶头的标准有 T568A 和 T568B,本项目中以 T568B 为标准来介绍双绞线电缆的制作。

6.5.1 双绞线电缆的制作工具

制作双绞线电缆不但需要双绞线和水晶头,还需要 3 个必备的工具:压线钳、剥线钳和测线仪。

1. 双绞线压线钳

双绞线压线钳也称为网线压线钳,它可以完成切线、剥线和压线。在选择双绞线压线钳时,一定要选择与双绞线电缆规格相同的压线钳。本项目中使用的是超五类双绞线,所以选用超五类双绞线压线钳。

2. 测线仪

测线仪是进行网络施工和维护的常用工具,用于测试网络的连通性。测线仪包括专业测线仪和简易测线仪,常见的专业测线仪包括 Fluck 等,常见的简易测线仪有巧手等。

6.5.2 双绞线电缆的线序

传输数据时,双绞线使用的只有 8 根线芯中的 4 根,用于双向传输(全双工),根据连接两端的网络端口不同,有直通线、交叉线及翻转线 3 种。

直通线主要用于不同的两个端口,比如网卡-交换机;交叉线用于连接相同的两个端口,如网卡-网卡;翻转线线主要被用于使用 RJ45 转换器连接交换机或者路由器的控制端口。

1. 直通线

水晶头两端都遵循 EIA/TIA568A 或 EIA/TIA568B 标准,见表 6.4,双绞线的每组绕线是一一对应的。

表 6.4 直通线缆对照表

A 端水晶头排列顺序	水晶头引脚顺序	B 端水晶头排列顺序
白橙	1	白橙
橙	2	橙
白绿	3	白绿
蓝	4	蓝
白蓝	5	白蓝
绿	6	绿
白棕	7	白棕
棕	8	棕

2. 交叉线

水晶头一端遵循 EIA/TIA568A 标准,而另一端遵循 EIA/TIA568B 标准,见表 6.5。即两个水晶头的连线交叉连接,A 水晶头的 1、2 对应 B 水晶头的 3、6,而 A 水晶头的 3、6 对应 B 水晶头的 1、2。

表 6.5 交叉线缆对照表

A 端水晶头排列顺序	水晶头引脚顺序	B 端水晶头排列顺序
白橙	1	白绿
橙	2	绿
白绿	3	白橙
蓝	4	蓝
白蓝	5	白蓝
绿	6	橙
白棕	7	白棕
棕	8	棕

交叉线缆适用场合:一是交换机(或集线器)普通端口与交换机(或集线器)普通端口的连接;一是计算机网卡(终端)与计算机网卡(终端)的连接。

> **知识拓展·技巧提示**
>
> 如果两个集线器/交换机的物理距离较远,一般采用级联方式。需要注意的是:IEEE802.3u 100 Base-TX CLASS II HUB 之间的级联长度不能超过 5 m,100 Mbit/s 以太网中两个交换机的最大距离为 100 m。如果已经使用了 UPLINK 端口级联,它旁边的普通端口就不可以再用了。

6.5.3 双绞线跳线的制作方法

1. 剥线

首先左手拿起双绞线电缆,右手拿起 RJ45 双绞线压线钳,保留适当长度后用双绞线压线钳将双绞线电缆剪断。接着将双绞线电缆一端放入双绞线压线钳的剥线口内,放入的长度为超出双绞线压线钳另外一端的挡板。用手轻微捏下双绞线压线钳把手，保证剥线口的刀口轻轻压在双绞线电缆的外皮上即可。以双绞线为圆心，注意保持手掐双绞线压线钳的力度，旋转双绞线压线钳半圈。此时取出双绞线电缆，即可用手将双绞线的外皮剥离，如图 6.35 和图 6.36 所示。

图 6.35　双绞线放入压线钳

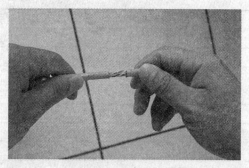
图 6.36　双绞线剥皮

知识拓展·技巧提示

在剥线时只要剥线口的刀口压住双绞线电缆的外皮即可，不能过于用力，用力过大容易伤到双绞线电缆的线对，剥离双绞线外皮后要检查双绞线电缆内部的线对有无损坏。

2. 分线

成功剥离双绞线电缆后，用左手握住剥离的双绞线，右手将双绞线反向缠绕开。把双绞线线对按照国际标准进行排列，整理成直线。本项目按照 T568B 标准进行排列，顺序为橙白、橙、绿白、蓝、蓝白、绿、棕白、棕，如图 6.37 所示。

3. 剪线

将双绞线按照标准排列后，用左手紧按双绞线，右手把 RJ45 双绞线压线钳拿起，把参差不齐的双绞线剪切整齐，如图 6.38 所示。

图 6.37　分线

图 6.38　剪线

4. 做头

双绞线剪齐以后就可以平稳地将双绞线推入 RJ45 头，需要均衡用力保证双绞线线对的每一条线接触到水晶头的顶端。将要包含双绞线线对的水晶头送入 RJ45 双绞线压线钳的槽口中，双手用力压下 RJ45 双绞线压线钳的手柄，使 RJ-45 插头的针脚都能接触到双绞线的芯线，如图 6.39 所示。

完成双绞线一端的制作工作后,按照相同的方法制作另一端即可,注意双绞线两端的芯线排列顺序要完全一致。

5. 测试

在完成双绞线的制作后,可以使用网线测试仪对网线进行测试,判断网线是否可用。将双绞线的两端分别插入网线测试仪的 RJ-45 接口,并接通测试仪电源。如果测试仪上的 8 个绿色指示灯都顺利闪过,说明制作成功。如果其中某个指示灯未闪烁,则说明插头中存在断路或者接触不良的现象。此时应再次对网线两端的 RJ-45 插头用力压一次并重新测试,如果依然不能通过测试,则只能重新制作,如图 6.40 所示。

图 6.39　掐水晶头

图 6.40　双绞线跳线测试

6.5.3　双绞线电缆制作的注意事项

1. 注意剥线的长度

网线钳挡位离剥线刀口长度通常恰好为水晶头长度,这样可以有效避免剥线过长或过短。如果剥线过长往往会因为网线不能被水晶头卡住而容易松动,如果剥线过短则会造成水晶头插针不能跟双绞线完好接触。

2. 注意线序

双绞线线序的国际标准有两个,分别是 T568A 和 T568B。注意在制作直连跳线的时候,双绞线的两端必须使用同样的标准。

3. 注意网线数据的收发

实际上在目前的 100 Mbit/s 带宽的局域网中,双绞线中的 8 条芯线并没有完全用上,而只有第 1、2、3、6 线有效,分别起着发送和接收数据的作用。因此,在测试网线的时候,如果网线测试仪上与芯线线序相对应的第 1、2、3、6 指示灯能够被点亮,则说明网线已经具备了通信能力,而不必关心其他的芯线是否连通。

第 7 章
Windows 7 入门基础

知识要点

1. 了解 Windows 7 的版本和新特性。
2. 了解 Windows 7 的桌面及其组成部分。
3. 掌握"开始"菜单的使用方法。
4. 掌握视觉效果和声音的设置方法。
5. 了解自定义任务栏和"开始"菜单的一般方法。

内容提要

Windows 7 作为目前最广泛使用的 Windows 操作系统,具有界面美观、操作稳定、兼容性好等特点。本章将详细介绍 Windows 7 的基本操作,从认识 Windows 7 开始,依次介绍 Windows 7 的桌面组成、对窗口的基本操作、计算机的个性化设置、自定义任务栏和"开始"菜单、设置鼠标和键盘等知识。

7.1 初识 Windows 7

微软公司于 2009 年 10 月 23 日正式退出 Windows 7 操作系统中文版。作为最新一代的操作系统,Windows 7 拥有 Windows 操作系统中最华丽的视觉效果和最高的安全性,而且该系统比之前的操作系统在功能上更加可靠和强大。

7.1.1 Windows 7 系统版本简介

Windows 7 与其之前的 Windows 操作系统一样,拥有很多版本以便不同的用户根据自己的需求进行选择。常见的 Windows 7 版本分别为:Windows 7 Starter、Windows 7 Home Basic、Windows 7 Home Premium、Windows 7 Professional、Windows 7 Enterprise 和 Windows 7 Ultimate。

1. Windows 7 Starter(初级版)

该版本是功能最少的 Windows 7 版本,缺乏 Aero 特效功能,没有 64 位支持,没有 Windows 媒体中心和移动中心等,对更换桌面背景有限制。它主要设计用于类似上网本的低端计算机等特殊类型的硬件。

2. Windows 7 Home Basic(家庭普通版)

该版本也称为家庭基础版,是简化的家庭版,支持多显示器,有移动中心,限制部分Aero特效,没有 Windows 媒体中心,缺乏 Tablet 支持,没有远程桌面,只能加入而不能创建家庭网络组(Home Group)。

3. Windows 7 Home Premium(家庭高级版)

该版本面向家庭用户,满足家庭娱乐需求,包含所有桌面增强和多媒体功能,如 Aero 特效、多点触控功能、媒体中心、创建家庭网络组、手写识别等，不支持 Windows 域、Windows XP 模式、多语言等。

4. Windows 7 Professional(专业版)

该版本面向计算机爱好者和小企业用户，满足办公开发需求，包含加强的网络功能，如活动目录、"域"支持和远程桌面等，另外还有网络备份、位置感知打印、加密文件系统、演示模式、Windows XP 模式等功能，其 64 位系统可支持更大内存(192 GB)。

5. Windows 7 Enterprise(企业版)

该版本是面向企业市场的高级版本，可以满足企业数据共享、管理、安全等需求。它包含多语言包、UNIX 应用支持、BitLocker 驱动器加密、分支缓存(BranchCache)等。该版本通过与微软有软件保证合同的公司进行批量许可出售，不在 OEM 和零售市场发售。

6. Windows 7 Ultimate(旗舰版)

该版本是拥有新操作系统的所有功能，与企业版基本相同，仅仅在授权方式及其相关应用及服务商有所区别，面向高端用户和软件爱好者。专业版用户和家庭高级版用户可以付费通过 Windows 随时升级(WAU)服务升级到旗舰版。

7.1.2 Windows 7 的新特性

Windows 7 作为新一代的 Windows 系列操作系统，在硬件性能要求、系统性能和可靠性等方面，相比其他早期版本的 Windows 操作系统有了巨大的改善。相比 Windows Vista 对硬件的高要求，Windows 7 只需较低的硬件配置便可顺畅地运行，目前市场上可以购买到的计算机运行 Windws 7 均无太大问题。Windows 7 中的"操作中心"安全功能集成了 Windows 已有的特性提醒，它和反间谍程序 Windows Defender 之间紧密结合，提供一致的提醒方式，并且在出现异常时，操作中心会显示详细信息并提供解决方案，为系统安全、稳定运行提供保障。Windows 7 的响应速度快，在启动 Windows 7 时，它减少了后台任务所关联的启动服务项，因此启动系统后便可快速登录到系统桌面。Windows 7 能够与早期版本实现无缝集成，使针对早期 Windows 系列版本研发的应用程序能够在 Windows 7 中正常运行。在硬件设备兼容性方面，也采用了与使应用程序建中类似的方式。Windows 7 中增加多点触摸功能，使其成为继鼠标之后又一种与电脑进行交互的方式。Windows 7 采用图形化的界面，打开的窗口与桌面之前充满了层次感，使用户体验到进行的每一项操作都是在一个独立的空间区域中完成的，半透明的 Aero 外观效果也增加了操作的实用性和立体感。Windows 7 从增加处理器的空闲时间、适应显示器的亮度以及高效的视频播放模式来延长电池在笔记本电脑中的使用时间，并且在使用 Windows 7 操作系统的过程中，可以通过状态栏同步了解电池电量的状态。Windows 7 可以给用户带来不一般的全新体验。本节简要介绍 Windows 7 操作系统的一些新特性。

1. 全新的任务栏

Windows 7 系统全新设计的任务栏，可以将来自同一个程序的多个窗口集中在一起并使用同一个图标来显示，让有限的任务栏空间发挥更大的作用，如图 7.1 所示。将鼠标光标停留在任务栏一个应用程序图标时，将以标签形式显示该应用程序所开启的窗口，选择并点击相应标签，将快速切换至所需窗口，如图 7.2 所示。

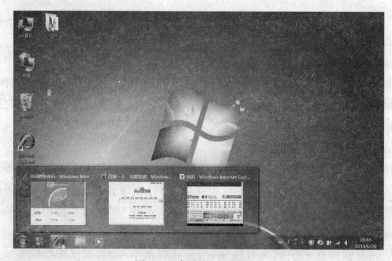

图7.1　任务栏上的图标

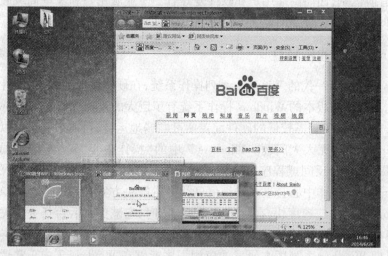

图7.2　快速切换窗口

2. 全新的库和家庭组

库是Windows 7众多新特性中的一项。所谓库，就是指一个专用的虚拟文件管理集合，用户可以将硬盘中不同位置的文件夹添加到库中，并在库这个统一的视图中浏览和修改不同文件夹的文档内容。Windows 7系统初始包含视频、文档、图片、音乐4个库，用户也可以增加新库。

家庭组的目的是让用户更容易在局域网中共享资源。用户可以建立家庭组或加入已经建好的家庭组进行计算机数据共享，而且用户还可以设置共享文件的类型。

3. 窗口的智能缩放功能

在Windows 7中加入了窗口的智能缩放功能，当用户使用鼠标将窗口拖动到显示器的边缘时，窗口即可最大化或平行排列，如图7.3所示。使用鼠标拖动并轻轻晃动窗口，即可隐藏当前不活动的窗口，使繁杂的桌面立刻变得简明舒适。

4. 桌面幻灯片播放功能

Windows 7桌面支持幻灯片壁纸播放功能，依次打开"控制面板"→"个性化"→"桌面背景",然后选中多幅背景图片,并设置图片的播放时间间隔,即可将桌面多幅图片进行幻灯片播放,如图7.4所示。

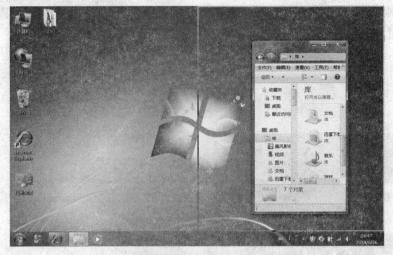

图7.3　窗口智能缩放

图7.4　设置桌面背景幻灯片播放

5. 更新的操作中心

Windows 7去掉了以前操作系统里的"安全中心",取而代之的是"操作中心(Action Center)"。"操作中心"除了有"安全中心"的全部功能外,还有系统维护信息、计算机问题诊断灯使用信息。

6. 全新的字体管理器

Windows 7中新建"字体管理器"窗口,从而取代早期版本 Windows 系列操作系统中的"添加字体"对话框。用户可以使用"字体管理器"窗口,选择适合的字体进行设置。

7. 自定义通知区域图标

在 Windows 7 操作系统中,用户可以对通知区域的图标进行自由管理。可以将一些不常用的图标隐藏起来,通过简单拖动来改变图标的位置,如图 7.5 所示。还可以打开"通知区域图标"窗口,通过设置面板对所有的图标进行集中管理,如图 7.6 所示。

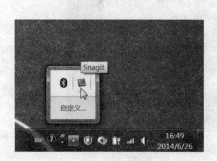
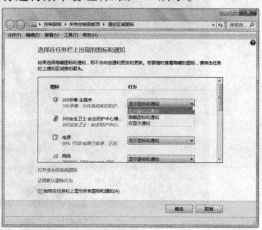

图 7.5　隐藏的通知区域图标图　　　　图 7.6　自定义通知区域图标显示方式

7.2　Windows 7 的桌面及其组成部分

在 Windows 系列操作系统中,"桌面"是一个重要的概念,它指的是当用户启动并登录操作系统后,用户所看到的一个主屏幕区域。在 Windows 7 中,大部分的操作都是通过桌面完成的。下面主要介绍 Windows 7 桌面中各元素的作用及其相应的操作方法。

7.2.1　认识 Windows 7 桌面

启动进入 Windows 7 后,出现的桌面如图 7.7 所示,主要包括桌面图标、桌面背景和任务栏。

图 7.7　Windows 7 的桌面

三者的作用如下：

①桌面图标：通过桌面图标可以打开相应的操作窗口或应用程序。

②桌面背景：丰富桌面内容，增强用户的操作体验，对操作系统没有实质性的作用。

③任务栏：通过它可以进行打开应用程序和管理窗口等操作。

7.2.2 桌面图标

桌面图标主要包括系统图标和快捷图标两部分。其中系统图标是指可以进行与系统相关操作的图标，如图 7.8 所示。快捷图标指应用程序的快捷启动方式，其主要特征是图标左下角有一个小箭头标识，双击快捷图标可以快速启动相应的应用程序，如图 7.9 所示。

图 7.8　系统图标　　　　图 7.9　快捷图标

1. 添加系统图标

默认状态下，Windows 7 桌面上只有一个"回收站"系统图标，为了提高使用计算机时各项操作的速度，可以根据需要添加系统图标。添加系统图标的具体操作如下：

【Step1】在桌面空白处单击鼠标右键，在弹出的快捷菜单中选择"个性化"命令，如图 7.10 所示。

【Step2】打开"个性化"窗口，单击导航窗格中的"更改桌面图标"超链接，如图 7.11 所示。

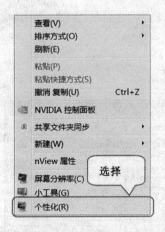　　

图 7.10　选择"个性化"　　　　图 7.11　单击"更改桌面图标"超链接

【Step3】打开"桌面图标设置"对话框，选中需要添加图标所对应的复选框，这里选中"计算机"复选框，如图 7.12 所示，单击 确定 按钮，完成添加"计算机"图标的操作。

123

图7.12 选中"计算机"复选框

2．添加快捷图标

如果需要添加文件或应用程序的桌面快捷方式,可以选中目标文件或程序,单击鼠标右键,在弹出的快捷菜单中选择"发送到"命令,在弹出的子菜单中选择"桌面快捷方式"命令,即可将相应的快捷图标添加到桌面。用户也可以通过使用"拖拽"的方法快速建立应用程序的快捷图标：用鼠标左键点击应用程序图标,并按住鼠标左键不放,同时移动鼠标至用户希望建立快捷图标的位置后释放鼠标左键,便可在该位置建立相应程序的快捷图标。

3．删除桌面图标

如果桌面上的图标过多,可以根据需要将桌面上的一些图标删除。删除桌面图标的方法是,选择需删除的桌面图标,单击鼠标右键,在弹出的快捷菜单中选择"删除"命令,或将鼠标光标移到需删除的桌面图标上,按住鼠标左键不放,将该图标拖动至"回收站"图标上,当出现"移动到回收站"字样时释放鼠标左键,如图7.13所示,在打开的提示对话框中单击"是"按钮,如图7.14所示。

图7.13 拖动图标至回收站

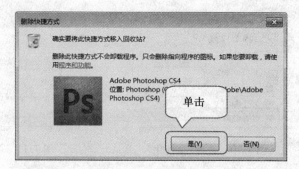

图7.14 删除快捷图标

7.2.3 桌面背景

桌面背景是指应用于桌面的图片或颜色,从而丰富桌面内容,美化工作环境,Windows 7 系统内置了很多自带的图片,用户也可以根据个人喜好将喜欢的图片或颜色设置为桌面背景,具体操作步骤如下:

【Step1】在桌面空白处单击鼠标右键,在弹出的快捷菜单中选择"个性化"命令,如图 7.15 所示。

【Step2】打开"个性化"窗口,单击导航窗格中的"桌面背景"超链接,打开"桌面背景"窗口。

【Step3】在"桌面背景"窗口中选择背景图片文件,并单击"保存修改"按钮即可,如图 7.16 所示。

图 7.15　选择"桌面背景"链接　　　　　图 7.16　选择背景图片

7.2.4 任务栏

任务栏是位于桌面下方的一个条形区域,显示了正在运行的程序、打开的窗口等内容,用户通过任务栏可以完成许多操作,任务栏最左边的立体按钮是"开始"菜单按钮,右边依次是快速启动区、语言栏、通知区域、系统时间、显示桌面等按钮,如图 7.17 所示。

图 7.17　任务栏

任务栏各个组成部分的作用介绍如下:

①"开始"菜单按钮:单击该按钮会弹出"开始"菜单,将显示 Windows 7 中各种程序选项,单击其中的任意选项可启动对应的系统程序或应用程序。

②快速启动区:用于显示当前打开程序窗口的对应图标,使用该图标可以进行还原窗口到桌面、切换和关闭窗口等操作,用鼠标拖动这些图标可以改变它们的排列顺序。

③语言栏:输入文本内容时,在语言栏中进行选择和设置输入法等操作。

④通知区域:用于显示"系统音量""网络"以及"操作中心"等一些正在运行的应用程序的图标,单击其中的 按钮,可以看到被隐藏的其他活动图标。

⑤系统时间:用于显示当前系统的运行日期和时间信息。

⑥"显示桌面"按钮:单击该按钮可以在当前打开的窗口与桌面之间进行切换。

7.3 使用 Windows 7 的"开始"菜单

"开始"菜单指的是单击任务栏中的"开始"按钮所打开的菜单。与以往版本的 Windows 系统相比,Windows 7 的开始菜单做了很大的改进,使用起来非常方便。下面来认识"开始"菜单,并讲解它的使用方法。

7.3.1 认识"开始"菜单

单击"开始"按钮,弹出"开始"菜单。其中"最近使用的程序"栏中列出了常用的程序列表,通过它可快速启动常用程序;当前用户图标显示当前操作系统使用的用户图标,便于用户识别,单击它可设置用户账户,如图 7.18 所示。下面详细介绍"开始"菜单中其他组成部分的作用。

图 7.18 "开始"菜单

7.3.2 使用"所有程序"菜单

"所有程序"菜单集合了电脑中的所有程序,使用 Windows 7 的"所有程序"菜单寻找某个程序时,不会产生凌乱的感觉。使用"所有程序"菜单的步骤如下:

【Step1】单击"开始"按钮,弹出"开始"菜单,单击"所有程序"按钮,弹出"所有程序"菜单,首先显示各个程序的汇总菜单,如图 7.19 所示。

【Step2】在该菜单中选择某个选项,如选择"附件"选项,打开该选项下的二级菜单,该二级菜单由"附件"选项包含的所有程序组成,如图 7.20 所示。选择某个程序选项即可启动该程序。

图 7.19 所有程序列表

图 7.20 "附件"选项中的程序

7.3.3 使用搜索框

在 Windows 7 的"开始"菜单中提供了快捷的搜索功能,只需在标有"搜索程序和文件"的搜索框中输入需要查找的内容或对象,便能够迅速地查找到该内容或对象,如搜索 Adobe Photoshop CS4 程序,其操作步骤如下:

【Step1】单击"开始"按钮,弹出"开始"菜单。

【Step2】在"搜索程序和文件"搜索框中输入"Adobe Photoshop CS4",如图 7.21 所示。刚输入内容时系统就立刻开始搜索,随着输入的关键字越来越完整,符合条件的内容会越来越少,在输入完成后,显示内容只剩下 Adobe Photoshop CS4 程序,如图 7.22 所示。

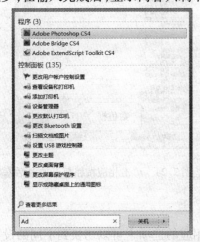
图 7.21 开始输入

图 7.22 输入完成后

7.3.4 使用系统控制区

默认"开始"菜单右侧的深色区域是 Windows 的系统控制区。与 Windows Vista 操作系统类似,Windows 7 的系统控制区保留了"开始"菜单中最常用的几个选项,并在其顶部添加

127

了"文档""图片""音乐"和"游戏"等选项,通过单击这些选项可以快速打开对应的窗口。系统控制区右下角的"关机"按钮可以进行"关机""切换用户""注销""锁定"和"重新启动"等操作。

7.4 Windows 7 中的对话框与操作窗口

Windows 7 中的对话框与 Windows 其他系列操作系统的对话框相比,外观和颜色都发生了变化。Windows 7 中的对话框提供了更多的相应信息和操作提示,使操作更准确。作为 Windows 系统中最常用的图形界面,Windows 7 系统的窗口操作加入了许多新模式,大大提高了窗口操作的便捷性与趣味性。

7.4.1 Windows 7 系统的对话框

对话框是 Windows 操作系统里的窗口之一,对话框中的操作元素主要包括命令按钮、选项卡、单选按钮、复选框、文本框、下拉列表和数值框等,但并不是所有的对话框都包含以上所有元素。

选择某些命令后需进一步设置,将打开相应的对话框,其中包含了不同类型的元素,且不同的元素可实现不同的功能。如图 7.23 和 7.24 所示分别为"任务栏"和"开始"菜单属性对话框和在单击"自定义"按钮后打开的对话框。

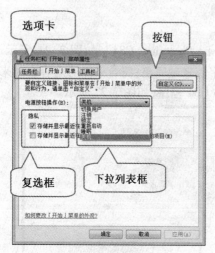

图 7.23　属性对话框

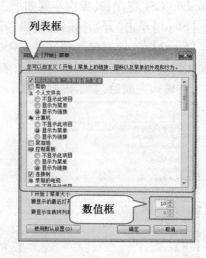

图 7.24　单击相应按钮打开的对话框

对话框中各元素的作用及设置方法介绍如下:

① 选项卡:对话框中一般有多个选项卡,通过选择相应的选项卡可以切换到不同的设置页。

② 列表框:列表框在对话框中以矩形框形式显示,其中分别列出了多个选项。

③ 单选按钮:选中单选按钮,可以完成某项操作或功能的设置,选中后单选按钮前面的 ◯ 标记变为 ◉ 标记。

④ 数值框:可以直接在数值框中输入数值,也可以通过后面的 ⬆⬇ 按钮设置数值。

⑤复选框:其作用与单选按钮类似,当选中复选框后,复选框前面的□标记变为☑标记。

⑥下拉列表框:与列表框类似,只是将选项折叠起来,单击对应的按钮,将显示出所有的选项。

⑦按钮:单击对话框中的某些按钮可以打开相应对话框进行进一步设置,而单击某些按钮则执行对应的功能。

7.4.2 Windows 7 系统的窗口及窗口的打开

计算机中的操作大多数是在各式各样的窗口中完成的。通常,只要是右上方包含"最小化""最大化/还原"和"关闭"按钮的人机交互界面都可以称为窗口。

打开窗口有多种方法,下面以打开"计算机"窗口为例进行介绍。

①双击桌面图标:在"计算机"图标上双击鼠标左键即可打开该图标对应的窗口。

②通过快捷菜单命令:将鼠标光标移到"计算机"图标上,单击鼠标右键,在弹出的快捷菜单中选择"打开"命令。

③通过"开始"菜单:单击"开始"按钮,弹出"开始"菜单,选择系统控制区的"计算机"命令。

7.4.3 Windows 7 系统窗口的组成

窗口一般分为系统窗口和程序窗口,系统窗口一般指"计算机"窗口等 Windows 7 操作系统的窗口,主要由标题栏、地址栏、搜索框、工具栏、窗口工作区和窗格等部分组成,如图7.25 所示。而程序窗口根据程序和功能与系统窗口有所差别,但其组成部分大致相同。

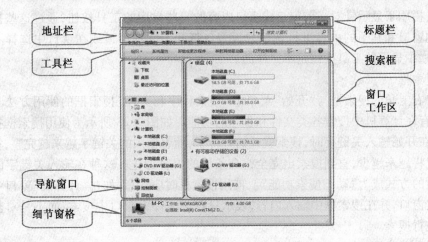

图 7.25 "计算机"窗口

下面以 Windows 7 的"计算机"窗口为例介绍窗口的主要组成部分及其作用。

1. 标题栏

在 Windows 7 的系统窗口中,只显示了窗口的"最小化"按钮、"最大化/还原"按钮和"关闭"按钮,单击这些按钮可以对窗口执行相应的操作。

2. 地址栏

地址栏是"计算机"窗口中重要的组成部分,通过它可以清楚地知道当前打开的文件夹的路径。当知道某个文件或程序的保存路径时,可以直接在地址栏中输入路径来打开保存该文件或程序的文件夹。Windows 7 的地址栏中每一个路径都由不同的按钮组成,如图 7.26 所示。单击这些按钮,就可以在相应的文件夹之间进行切换。单击这些按钮右侧的 ▶ 按钮,将会弹出一个子菜单,其中显示了该按钮对应文件夹内的所有子文件夹,如图 7.27 所示。

图 7.26　地址栏中的按钮

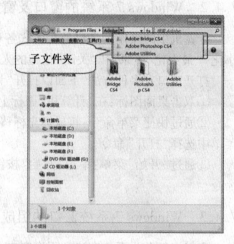
图 7.27　按钮对应文件夹中的所有子文件夹

3. 工具栏

工具栏用于显示针对当前窗口或窗口内容的一些常用的工具按钮,通过这些按钮可以对当前的窗口和其中的内容进行调整或设置。打开不同的窗口或在窗口中选择不同的对象,工具栏中显示的工具按钮是不一样的。

4. 搜索框

窗口右上角的搜索框与"开始"菜单中"搜索程序和文件"搜索框的使用方法和作用相同,都具有在计算机中搜索各类文件和程序的功能。如图 7.28 所示为使用搜索框搜索内容的情况,在开始输入关键字时,搜索就开始进行了,随着输入的关键字越来越完整,符合条件的内容也将越来越少,直到搜索出完全符合条件的内容为止。这种在输入关键字的同时就进行搜索的方式成为"动态搜索功能"。使用搜索框时应注意,如在"计算机"窗口中打开某个文件夹窗口,并在搜索框中输入内容,表示只在该文件夹窗口中搜索,而不是对整个计算机资源进行搜索。

5. 窗口工作区

窗口工作区用于显示当前窗口的内容或执行某项操作后显示的内容。如图 7.29 所示为打开"示例图片"文件夹后,窗口工作区显示的内容。如果窗口工作区的内容较多,将在其右侧和下方出现滚动条,通过滚动条可查看其他未显示出的部分内容。

第 7 章 Windows 7 入门基础

图 7.28 使用搜索框

图 7.29 窗口工作区显示内容

6. 窗格

Windows 7 的"计算机"窗口中有多个窗格类型,默认显示导航窗格和细节窗格。如果需要显示其他窗格,可单击工具栏中的"组织"按钮,在弹出的菜单列表中选择"布局"命令,如图 7.30 所示,然后在弹出的子菜单中选择所需的窗格选项即可。打开所有窗格后的窗口效果如图 7.31 所示,其中包括细节窗格、预览窗格和导航窗格。

图 7.30 选择窗格

图 7.31 显示所有窗格效果

下面简要介绍一下各个窗格的作用。
① 细节窗格:显示出文件大小、创建日期等目标文件的详细信息。
② 导航窗格:单击其显示的文件夹列表中的文件夹即可快速切换到相应的文件夹中。
③ 预览窗格:用于显示当前选择的文件内容,从而可预览该文件的大致效果。

7.4.4 关闭窗口

在窗口中执行完操作后,可关闭窗口,其方法有以下几种。
① 使用菜单命令:将鼠标光标移动到标题栏,单击鼠标右键,在弹出的快捷菜单中选择

"关闭"命令关闭窗口。

②单击"关闭"按钮：直接点击窗口右上角的"关闭"按钮关闭窗口。

③使用任务栏：用鼠标右键单击窗口在任务栏中对应的图标，在弹出的快捷菜单中选择"关闭窗口"命令。当打开多个窗口时，选择"关闭所有窗口"命令，将关闭对应的所有窗口。

7.4.5 移动窗口

在操作计算机时，为了方便操作某些部分，需要调整窗口在桌面上的位置，其方法是将鼠标光标移动到窗口的标题栏上，按住鼠标左键不放，可以将窗口拖动到任意位置。

7.4.6 改变窗口大小

在使用计算机的过程中，为了操作方便经常需要改变窗口大小，改变窗口大小的方法很多，可根据实际情况选择不同的方法。

1. 最小化或最大化/还原窗口

直接单击窗口右侧的"最小化"按钮或"最大化/还原"按钮，可以分别完成窗口的最小化或最大化/还原的操作。用鼠标左键双击窗口的标题栏可以完成最大化/还原窗口的操作。在标题栏上单击鼠标右键，在弹出的快捷菜单中选择相应的命令可以完成最小化和最大化/还原窗口操作。值得注意的是，在 Windows 7 中还提供了一种快捷的方法来改变窗口大小，那就是"拖"。其操作方法是，当窗口最大化时将鼠标光标移到窗口的标题栏上，按住鼠标不放，向下拖动便可以还原窗口；还原窗口后按住鼠标不放向上拖动，当鼠标光标与屏幕上边缘接触出现"气泡"时，释放鼠标，窗口将被最大化。

2. 任意改变窗口大小

通过拖拽窗口边框改变其大小，是实际操作中经常使用到的一种快捷的方法，只需将鼠标光标移到窗口边缘，当鼠标光标变成 ⟷ 或 ↕ 形状时，按住鼠标左键不放，拖动窗口边框可以任意改变窗口的长或宽。在窗口的四个直角处拖动窗口，可以同时改变窗口的长和宽。

3. 让窗口"垂直"显示

不改变窗口的宽度，让该窗口在桌面的任意位置"垂直"显示，其方法是：将鼠标光标移到窗口边框的上边缘或下边缘，当鼠标光标变为 ⟷ 形状时，按住鼠标左键不放，拖动窗口边框至桌面的上边缘或下边缘，当出现"气泡"时，释放鼠标，或者当光标变为 ↕ 形状时，双击鼠标左键，窗口将以垂直方式显示于桌面。

4. 让窗口以屏幕的 50% 显示

如果需要对两个窗口同时进行浏览或对照，或是想要充分利用桌面的空间进行更多、更快的操作，可将鼠标光标移到窗口标题栏并按住鼠标左键不放，向左或向右拖动，当鼠标光标与屏幕两侧边缘接触出现"气泡"时，释放鼠标，窗口将以占屏幕 50% 的尺寸显示在桌面的一侧。

7.4.7 排列窗口

与其他版本一样，Windows 7 也可以对窗口进行不同的排列，方便用户对窗口进行操作和查看，尤其当打开的窗口过多时，采用不同的方式排列窗口可以提高工作效率。其方法是:在任务栏的空白处单击鼠标右键,在弹出的快捷菜单中选择"层叠窗口""堆叠显示窗口"或"并排显示窗口"命令即可。

1. 层叠窗口

在桌面上按照上下层关系依次排列打开的窗口,并且留下足够的空间,便于查看其他内容或执行其他操作,如图 7.32 所示。

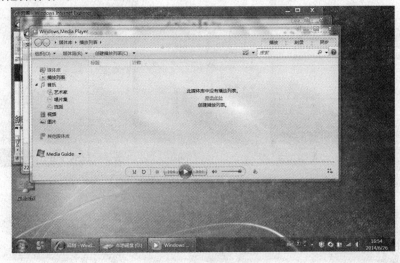

图 7.32 层叠窗口效果

2. 堆叠显示窗口

将当前打开的所有窗口横向平铺显示,如图 7.33 所示。

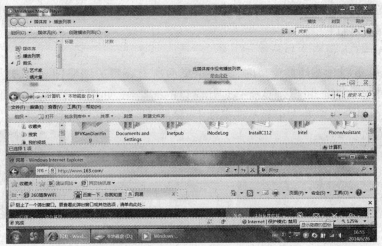

图 7.33 横向平铺窗口效果

3. 并排显示窗口

将当前打开的所有窗口纵向平铺显示,如图 7.34 所示。

可以看到,"层叠窗口"与"并排显示窗口""堆叠显示窗口"排列方式相比,没有占满显示器的整个屏幕,但是当打开更多的窗口时,它们显示的排列样式类似。如果设置了某种方式排列窗口,则在任务栏的空白处单击鼠标右键,选择相应的撤消命令即可恢复原来的显示方式。

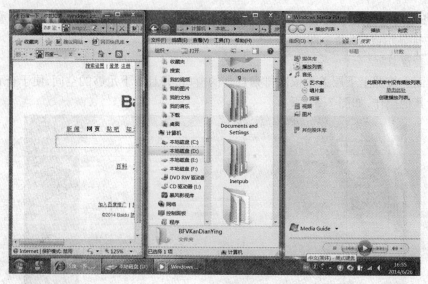

图 7.34 纵向平铺窗口效果

7.4.8 多窗口预览和切换

在使用计算机的过程中,经常需要打开多个窗口,并在这些窗口之间进行切换预览。Windows 7 的窗口预览切换功能是非常强大和快捷的,与此同时 Windows 7 系统提供的窗口切换方式也很多。下面介绍预览和切换窗口的几种方法。

1. 通过窗口可见区域切换窗口

如果非当前窗口的部分区域可见,将鼠标光标移动至该窗口的可见区域处单击鼠标左键,即可切换到该窗口。

2. 通过 Alt+Tab 键预览切换窗口

通过 Alt+Tab 键预览切换窗口时,将显示桌面所有窗口的缩略图。其方法是,按住 Alt 键不放的同时按 Tab 键,可以预览所有打开窗口的缩略图,如图 7.35 所示。此时当选中某张缩略图时,窗口会以原始大小显示在桌面上,释放 Alt 键便可切换到该窗口。

图 7.35 使用 Alt+Tab 键预览切换窗口

3. 通过 Win+Tab 键预览切换窗口

使用 Win+Tab 键预览和切换窗口时,桌面将显示所有打开的窗口,包括空白的桌面并且采取了 Flip 3D 效果,如图 7.36 所示。通过 Win+Tab 键预览切换窗口的方法是,按住键盘上的 Win 键不放,按 Tab 键即可在打开的窗口之间切换,当所需的窗口位于第一个时,释放 Win 键,该窗口即可显示为当前活动窗口。

4. 通过任务栏切换窗口

一个程序打开多个窗口时,可以通过任务栏在该程序中打开的窗口之间进行预览和切

换,其操作方法如下:

【Step1】将鼠标光标移到该程序在任务栏中对应的按钮上,此时在任务栏的上方会出现窗口的缩略图。

【Step2】将鼠标光标移到需要查看的窗口缩略图上,该窗口会以当前窗口显示,如图7.37所示。

图 7.36　Flip 3D 效果

图 7.37　使用任务栏预览切换窗口

【Step3】单击该缩略图,便可将该窗口切换为当前活动窗口。

7.5　设置桌面外观

在 Windows 7 操作系统中,用户可以根据自己的喜好和需求来更改桌面图标和界面的外观显示效果,从而使系统桌面的效果更加美观实用,同时也会让用户体验到更多乐趣。

7.5.1　更改桌面图标

在桌面添加图标后,可以对桌面图标进行设置,包括改变桌面图标的显示位置和图标样式,下面将详细讲解改变图标显示位置和样式的方法。

1. 改变桌面图标的显示位置

一般情况下,桌面图标是在桌面的左侧,可根据操作需要改变图标的显示位置。将桌面图标显示在桌面右侧的操作步骤如下:

【Step1】在桌面空白处单击鼠标右键,在弹出的快捷菜单中选择"查看"命令,在弹出的子菜单中取消选择"自动排列图标"命令,如图7.38所示。

【Step2】将鼠标指针移到桌面图标上,按住鼠标左键不放,依次将图标拖动到桌面的右侧,如图 7.39 所示。将桌面图标移动到桌面的右侧或其他位置,必须先取消选择"自动排列图标"命令,否则无法执行有效的操作。

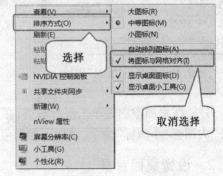

图 7.38　取消"自动排列图标"

2. 设置图标样式

如果用户不喜欢默认的系统图标,可将其更改为 Windows 7 提供的各种图标图片。下面以改变"计算机"的图标为例,介绍更改图标样式的操作步骤。

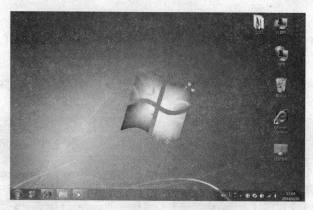

图7.39 图标在桌面右侧效果

【Step1】在桌面空白处单击鼠标右键,在弹出的快捷菜单中选择"个性化"命令,打开"个性化"窗口,单击导航窗格中的"更改桌面图标"超链接。

【Step2】打开"桌面图标设置"对话框,选择中间列表框中的"计算机"图标,单击"更改图标"按钮如图7.40所示。

【Step3】打开"更改图标"对话框,选择所需图标选项,单击"确定"按钮,如图7.41所示,返回"桌面图标设置"对话框,单击确定按钮。

【Step4】返回到桌面,此时可发现"计算机"图标已经发生改变,如图7.42所示。

图7.40 选择"计算机"图标

图7.41 选择图标样式

图7.42 更改后

另外,在桌面空白处单击鼠标右键,在弹出的快捷菜单里选择"查看",在弹出的菜单中选择"大图标/小图标"命令,桌面图标即可变大或变小。

7.5.2 设置桌面背景

Windows 7提供了丰富的桌面背景图片,对桌面背景进行个性化的设置可以使桌面效果更加丰富,其操作步骤如下:

【Step1】在桌面空白处单击鼠标右键,在弹出的快捷菜单中选择"个性化"命令,打开"个性化"窗口,单击窗口下方的"桌面背景"超链接。

【Step2】打开"桌面背景"窗口,在中间的列表框中选择背景图片,其他保持默认设置,并单击"保存修改"按钮,如图7.43所示。

【Step3】返回到"个性化"窗口,单击"关闭"按钮关闭该窗口,返回桌面后可看到桌面背景已经应用了所选的图片,如图7.44所示。

图7.43 选择桌面背景

图7.44 更改桌面背景后的效果

7.5.3 设置窗口颜色和外观

在Windows 7系统中,用户可以自定义窗口、"开始"菜单以及任务栏的颜色和外观。Windows 7提供了丰富的颜色类型,甚至可以采用半透明的效果。下面介绍设置窗口颜色和外观的方法。

【Step1】在桌面空白处单击鼠标右键,在弹出的快捷菜单中选择"个性化"命令,打开"个性化"窗口,单击窗口下方的"窗口颜色"超链接。

【Step2】打开"窗口颜色和外观"窗口,在中间选择所需的颜色类型,如选择"淡红色"颜色模块,取消选择"启动透明效果"复选框,其他保持默认设置不变,此时窗口颜色和透明效果已经发生改变,单击"保存修改"按钮,完成设置。

用户还可以单击窗口下方的"高级外观设置"链接,打开"窗口颜色和外观"对话框,在这里可以对窗口颜色和外观进行更为详尽的个性化设置。例如,在"项目"下拉菜单里选择"活动窗口标题栏"选项,在"颜色1"下拉菜单中选择"绿色"命令,在"颜色2"下拉菜单中选择"蓝色"命令,然后单击"确定"按钮,即可将窗口的标题栏变为蓝绿相间的颜色外观。

7.5.4 设置屏幕保护程序

屏幕保护程序是使显示器处于节能状态,用于保护电脑屏幕的一种程序。Windows 7提供了三维文字、气泡、彩带和照片等几种屏幕保护程序,选择屏幕保护程序后,可以设置它的等待时间,在这段时间内如果没有对计算机进行任何操作,显示器就将进入屏幕保护状态,退出屏幕保护程序,只需移动鼠标或点击键盘上的任意键即可。下面以设置"气泡"屏幕保护程序为例介绍屏幕保护程序的设置方法,其操作步骤如下:

【Step1】在桌面空白处单击鼠标右键,在弹出的快捷菜单中选择"个性化"命令,打开"个性化"窗口,单击窗口下方的"屏幕保护程序"超链接。打开"屏幕保护程序设置"对话框,在"屏幕保护程序"下拉列表框中选择所需的选项,如"气泡"选项,如图7.45所示。

【Step2】在"等待"数值框中输入开启屏幕保护程序的时间,如输入"5",如图7.46所示,然后单击"预览"按钮,预览设置后的效果,单击"确定"按钮则使设置生效。

图 7.45　选择"气泡"屏幕保护程序

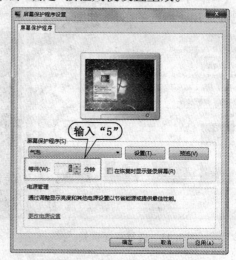

图 7.46　设置屏幕保护程序启动时间

7.5.5　更改 Windows 7 主题

　　主题是指搭配完整的系统外观和系统声音的一套设计方案。在 Windows 7 操作系统中,系统为用户提供了多种风格的桌面主题,共分为"Aero 主题"和"基本和高对比度主题"两大类。其中"Aero 主题"可为用户提供高品质的视觉体验,它独有的 3D 渲染和半透明效果,可以使桌面看起来更加美观流畅。

　　例如,要在 Windows 7 中使用"中国"风格的"Aero 主题",用户可以打开"个性化"窗口,然后在"Aero 主题"选项区域中选择"中国"选项,即可应用该主题。

7.5.6　更改显示设置

　　显示设置主要是对显示器屏幕和屏幕显示内容视觉效果的调整。

　　1. 设置文本的显示效果

　　在操作计算机时,通常需要设置适合自己的文本显示效果来满足个人的阅读需求。设置文本显示效果的操作步骤如下:

　　【Step1】在桌面空白处单击鼠标右键,在弹出的快捷菜单中选择"个性化"命令,打开"个性化"窗口,单击窗口下方的"显示"超链接。

　　【Step2】打开"显示"窗口,单击导航窗格中的"调整 ClearType 文本"超链接,打开调整文本显示效果的向导界面。

　　【Step3】首先根据需要选择是否启用 ClearType 效果,这里选中"启用 ClearType"复选框,单击"下一步"按钮,如图 7.47 所示。

　　【Step4】打开确认监视器设置为本机基本分辨率的向导界面,确认设置后,单击"下一步"按钮。

　　【Step5】在如图 7.48 所示的向导界面中,依照提示操作,直至最终完成,从而使用户获得最佳的文本显示效果。

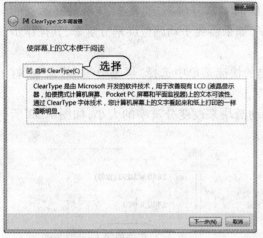

图 7.47　启用 ClearType　　　　　　　　图 7.48　ClearType 设置向导

2. 自定义字体大小

对于某些用户来说,当显示器显示的文字很小时,看起来会比较吃力,为了解决这个问题,可以单独设置字体的大小,其操作步骤如下:

【Step1】在桌面空白处单击鼠标右键,在弹出的快捷菜单中选择"个性化"命令,打开"个性化"窗口,单击窗口下方的"显示"超链接。

【Step2】打开"显示"窗口,单击导航窗格中的"设置自定义文本大小(DPI)"超链接,打开"自定义 DPI 设置"对话框。

【Step3】在"缩放为正常大小的百分比"下拉列表框中选择文字的显示比例,如选择"100%"显示比例选项,如图 7.49 所示。或将鼠标光标移到中间标有刻度的位置,当鼠标光标样式改变后,拖动鼠标改变缩放比例的大小,如图 7.50 所示,确认设置后点击"确定"按钮。

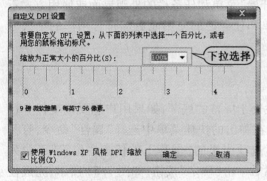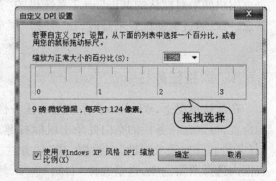

图 7.49　通过下拉菜单选择显示比例　　　　　　图 7.50　拖拽选择显示比例

3. 调整屏幕分辨率和刷新频率

屏幕分辨率和刷新频率都是属于显示器的设置,分辨率是指显示器所能显示点的数量,显示器可显示的点数越多,画面就越清晰。刷新频率是指图像在屏幕上的更新速度,刷新频率主要用来防止屏幕出现闪烁现象,如果刷新频率设置过低会对肉眼造成伤害。

在安装 Windows 7 的过程中,会自动调整正确的屏幕分辨率,通常 LCD 液晶显示器的标准分辨率是系统推荐的最大数值的屏幕分辨率,如果需要手动调整屏幕分辨率,其操作步骤如下:

【Step1】在桌面空白处单击鼠标右键,在弹出的快捷菜单中选择"屏幕分辨率"命令,打开"屏幕分辨率"窗口,如图 7.51 所示。

【Step2】在"分辨率"下拉列表框中,通过拖动滑块来改变分辨率的大小,如图 7.52 所示,确认调整后,单击"确定"按钮。

图 7.51 "屏幕分辨率"窗口

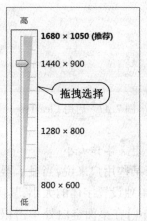

图 7.52 调整分辨率滑块

单击"屏幕分辨率"窗口中的"高级设置"超链接,在打开的对话框中可以设置显示器的刷新率。其方法是:选择"监视器"选项卡,在"屏幕刷新频率"下拉列表框中选择所需选项,然后单击"确定"按钮。

7.6 设置任务栏和"开始"菜单

用户如果对默认的 Windows 7 系统里的"开始"菜单和任务栏的外观界面或使用方式不满意,可以通过重新设置来修改,让"开始"菜单和任务栏的使用能更加符合用户的个人习惯。

7.6.1 调整任务栏

在默认情况下,Windows 7 系统里的任务栏处于屏幕的底部,如果用户想要改变任务栏的位置,可以在任务栏的空白处单击鼠标右键,在弹出的快捷菜单中选择"属性"命令,打开"任务栏和开始菜单属性"对话框,在"任务栏"选项卡里的"屏幕上的任务栏位置"下拉列表框内选择所需选项,这里选择"右侧"选项,然后单击"确定"按钮,如图 7.53 所示,完成任务栏位置的设置。设置后任务栏在桌面上的效果如图 7.54 所示。

另外,当取消锁定任务栏后,将鼠标光标移动到任务栏的空白位置,拖动鼠标到屏幕的上方、左侧或右侧,可将任务栏移动到相应的位置。

用户也可根据需求调整任务栏的大小,其操作步骤如下:

【Step1】在任务栏的空白处单击鼠标右键,在弹出的快捷菜单中取消选择"锁定任务栏"命令。

图 7.53 设置任务栏位置

图 7.54 调整任务栏后桌面效果

【Step2】将鼠标指针移到任务栏的边缘,当鼠标光标变为↕形状时,按住鼠标左键不放,通过拖拽鼠标调整任务栏的大小。

用户还可以将任务栏设置为隐藏,从而为用户桌面提供更多的视觉空间,用户只需在"任务栏"选项卡里选中"自动隐藏任务栏"复选框,即可将任务栏隐藏起来,若要显示任务栏,只需将鼠标光标移动至原任务栏所处的位置,任务栏则自动重新显示,当鼠标光标离开时,任务栏又会重新隐藏。

7.6.2 调整任务栏中的图标

调整任务栏中的图标是指设置程序在任务栏中对应的快速启动图标的显示方式,与调整任务栏位置的方法类似,其操作步骤如下:

【Step1】在任务栏的空白处单击鼠标右键,在弹出的快捷菜单中选择"属性"命令,打开"任务栏和开始菜单属性"对话框。

【Step2】在"任务栏按钮"下拉列表框中选择所需的选项,这里选择"从不合并"选项,如图 7.55 所示,然后单击"确定"按钮。设置后的显示效果如图 7.56 所示,此时任务栏将各个窗口以按钮的形式显示出来。

图 7.55　调整按钮属性

图 7.56　调整后的任务栏图标显示方式

7.6.3　自定义任务栏通知图标

任务栏通知区域显示很多图标,要设置这些图标的显示或隐藏,可以在通知区域里单击 按钮,单击其中的"自定义"链接,打开"通知区域图标"窗口,如图 7.57 所示。选择图标对应的"行为"下拉列表框的所需选项,如果用户需要这个图标在通知区域显示出来,则可以选择"显示图标和通知"选项,再单击"确定"按钮,如图 7.58 所示。

图 7.57　"自定义"通知图标链接

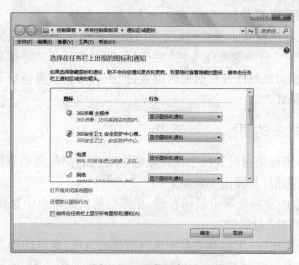

图 7.58　通知图标设置

单击"通知区域图标"窗口左下方的"打开或关闭系统图标"超链接,打开"系统图标"窗口,在其中可选择打开或关闭通知图标,通常情况下使用默认设置即可。

7.6.4 在任务栏中添加工具栏

在任务栏中添加工具栏可提高操作计算机的速度。例如，添加"地址"工具栏，其方法是：在任务栏的空白处单击鼠标右键，在弹出的快捷菜单中选择"工具栏"命令，在弹出的子菜单中选择"地址"命令。添加完"地址"工具栏之后，在"地址"文本框中输入文件夹或文件的路径，如图7.59所示，按【Enter】键可以快速地打开该文件夹或文件。

图7.59 在任务栏添加"地址"工具栏

7.6.5 设置"开始"菜单

在"任务栏和开始菜单属性"对话框中，可以对"开始"菜单进行外观设置，使"开始"菜单显示的内容更加简洁明了。其操作步骤如下：

【Step1】在任务栏的空白处单击鼠标右键，在弹出的快捷菜单中选择"属性"命令，打开"任务栏和开始菜单属性"对话框，选择"开始菜单"选项卡。

【Step2】在"电源按钮操作"下拉列表框中选择所需选项，如选择"睡眠"选项，然后单击"自定义"按钮，如图7.60所示。

【Step3】打开"自定义开始菜单"对话框，在下方的列表框中可对"开始"菜单中的项目进行添加或删除操作。例如，将"音乐"隐藏起来，选中"音乐"项目下面的"不显示此项目"单选按钮，再选"游戏"项目下面的"显示为链接"单选按钮，然后在"开始菜单大小"栏的"要显示的最近打开过的程序的数目"和"要显示在跳转列表中的最近使用的项目数"数值框中分别输入相应数值，如输入"3"和"0"，如图7.61所示，然后单击"确定"按钮。

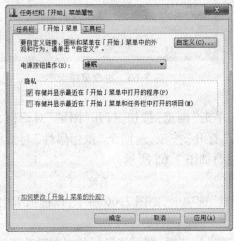
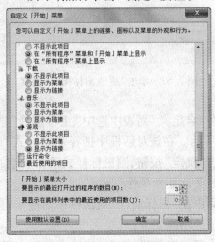

图7.60 设置"电源按钮操作"　　　　图7.61 设置"开始"菜单

【Step4】返回"任务栏和开始菜单属性"对话框，单击"确定"按钮使设置生效。通过上述操作，用户便可使用按个人意愿设定的开始菜单。

7.7 设置鼠标和键盘

鼠标和键盘是计算机最常用的输入工具,对鼠标和键盘进行适当的设置,不仅能够使其看起来更加美观大方,还可以更方便用户使用。

7.7.1 设置鼠标

用户可以更改鼠标的某些功能和鼠标指针的外观和行为,可以通过右键单击桌面空白处选择弹出快捷菜单中的"个性化"命令,然后单击"更改鼠标"链接进入鼠标属性的设置。

1. 更改鼠标形状

在默认情况下,Windows 7 操作系统中的鼠标指针的外形为 形状。此外,系统也自带了很多鼠标形状,用户可以根据自己的喜好,更改鼠标指针外形。

用户可以在"个性化"窗口中单击"更改鼠标指针"链接,如图 7.62 所示,打开"鼠标属性"对话框,在"方案"下拉列表框内选择"Windows Aero(特大)(系统方案)"选项,鼠标即变为特大鼠标样式,如图 7.63 所示。

图 7.62　单击"更改图标指针"链接

图 7.63　更改鼠标大小

在"自定义"列表中选中"正常选择"选项,单击"浏览"按钮,打开"浏览"对话框,如图 7.64 所示。在该对话框中选择笔的样式,单击"打开"按钮,返回至"鼠标属性"对话框,再次单击"确定"按钮,则鼠标样式改变成笔的形状,如图 7.65 所示。

2. 更改鼠标属性

用户在"鼠标属性"对话框中切换至"鼠标键"选项卡,如图 7.66 所示,该选项卡内的几个选项的功能如下:

①鼠标键配置:选中"切换主要和次要的按钮"复选框,即可将鼠标的左右键功能互换。
②双击速度:在"速度"滑块上用鼠标左右拖动,可以调整鼠标双击速度的快慢。
③单击锁定:选中"启用单击锁定"复选框,可以使用户不用一直按着鼠标按钮就可以高亮显示或拖拽。单击鼠标进入锁定状态,再次单击可以解除锁定。

第 7 章 Windows 7 入门基础

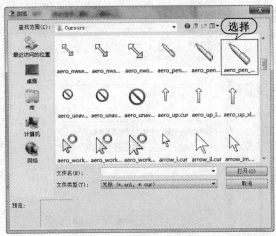

图 7.64 选择鼠标样式

图 7.65 更改鼠标样式后的效果

另外，用户还可以在"鼠标属性"对话框中切换至"指针选项"选项卡，在"移动"区域里拖动滑块，这样可以设置鼠标移动的灵敏度，如图 7.67 所示。

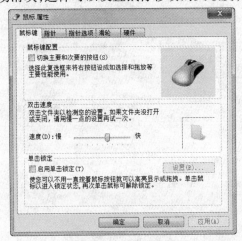

图 7.66 "鼠标键"选项卡

图 7.67 "指针选项"选项卡

7.7.2 设置键盘

在 Windows 7 中，设置键盘主要是调整键盘的响应速度，以及光标的闪烁速度，其操作步骤如下：

【Step1】单击"开始"菜单，点击"控制面板"，打开"控制面板"窗口。

【Step2】在"控制面板"窗口中找到"键盘"图标，并用鼠标左键点击，如图 7.68 所示，从而打开"键盘属性"对话框。

【Step3】在"键盘属性"对话框中选择"速度"选项卡，拖动"字符重复"栏中的"重复延迟"滑块，改变键盘重复输入一个字符的延迟时间，如向左拖动该滑块，使重复输入速度降低，如图 7.69 所示。

145

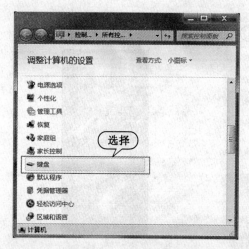

图7.68 "控制面板"对话框

图7.69 "键盘属性"对话框

【Step4】在"光标闪烁速度"栏中拖动滑块改变在文本编辑软件中文本插入点在编辑位置的闪烁速度,如向左拖动滑块设置为中等速度,单击"确定"按钮完成设置。

第8章
Windows 7 进阶应用

知识要点

1. 了解文件和文件夹的基本操作方法。
2. 掌握文件和文件夹的设置方法。
3. 掌握库和回收站的使用方法。
4. 了解软件的安装和卸载方法。
5. 掌握管理软件程序的一般方法。
6. 掌握管理硬件设备的一般方法。
7. 了解打印机的使用方法。

内容提要

一个完整的计算机系统是由软件资源和硬件资源组成的,只有管理好软件和硬件资源,计算机才能正常运行,发挥应有的作用。在 Windows 7 操作系统中,软件资源是以文件或文件夹的形式存储在硬盘中,这些资源包括文字、图片、音乐、游戏以及各种应用软件等。本章将详细介绍管理文件资料和安装或删除软件的方法,同时简要介绍为计算机添加新硬件的操作方法。

8.1 磁盘、文件与文件夹

磁盘、文件与文件夹,它们三者之间存在包含与被包含的关系。文件是系列数据的集合,而文件夹则是文件的集合,用来存放单个或多个文件,文件和文件夹都包含在计算机的磁盘内,下面将分别介绍磁盘、文件和文件夹的相关概念。

8.1.1 认识磁盘、文件与文件夹

1. 磁盘

磁盘通常是指计算机硬盘上划分出来的分区,用于存放计算机中的各种资源。磁盘由盘符来加以区别,磁盘的盘符通常由磁盘图标、磁盘名称和磁盘使用信息组成,用大写的英文字母后面加一个冒号来表示,如 C:可以简称为 C 盘。用户可以根据需要在不同的磁盘中存放相应的内容。

2. 文件

文件是 Windows 操作系统中最基本的存储单位,保存在计算机中的各种信息和数据都被统称为文件,如一张图片、一份文档、一个应用程序、一首歌曲或一部电影等。Windows 中的任何文件都由文件名来表示,文件名的格式为:"文件名.扩展名"。通常,文件类型是用文件的扩展名来区分的,根据保存的信息和保存方式的不同,将文件分为不同的类型。在

Windows 7 操作系统的平铺显示方式下,文件主要由文件名、文件扩展名、分隔点、文件图标及文件描述信息等部分组成,如图 8.1 所示。

图 8.1　文件图标的组成

下面简要介绍文件中各个组成部分的作用。

①文件名:用于表示当前文件的名称,用户可以自定义文件的名称,以便对其进行管理。

②文件扩展名:是操作系统中用来标示文件格式的一种机制,如名为"说明.docx"的文件中,"docx"是其扩展名,表示这个文件是一个 Word 文件。

③分隔点:用于区分文件名和文件扩展名。

④文件图标:与文件扩展名的功能类似,用于表示当前文件的类别,他是应用程序自动建立的,在不同类型的文件中,其文件图标和扩展名也不相同。

⑤文件描述信息:用于显示当前文件的大小和类型等信息。

3. 文件夹

文件夹就是文件的集合,用来存放计算机中的多个文件,文件夹是为了更好地管理文件而设计的。通过将不同的文件归类存放到相应的文件夹中,可以快速找到所需的文件。文件夹的外观由文件夹图标和文件夹名称组成。

文件和文件夹都是存放在计算机的磁盘中的,文件夹中可以包含文件和子文件夹,子文件夹中又可以包含文件和子文件夹。以此类推,即可形成文件和文件夹的树形关系,如图 8.2 所示。

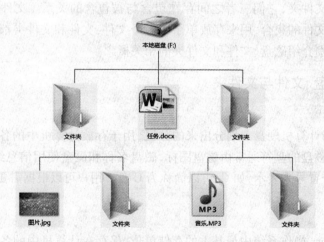

图 8.2　磁盘、文件和文件夹的关系

8.1.2 查看文件和文件夹

在管理计算机资源的过程中,需要随时查看某些文件和文件夹,Windows 7 一般在"计算机"窗口中查看计算机中的资源,主要通过窗口工作区、地址栏和文件夹窗格 3 中方法进行查看。

1. 通过窗口工作区查看

窗口工作区是窗口最主要的组成部分,通过窗口工作区查看计算机中的资源是最常用的查看资源的方法。下面将使用该方法对保存在"D:\图片"文件夹中的"树叶.jpg"图片文件进行查看,其操作步骤如下:

【Step1】单击"开始"按钮,在弹出的菜单中选择"计算机"命令,或者双击桌面上的"计算机"图标,打开"计算机"窗口。

【Step2】双击需要查看的资源所在的磁盘符,这里双击"本地磁盘(D:)"图标。

【Step3】在打开的 D 盘窗口中双击要打开的文件夹图标,这里双击"图片"文件夹图标。

【Step4】在打开的"图片"文件夹窗口中,双击要查看的文件图标,这里双击"树叶.jpg"图片文件的图标。

【Step5】在打开的窗口中,即可查看该图片。

2. 通过地址栏查看

Windows 7 的窗口地址栏用"按钮"的形式取代了传统的纯文本方式,并且在地址栏周围取消了"向上"按钮,仅有"前进"和"后退"按钮。用户通过地址栏可以轻松跳转与切换磁盘和文件夹目录,地址栏只能显示文件夹和磁盘目录,不能显示文件。

用户可以双击桌面"计算机"图标,打开"计算机"窗口,单击该窗口地址栏中"计算机"文本后的按钮,在弹出的下拉列表中选择所需的磁盘盘符,如选择 D 盘,如图 8.3 所示,此时在地址栏中已自动显示"本地磁盘(D:)"文本和其后的按钮,单击该按钮,在弹出的下拉菜单中选择"图片"文件夹,如图 8.4 所示。用户若想返回到原来的文件夹,可以单击地址栏左侧的按钮。

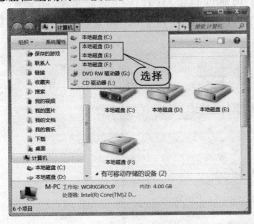

图 8.3　用地址栏选择 D 盘

图 8.4　选择"图片"文件夹

3. 通过文件夹窗格查看

通过文件夹窗格查看计算机中的资源的方法是将鼠标光标移至文件夹窗格中，单击需要查看资源所在的根目录前的 ▷ 按钮，可展开下一级目录，此时该按钮变为 ◢ 按钮，单击某个文件夹目录，在右侧的窗口工作区中将显示该文件夹中的内容，如图 8.5 所示。

图 8.5　通过文件夹窗格查看

8.2　文件和文件夹的基本操作

要想把计算机中的资源管理得井然有序，首先要掌握文件和文件夹的基本操作方法。文件和文件夹的基本操作主要包括：新建文件和文件夹、文件和文件夹的选定、重命名、复制、删除等。

8.2.1　新建文件与文件夹

在使用应用程序编辑文件时，通常需要新建文件。用户也可以根据自己的需求，创建文件夹来存放相应类型的文件。下面将新建一个名为"工作"的文件夹，其操作步骤如下：

【Step1】在需要新建文件夹的窗口空白处单击鼠标右键，在弹出的快捷菜单中选择"新建"命令，并在级联菜单中选择"文件夹"命令，或者单击工具栏中的"新建文件夹"按钮，如图 8.6 所示。

图 8.6　执行新建文件夹的操作

【Step2】此时,窗口中新建文件夹的名称文本框处于可编辑状态,输入"工作"文本,如图 8.7 所示,按 Enter 键完成新建。

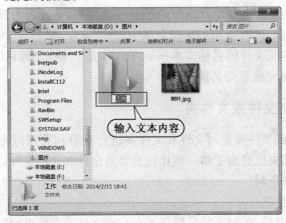

图 8.7　命名文件夹

新建文件的操作与新建文件夹的操作相同,在需新建文件的窗口空白处单击鼠标右键,在弹出的快捷菜单中选择"新建"命令,然后在弹出的子菜单中选择新建文件类型对应的命令即可。

8.2.2　选择文件和文件夹

用户对文件和文件夹进行操作之前,首先要选定文件和文件夹,选中的目标在系统默认的情况下呈蓝色状态显示。Windows 7 系统提供了以下几种选择文件和文件夹的方法。

1. 选择单个文件或文件夹

用鼠标单击文件或文件夹图标即可将其选择,被选择的文件或文件夹与其他没有被选中的文件或文件夹相比,呈蓝底形式显示。

2. 选择多个文件或文件夹

当选择多个文件或文件夹时,可以选择多个相邻的、多个连续的、多个不连续的或所有文件和文件夹,具体的操作方法如下:

①选择多个相邻的文件或文件夹:在需要选择的文件或文件夹起始位置处按住鼠标左键进行拖动,此时在窗口中将出现一个蓝色的矩形框,当蓝色矩形框框住需要选择的文件或文件夹后释放鼠标,即可完成选择。

②选择多个连续的文件或文件夹:单击某个文件或文件夹图标后,按住 Shift 键不放,然后单击另一个文件或文件夹图标,即可选择这两个文件或文件夹之间的所有连续的文件或文件夹。

③选择多个不连续的文件或文件夹:按住 Ctrl 键不放,依次单击需要选择的文件或文件夹,即可选择多个不连续的文件或文件夹。

④选择所有文件或文件夹:在打开的窗口中单击工具栏中的"组织"按钮,然后再弹出的菜单中选择"全选"命令或者按 Ctrl+A 组合键,即可选择该窗口中的所有文件或文件夹。

8.2.3　重命名文件和文件夹

用户在新建文件和文件夹后,已经给文件和文件夹命名了,不过在实际操作过程中为了方便用户管理与查找文件和文件夹,可能要根据用户的需求对其重新命名。下面将重命名文件夹的操作步骤做如下介绍。

【Step1】通过文件夹窗格打开D盘中的"图片"文件夹,选择名为"树叶"的文件,然后单击工具栏中的"组织"按钮,在弹出的快捷菜单中选择"重命名"命令。

【Step2】此时"树叶"文件的名称文本框呈可编辑状态,输入"绿色"文本内容后,单击窗口空白处或按Enter键完成重命名操作。

8.2.4 移动和复制文件或文件夹

移动和复制文件或文件夹是对文件和文件夹进行查看和管理过程中经常使用的操作,同时,复制文件和文件夹也是为了将一些比较重要的文件和文件夹加以备份,使文件或文件夹更加安全,以免丢失资料。

1. 移动文件或文件夹

移动文件或文件夹后,在原来的位置将不存在该文件或文件夹,其方法如下:

①选择需要移动的文件或文件夹,在工具栏中的"组织"按钮,在弹出的菜单中选择"剪切"命令,然后打开目标文件夹,单击工具栏中的"组织"按钮,在弹出的菜单中选择"粘贴"命令。

②选择需要移动的文件或文件夹,按Ctrl+X组合键,打开目标文件夹,按Ctrl+V组合键。

③选择需要移动的文件或文件夹,单击鼠标右键,在弹出的快捷菜单中选择"剪切"命令,然后打开目标文件夹,单击鼠标右键,在弹出的快捷菜单中选择"粘贴"命令。

通过以上几种方法均可完成对于文件或文件夹的移动操作。

2. 复制文件或文件夹

复制文件或文件夹时指对原来的文件或文件夹不作任何改变而重新生成一个完全相同的文件或文件夹。下面将复制文件的操作步骤做如下介绍。

【Step1】选择需要复制的文件或文件夹,按Ctrl+C键或单击工具栏中"组织"按钮,然后在弹出的菜单中选择"复制"命令。

【Step2】在目标文件夹窗口中按Ctrl+V键或单击工具栏中的"组织"按钮,然后再弹出的菜单中选择"粘贴"命令完成相关操作。

另外,在窗口中选择需要移动的文件夹,拖动至左侧文件夹窗格的相同磁盘中,可以完成文件的移动操作;如拖动至其他磁盘,可以完成复制操作。

8.2.5 删除文件或文件夹

为了保持计算机中文件系统的整洁、有条理,同时也为了节省磁盘空间,用户经常需要删除一些已经没有用的或损坏的文件和文件夹,一般情况下,删除文件和文件夹的方法有以下几种:

①选中想要删除的文件或文件夹,然后按键盘上的Delete键。

②用鼠标右键单击要删除的文件或文件夹,然后在弹出的快捷菜单中选中"删除"命令。

③用鼠标将要删除的文件或文件夹直接拖动到桌面的"回收站"图标上。

④选中要删除的文件或文件夹,单击窗口工具栏中的"组织"按钮,在弹出的下拉菜单中选择"删除"命令。

8.3 设置文件和文件夹

除了文件和文件夹的基本操作,用户还可以对文件和文件夹进行各种设置,以便于更好地管理文件和文件夹。

8.3.1 文件和文件夹的排序和显示

在 Windows 7 系统中,用户可以设置文件或文件夹依照一定的规律进行顺序排列,以方便查看。用户还可以对文件和文件夹的显示方式进行改变,系统有多种显示方式供用户选择。

文件和文件夹排序的具体方法是在窗口空白处单击鼠标右键,在弹出的快捷菜单中选择"排序方式"子菜单中相应的命令。系统提供的文件排序方式有"名称""修改日期""类型"和"大小"等几种,如图 8.8 所示。

在窗口中查看文件和文件夹时,系统提供了多种显示方式。用户可以单击工具栏右侧的 按钮,在弹出的快捷菜单中有 8 中排列方式可供选择,如图 8.9 所示。

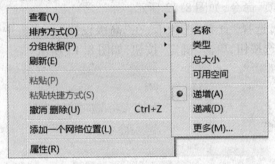

图 8.8 文件和文件夹的排序方式

图 8.9 文件和文件夹的显示方式

8.3.2 设置文件和文件夹的属性

如果需要某个文件或文件夹只能被打开并查看,而内容不能被修改,或者需要将某些文件或文件夹隐藏起来,就需要对文件或文件夹属性进行相应设置,下面以设置文件夹的只读和隐藏形式为例将设置文件夹属性的操作步骤做如下介绍。

【Step1】通过文件夹窗格打开保存"工作"文件夹的窗口,在"工作"文件夹上单击鼠标右键,在弹出的快捷菜单中选择"属性"命令。

【Step2】打开"工作属性"对话框,在"常规"选项卡的"属性"栏中选中"只读"和"隐藏"复选框,单击"确定"按钮,如图 8.10 所示。

【Step3】打开"确认属性更改"对话框,选中"仅将更改应用于此文件夹"单选按钮,单击"确定"按钮,如图 8.11 所示。

【Step4】返回保存"工作"文件夹的窗口,将不会显示该文件夹。

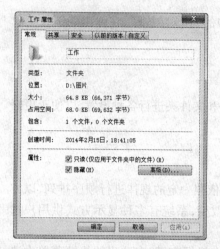

图 8.10 文件夹属性对话框

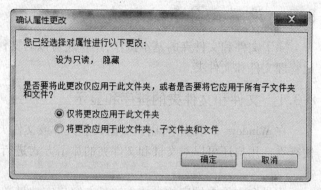

图 8.11 应用属性对话框

隐藏文件夹或文件后，如果需要重新对其进行查看，可以通过对"文件夹选项"对话框进行设置将其再次显示出来。其具体操作步骤如下：

【Step1】通过文件夹窗格打开保存"工作"文件夹的窗口，单击工具栏中的"组织"按钮，在弹出的菜单中选择"文件夹和搜索选项"命令，如图 8.12 所示。

【Step2】打开"文件夹选项"对话框，选择"查看"选项卡，在"高级设置"列表框中选中"显示隐藏的文件、文件夹和驱动器"单选按钮，单击"确定"按钮，如图 8.13 所示。

图 8.12 选择"文件夹和搜索"选项

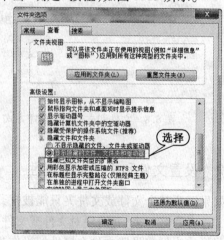

图 8.13 文件夹选项对话框

现在的家庭或办公生活环境里经常使用多台计算机，而不同计算机中的文件和文件夹可以通过局域网被多用户共同享用。用户只需将文件或文件夹设置为共享属性，就可以提供其他用户查看、复制或者修改该文件或文件夹，共享文件夹的具体操作步骤如下：

【Step1】通过文件夹窗格打开保存"工作"文件夹的窗口，用鼠标右键单击"工作"文件夹，从弹出的快捷菜单中选择"属性"命令。

【Step2】打开"工作属性"对话框，选择"共享"选项卡，单击"高级共享"按钮，如图 8.14 所示。

【Step3】打开"高级共享对话框",选中"共享文件夹"复选框,"共享名""共享用户数量设置""注释"都可以由用户根据文件夹的使用情况进行设置,也可以保持默认状态,然后单击"权限"按钮,如图 8.15 所示。

【Step4】打开"工作的权限"对话框,可以在"组或用户名"区域里看到组里成员,默认为 Everyone,即为所有用户。在 Everyone 的权限里,"完全控制"是指其他用户可以删除或修改本机上共享文件夹里的文件;"更改"可以修改,不可以删除;"读取"只能浏览复制,不得修改。这里选择"读取"后选中"允许"复选框,如图 8.16 所示。

【Step5】最后单击"确定"按钮,"工作"文件夹即成为共享文件夹。

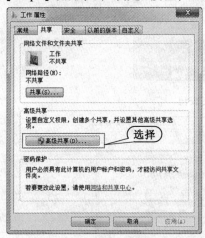

图 8.14　文件"共享"选项卡

图 8.15　高级共享对话框

图 8.16　设置文件夹共享权限

8.4　使用 Windows 7 的库

在 Windows 7 中新引入了一个库的概念,运用库可以大大提高用户使用计算机的方便程度。"库"是一个有些虚拟的概念,把文件或文件夹收纳到库中并不是将文件真正复制到"库"这个位置,而是在"库"这个功能中"登记"了那些文件或文件夹的位置来由 Windows

155

管理而已,因此,收纳到库中的内容除了它们本身占用的磁盘空间之外,几乎不会再额外占用磁盘空间,并且删除库及其内容时,也并不会影响到那些真实的文件。

8.4.1 认识库

简单地讲,Windwos 7 文件库可以将用户需要的文件和文件夹全部集中到一起,就像是网页收藏夹一样,只要单击库中的链接,就能快速打开添加到库中的文件夹。另外,库中的链接会随着原始文件夹的变化而自动更新,并且可以以同名的形式存在于文件库中。单击任务栏中的"库"文件夹按钮,即可打开"库"窗口,如图 8.17 及图 8.18 所示。

图 8.17 "库"文件夹按钮

图 8.18 "库"窗口

8.4.2 新建库

如果用户觉得系统默认提供的库目录还不够使用,也可以根据需要新建库目录。新建库的具体操作步骤如下:

【Step1】用鼠标左键单击任务栏中"库"按钮,打开"库"窗口,在窗口空白处点击鼠标右键,在弹出的快捷菜单中选择"新建"命令下的"库"命令。

【Step2】此时,在"库"窗口中即可自动出现一个名为"新建库"的库图标,并且其名称处于可编辑状态。

【Step3】输入用户需要的名称,如"游戏",然后按下 Enter 键,即可新建一个库。

8.5 管理 Windows 7 的回收站

回收站是系统默认存放删除文件的场所,一般情况下,文件和文件夹删除的时候,都自动移动到回收站里,而不是从磁盘里彻底地删除,这样可以防止文件的误删除,随时可以从回收站里还原文件和文件夹。

8.5.1 彻底删除文件

回收站中的资源同样需要占用磁盘空间,可以将没有用的文件或文件夹彻底删除,以释放磁盘空间。将回收站中的文件彻底删除的操作步骤如下:

【Step1】双击桌面上的"回收站"图标,打开"回收站"窗口,选择需要彻底删除的文件或文件夹,按 Delete 键,或单击鼠标右键,在弹出的快捷菜单中选择"删除"命令。

【Step2】在弹出的"删除文件"提示对话框中将询问是否永久性地删除此文件夹,单击"是"按钮,此时,文件将被彻底从磁盘删除。

如果回收站中的文件较多,用户想要删除其中的全部文件,此时并不需要用户依次选择文件进行删除,只需执行"清空回收站"操作即可将回收站中的所有文件和文件夹全部永久删除,具体的操作步骤是:

【Step1】用鼠标右键点击桌面上的"回收站"图标,在弹出的快捷菜单中选择"清空回收站"命令。

【Step2】此时也和删除单一文件一样,会打开提示对话框,询问用户是否确认删除,单击"是"按钮即可清空回收站。

8.5.2 还原文件

当把一些有用的文件或文件夹删除后,通过回收站可将其还原到原来保存的位置。还原文件或文件夹的操作步骤如下:

【Step1】双击桌面上的"回收站"图标,打开"回收站"窗口,选择需要还原的文件或文件夹,单击鼠标右键,在弹出的快捷菜单中选择"还原命令"。

【Step2】打开原来保存该文件或文件夹的位置,可查看还原后的文件。

需要注意的是,被删除到回收站的文件或文件夹,在"回收站"窗口中是不能被打开的,只有将该文件或文件夹还原后,才能在原来保存该文件或文件夹的位置查看该文件或文件夹。

8.6 软件的添加与管理

软件是计算机的重要组成部分,无论是工作的需要,还是生活中的使用,为了获得更多的功能,就需要不同软件的支持。

8.6.1 安装软件前的准备

安装软件前,首先需要了解软件对硬件的需求,做好获取软件和安装序列号等准备,才能有针对性地安装所需软件,并且安装前还应对将要安装的软件做一个基本的检查。

1. 检查计算机配置

检查当前计算机的硬件配置,不必拆开主机机箱来看,通过 Windows 7 的"系统"窗口,即可完成,而且 Windows 7 集成的计算机硬件评分功能可对计算机硬件的整体状况有一个初步的了解,其具体操作步骤如下:

【Step1】用鼠标右键单击桌面上的"计算机"图标,在弹出的快捷菜单中选择"属性"命令。

【Step2】打开"系统"窗口,在其中可以查看有关计算机的基本信息,如图 8.19 所示。

【Step3】单击"性能信息和工具"超链接,在打开的"性能信息和工具"窗口显示了当前系统中每项硬件的得分及基本分数,如图 8.20 所示。

图 8.19 "系统"窗口

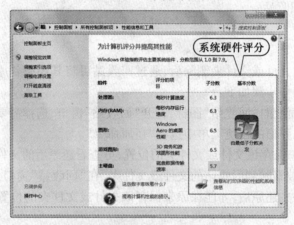

图 8.20 硬件的评分

2. 获得软件

安装软件前先要获得软件的安装程序,通常可以通过以下几种方式获得所需的软件安装程序。

①网上下载安装程序:许多软件开发商都会在网上公布一些共享软件和免费软件的安装程序,用户只需上网查找并下载这些安装程序。

②购买安装光盘:购买正规的软件安装光盘,不但质量有保证,通常还能享受一些升级和技术支持,常用软件的安装光盘在当地的软件销售商处都能购买到。

③购买软件图书时赠送:购买某些计算机方面的杂志或书籍时,附带了一些软件安装程序的光盘。

3. 软件的序列号

安装序列号也称为注册码,许多软件为了防止盗版都设有安装序列号,在安装此类软件的过程中需要输入该软件的安装序列号,只有输入了正确的安装序列号,才能继续进行安装;有的软件则是安装完成后,运行程序时输入激活码。获取软件安装序列号一般有以下几种方法：

①查阅印刷在安装光盘、包装盒封面或附带说明书上的相关文字，获得该软件的安装序列号。

②在网上下载的免费软件或试用软件，可以通过阅读软件的说明文档获取软件的安装序列号。

③一些共享软件的安装序列号可以通过网站或手机注册的方式获取。

4. 兼容性

由于 Windows 7 是 Microsoft 公司最新一代的操作系统，因此，原有的一些针对 Windows XP 或其他操作系统开发的软件不一定能够与之兼容，不兼容的软件在使用时会显得很不稳定，甚至有些不兼容的软件根本就不能安装到 Windows 7 中，所以在选用软件时还需注意选择使用兼容的软件。

5. 检查要安装的软件

目前，许多软件都会捆绑一些与程序本身完全没有关系的其他软件，特别是从网上下载的一些共享软件。这些软件有些具有一定功能，其本身是无害的，不会对计算机的操作系统造成负面的影响，但有些捆绑的软件会强制性安装，且无法彻底卸载，甚至有的软件会被发布者恶意地捆绑一些病毒或窃取用户信息的恶意软件，因此在安装软件之前应该对要安装的软件有一个初步的了解。如果从网上下载软件，下载之前需要了解其他用户对这个软件的评价，再根据得到的信息决定是否安装该软件。

同时，在安装软件的过程中也要清楚安装过程中每一个步骤的选项，有的软件在安装过程中会让用户选择是否安装捆绑的程序，可以根据需要选择是否安装。如果确定某个软件捆绑了其他程序，且安装过程中不提供是否安装的提示，那么建议用户不要再继续安装此软件，而是寻找具有类似功能的其他软件代替，或者通过其他途径获取该软件。

8.6.2 安装软件

经过准备之后，如果该软件符合用户的要求，接下来就可以安装软件了，软件的安装方法是，在计算机中找到该软件的安装程序，双击其中的安装文件，通常是"Setup.exe"或"Install.exe"，然后在打开的安装向导窗口中根据提示进行操作即可。例如，安装"暴风影音"软件，其具体操作步骤如下：

【Step1】打开保存"暴风影音"安装程序的文件夹，双击安装文件"暴风影音.exe"。

【Step2】打开"暴风影音"的安装向导界面，单击"开始安装"按钮，如图 8.21 所示，开始进行软件的安装。注意，一般情况下，用户需要同意软件的有关"软件使用协议"才能进行下一步的安装操作。如果用户不同意"软件的使用协议"软件的安装将被终止。所以，一般情况下，在软件的安装过程中如出现"许可证协议"界面，则单击"同意"或"我同意"按钮即可，目前为了节省操作步骤，提高用户体验，软件的安装协议均为默认"同意"。

【Step3】打开"自定义安装设置"界面，这里可以选择软件的存放位置，一般情况下，软件默认安装在 C 盘下，"Program Files"文件夹下，用户如需更改软件的安装位置可以单击"浏览"按钮，选择适当的位置进行安装。这里以安装在 D 盘下，"图片"文件夹内为例，则点击"浏览"按钮，在弹出的"浏览文件夹"对话框中选择 D 盘，"图片"文件，选中后点击"确定"按钮，此时，软件的安装位置变为"D:\图片\"，如图 8.22 所示。注意，这里可以看到"安装选项"中包含可供选择的软件快捷方式的建立选项,用户可根据需要选择。确认无误后点击"下一步"按钮。

图 8.21　开始安装程序

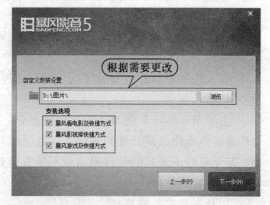

图 8.22　选择软件安装位置

【Step4】在这一界面中显示了软件附带的其他安装程序,用户可根据需求选择是否安装,这里不选中复选框,只安装"暴风影音"程序本身,选中后点击"下一步"按钮,如图 8.23 所示。

【Step5】此时软件进入正在安装的状态,等待安装进度结束即可,如图 8.24 所示。

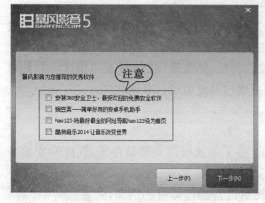

图 8.23　附带的安装软件选择

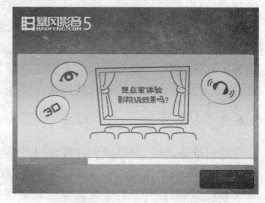

图 8.24　软件安装过程

【Step6】安装进度结束后,将出现安装完毕的界面,这里的"立即体验"按钮表示软件已完成安装,点击该按钮即可立即使用软件,如图 8.25 所示。有些程序将直接显示"安装完毕"按钮,点击后安装程序将关闭,用户可以在"开始"菜单的"所有程序"中找到相应软件。

【Step7】此时"暴风影音"软件已经安装在计算机当中了,用户可以随时使用该软件,如图 8.26 所示。

图 8.25　完成安装界面

图 8.26　程序运行界面

8.6.3　运行软件

在 Windows 7 操作系统中,用户可以有多种方式来运行安装好的软件程序,下面仍以"暴风影音"软件为例介绍应用程序软件启动的方式。

①使用所有程序菜单:选择"开始"菜单中的"所有程序"命令,然后在程序列表中找到要打开的软件的快捷方式,单击即可,例如打开"暴风影音"的启动程序。

②双击桌面快捷方式图标:双击在桌面上的"暴风影音"快捷方式图标,即可打开该程序。

③任务栏启动:使用任务栏上的快速启动工具栏运行,如果运行的软件在任务栏中的快速启动栏上有快捷图标,单击该图标即可启动该程序。

④双击安装目录下的可执行文件:找到软件安装好的目录下的可执行文件,例如"暴风影音"软件的可执行文件为"StormPlayer.exe",则双击该文件即可运行该应用程序。

8.6.4　卸载软件

如果用户不想再使用某个软件了,可以将其卸载,用户可以采用两种方法,一种是通过软件自身提供的卸载功能,另一种是通过"程序和功能"窗口来完成。

1. 使用软件自带的卸载功能

大部分软件都提供了内置的卸载功能,一般都是以"uninstall.exe"为文件名的可执行文件,以卸载"暴风影音"软件为例,其卸载步骤如下:

【Step1】点击"开始"菜单按钮打开"开始"菜单,选择"所有程序"命令,找到"暴风影音"下的"卸载暴风影音"命令并单击,如图 8.27 所示。

【Step2】此时系统会打开如图 8.28 所示的对话框,选中该对话框中的"直接卸载"单选按钮,单击下一步按钮即可开始卸载软件,然后按照卸载界面的提示一步步往下做,"暴风影音"软件将会从当前计算机中删除。

图 8.27 选择卸载命令

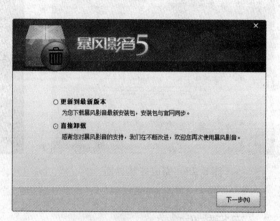

图 8.28 开始卸载

2. 通过控制面板卸载

用户还可以通过控制面板中的"程序和功能"窗口来卸载该程序,其操作步骤如下:

【Step1】点击"开始"菜单按钮打开"开始"菜单,选择"控制面板"命令,打开"控制面板"窗口,然后单击其中的"程序和功能"图标。

【Step2】在打开的"程序和功能"窗口中找到"暴风影音",用鼠标右键点击,并在弹出的菜单中选择"卸载/更改"命令。

【Step3】在弹出的程序卸载对话框中按照界面提示一步步操作,即可完成对于软件的卸载。

8.6.5 管理软件程序

1. 修复安装软件

如果在使用某个软件时,该软件程序经常发生问题,那么有可能是该软件的部分程序发生了损坏,此时可以重新安装改程序,也可以通过控制面板中的"卸载或更改程序"功能对软件进行修复,其具体操作步骤如下:

【Step1】点击"开始"菜单按钮打开"开始"菜单,选择"控制面板"命令,打开"控制面板"窗口,然后单击其中的"卸载程序"超链接,如图 8.29 所示。

【Step2】在打开的"程序和功能"窗口中找到要修复安装的程序名称,如选择"Microsoft Office Professional Plus 2010",单击"更改"按钮,或选择该程序,单击鼠标右键在弹出的快捷菜单中选择"更改"命令,如图 8.30 所示。

图 8.29 选中"卸载程序"

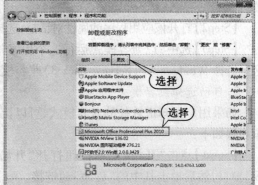

图 8.30 单击"更改"

【Step3】在打开的程序窗口中选择"修复"单选按钮,如图 8.31 所示。单击"继续"系统将对软件进行修复,修复完成后自动关闭对话框。

2. 更新软件

由于硬件的更新或对操作需求的提升,有些软件会推出更新版本。更新软件可以防止、解决和增强计算机安全性,还可以提高计算机的性能。应用软件的更新可以在网上得到下载版本,而 Windows 7 操作系统的更新则建议用户启用 Windows 自动更新功能。启动 Windows7 的自动更新,其具体操作步骤如下:

图 8.31 选择"修复"

【Step1】点击"开始"菜单按钮打开开始菜单,选择"控制面板"命令,打开"控制面板"窗口,然后单击其中的"Windows Update"按钮。

【Step2】在打开的"Windows Update"窗口中单击"更改设置"链接,打开"更改设置窗口",在"重要更新"下拉列表栏里选择"自动安装更新"选项。

【Step3】单击"确定"按钮,返回"Windows Update"窗口,单击"安装更新"按钮,即可自动下载系统更新,并安装更新。

8.6.6 运行不兼容软件

应用程序与操作系统的兼容性很重要,决定着应用程序能否正常的运行。如果某个程序是针对老版本的 Windows 开发的,那么在新的操作系统上运行时可能会出现不兼容现象,此时用户可以尝试使用 Windows 7 的兼容模式来运行该程序。

1. 手动选择兼容模式

如果用户知道某个软件是针对旧版本操作系统开发的就可以手动选择该操作系统的兼容模式,使该软件能够在 Windows 7 系统下运行。为程序选择一种操作系统兼容模式的操作步骤如下:

【Step1】用鼠标右键单击应用软件或桌面上的快捷图标,在弹出的快捷菜单中选择"属性"命令。

【Step2】打开该应用程序的属性对话框,选择"兼容性"选项卡,打开兼容性的设置页面。

【Step3】选中"以兼容模式运行这个程序"复选框,在其下拉列表中选择兼容模式选项,这里选择 Windows XP(Service Pack 3)兼容模式,单击"确定"按钮。

2. 自动选择兼容模式

如果用户不知道软件的兼容模式,可以让系统自动进行查找和设置兼容模式,其具体操作步骤如下:

【Step1】点击"开始"菜单按钮打开"开始"菜单,选择"控制面板"命令,打开"控制面板"窗口,然后单击其中的"程序"超链接。

【Step2】打开"程序"窗口,单击"运行以前版本的 Windows 编写的程序"超链接,打开"程序兼容性"向导对话框,如图 8.32 所示。单击"下一步"按钮。

【Step3】系统自动检测后,打开"选择有问题的程序"界面,在列表中选择不兼容的程序,如选择"360 压缩"应用程序,如图 8.33 所示,单击"下一步"按钮。

图 8.32　"程序兼容性"对话框

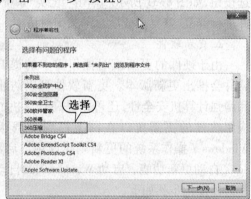

图 8.33　选择程序

【Step4】打开"选择故障排除选项"界面,这里单击"尝试建议的设置"选项,如图 8.34 所示。

【Step5】打开"测试程序的兼容性"界面,单击"启动程序"按钮,如图 8.35 所示。开始测试该程序能否正常运行。

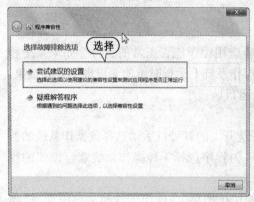

图 8.34　尝试建议的设置

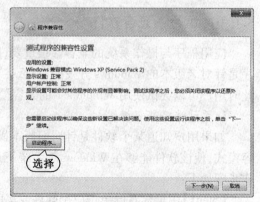

图 8.35　测试程序

【Step6】测试完成后,单击"下一步"按钮,打开如图 8.36 所示的界面,如果此时软件能够正常运行,单击"是,为此程序保存这些设置"选项,打开"疑难解答已完成向导"界面,系统将保存该兼容模式的设置,关闭该界面即可。

【Step7】如果此时程序不能够正常运行,单击"否,使用其他设置再试一次"选项,打开如图 8.37 所示的界面,然后根据所遇到的问题重新进行设置。

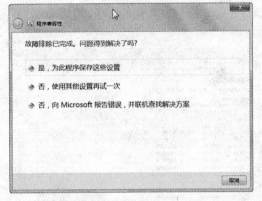

图 8.36　测试完成后打开的界面

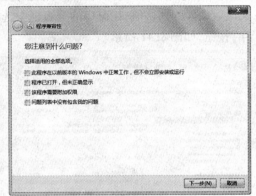

图 8.37　重新设置

8.6.7　管理默认程序

管理默认程序主要是设置默认程序和将文件与软件相关联,设置默认程序是指定某个软件可以打开哪些类型的文件;将文件与软件相关联则是指定那个软件打开某类文件。

1. 设置默认程序

可以将 Windows 7 中自带的一些软件设置为支持该文件类型的默认程序,同时也可以将这些软件设置为指定文件类型的默认程序,其具体操作步骤如下:

【Step1】点击"开始"菜单按钮打开"开始"菜单,选择"默认程序"命令,打开"默认程序"窗口,如图 8.38 所示。

【Step2】在"默认程序"窗口中单击"设置默认程序"超链接,在"设置默认程序"窗口左边的"程序"列表框中显示了系统自带的软件程序,如图 8.39 所示。

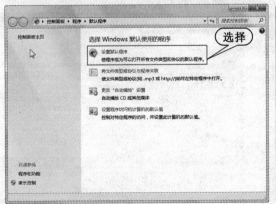

图 8.38　"默认程序"对话框

图 8.39　"设置默认程序"对话框

【Step3】选择需要设置的软件,这里选择 Internet Explorer 选项,"设置默认程序"窗口的右下方将显示出程序的设置选项,如图 8.40 所示。

【Step4】当选择"将此程序设置为默认值"选项时,可将此程序设置为其支持的所有文件类型默认的打开程序。

【Step5】当选择"选择此程序的默认值"选项时,将打开"设置程序的关联"窗口,可自定义设置软件的默认值,在窗口的列表框中选择该软件关联文件的扩展名选项,然后单击"保存"按钮,如图 8.41 所示。

图 8.40　选择程序选项图

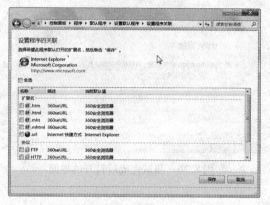

图 8.41　设置程序关联

2. 设置文件关联

当同一类型的文件能被多个软件打开时,可以为该文件类型设置文件关联软件,设置文件关联软件的操作步骤如下:

【Step1】点击"开始"菜单按钮打开"开始"菜单,选择"默认程序"命令,打开"默认程序"窗口,单击"将文件类型或协议与特定程序关联"超链接。

【Step2】打开"设置关联"窗口,在列表框中通过拖动滚动条选择所需关联的扩展名选项,如选择".wma"文件类型选项,单击"更改程序"按钮,如图 8.42 所示。

【Step3】打开"打开方式"对话框,在"推荐的程序"栏中选择文件关联的程序选项,这里选择 Windows Media Center,如图 8.43 所示,单击"确定"按钮。

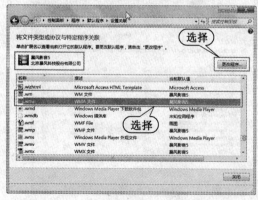

图 8.42　选择文件类型

图 8.43　指定程序

【Step4】返回到"设置关联"窗口,上方的程序项目已经发生变化,单击"关闭"按钮关闭该窗口完成设置。

在需要设置的文件上单击鼠标右键,在弹出的快捷菜单中选择"属性"命令,打开对应的属性对话框,单击"打开方式"栏后的"更改"按钮,同样可以设置文件关联程序。

3. 设置自动播放

自动播放设置是针对如 U 盘、移动硬盘和 MP3 等可移动存储设备的。在默认状态下,将可移动存储设备插入电脑时,将打开对话框询问以何种方式进行相关操作。不同的可移动存储设备可以设置不同的默认播放方式,下面将设置"音频 CD"的自动播放方式,其操作步骤如下:

【Step1】点击"开始"菜单按钮打开"开始"菜单,选择"默认程序"命令,打开"默认程序"窗口,单击"更改'自动播放'设置"超链接。

【Step2】打开"自动播放"窗口,单击"音频 CD"栏下的按钮,在弹出的下拉列表中选择"播放音频 CD 使用 Windows Media Player"选项,单击"保存"按钮完成设置。

8.6.8　打开或关闭 Windows 7 功能

Windows 7 默认自带了很多功能,当不需要某些功能或是需要添加某些功能完成更多的任务时,可以打开或关闭 Windows 功能。

1. 打开 Windows 7 功能

用户可根据需要打开某些 Windows 功能,打开某项功能的操作步骤如下:

【Step1】点击"开始"菜单按钮打开"开始"菜单,选择"控制面板"命令,打开"控制面板"窗口,单击"程序"超链接。

【Step2】打开"程序"窗口,单击"程序和功能"栏下的"打开或关闭 Windows 7 功能"按钮,超链接。

【Step3】系统检测 Windows 功能后,打开"Windows 功能"窗口,在该窗口的列表框中显示了所有的 Windows 功能选项,如图 8.44 所示,如选项前的复选框显示为■,表示该功能中的某些子功能被打开;如选项前的复选框显示为✓,则表示该功能中的所有子功能都被打开。

【Step4】单击某个功能选项前的田标记,即可展开列表显示出该功能中的所有子功能选项,如展开"打印和文件服务"功能选项,选中"扫描管理"复选框,单击"确定"按钮,如图 8.45所示。

【Step5】系统将打开 Microsoft Windows 对话框显示该功能的配置进度,配置完成后,系统将自动关闭该对话框和"Windows 功能"窗口。

图 8.44 "Windows 功能"窗口

图 8.45 打开"扫描管理"功能

2. 关闭 Windows 7 功能

关闭某项功能与打开某项功能的操作类似,其具体操作步骤如下:

【Step1】点击"开始"菜单按钮打开"开始"菜单,选择"控制面板"命令,打开"控制面板"窗口,单击"程序"超链接。

【Step2】打开"程序"窗口,单击"程序和功能"栏下的"打开或关闭 Windows 7 功能"按钮,超链接。

【Step3】系统检测 Windows 功能后,打开"Windows 功能"窗口,在窗口的列表框中取消选中需关闭的某项功能前的复选框,点击"确定"按钮,即可将该功能关闭。

8.7 硬件的管理与使用

硬件是计算机的重要组成部分,将计算机中的信息表现出来或将其他信息传输到电脑中进行处理或保存,都需要硬件设备的支持。

8.7.1 了解硬件设备

硬件是组成一台计算机的各种部件,包括显示器、鼠标、键盘、显卡、CPU 和内存等,为了使计算机实现更多的功能,需要安装实用的外部设备,如打印机、扫描仪和摄像头等。

1. 即插即用型硬件

硬件设备通常可分为即插即用型和非即插即用型两种。通常,将可以直接连接到计算机中使用的硬件设备成为即插即用型硬件,如 U 盘和移动硬盘等可移动存储设备,该类硬件不需要手动安装驱动程序,系统可以自动识别,从而可以在系统中直接运行和调用。

2. 非即插即用型硬件

非即插即用型硬件是指连接到计算机后需要用户自行安装驱动程序的计算机硬件设备,如打印机、扫描仪和摄像头等。要安装这类硬件,还需要为其准备与之配套的驱动程序。通常采用数据线将此类硬件与电脑相连。

8.7.2 查看和管理硬件设备

Windows7 中查看和管理硬件设备的场所是设备管理器,通过"设备管理器"窗口可以方便地查看硬件设备的各项属性,以及进行启用和禁用硬件设备等管理操作。

1. 查看硬件属性

在 Windows 7 中,硬件设备专门的管理场所是设备管理器。通过设备管理器,不仅能查看电脑的一些基本信息,还可以查看硬件设备及驱动程序方面的问题,例如,通过设备管理器查看鼠标的各项属性和运行情况,其具体操作步骤如下:

【Step1】在桌面的"计算机"图标上单击鼠标右键,在弹出的快捷菜单中选择"属性"命令。

【Step2】打开"计算机属性"窗口,找到窗口左侧的"设备管理器"超链接并点击打开"设备管理器"窗口,其中显示了计算机中的所有硬件设备,这里单击"鼠标和其他指针设备"左侧的三角形按钮,展开"鼠标和其他指针设备",选择"PS/2 兼容鼠标"选项,单击鼠标右键,在弹出的快捷菜单中选择"属性"命令,如图 8.46 所示。

【Step3】打开其属性对话框,如图 8.47 所示,在其中可查看鼠标的各项属性和运行情况。

图 8.46　设备管理器窗口

图 8.47　鼠标属性对话框

2. 禁用或启用硬件设备

在使用计算机时,有时需要停止使用某个硬件已释放系统分配给该硬件的资源,而在禁用之后,有时有需要重新启用该硬件来获得它的功能,此时,可以通过设备管理器启用该设备,而不是直接拆卸该硬件设备与计算机的连接。

禁用硬件设备是指停止使用该硬件,其操作步骤如下:

【Step1】打开"设备管理器"窗口,在要禁用的设备选项如声卡选项上单击鼠标右键,在弹出的会计菜单中选择"禁用"命令,如图 8.48 所示。

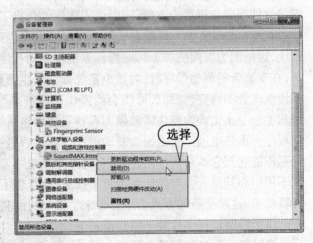

图 8.48　选择"禁用"命令

【Step2】打开询问对话框,提示是否将该硬件设备禁用,单击"是"按钮,即可禁用该硬件设备。

启用硬件设备的过程与禁用过程类似,其方法是,单击需要启用硬件选项前的三角形按钮,如果障碍的硬件选项中带有"向下箭头"表示,说明该设备已被禁用,只需在该选项上单击鼠标右键,在弹出的快捷菜单中选择"启用"命令即可重新启用该硬件设备。

需要注意的是,重新启动某些硬件设备时,系统会提示需重新启动电脑才可有效启用该硬件设备。

8.7.3 认识驱动程序

驱动程序安装是否正确直接决定了硬件能否正常使用,因此,安装硬件之前一定要对"驱动程序"有一定的了解。

1. 驱动程序的概念

驱动程序也是一种软件,但它与其他的音频、视频等应用程序不同,驱动程序在安装之后就会自动运行,一般除了将其卸载以外,无法也无需对其进行管理和控制。

驱动程序全称为"设备驱动程序",其作用就是将硬件本身的功能传递给操作系统,在使用某个硬件时,先由驱动程序完成硬件设备电子信号与操作系统及软件的高级编程语言之间的相互翻译。如使用声卡播放音乐时,声卡会先发送相应指令到声卡驱动程序,声卡驱动程序接收到指令信号后,将其转换为与声卡匹配的电子信号命令,从而驱动声卡播放音乐。简单地说,驱动程序是连接硬件和操作系统的纽带。

由于硬件设备种类多样,工作原理和工作方式都不尽相同,且更新、升级换代速度较快,因此,在安装一个新的硬件时通常都要为其安装配套的驱动程序,但不是所有的硬件都是如此,如安装 CPU、内存、键盘和显示器等设备时就不需要再为其安装驱动程序了,因为他们的驱动程序已经默认预设在主板的 BIOS 中,只要正确连接接口即可使用。

2. 驱动程序的特点

Windows 7 中的驱动程序与 Windows XP 及以前的操作系统有很大不同,与其他类型的操作系统也有明显的区别,其最大的特点就是 Windows 7 中驱动程序被置于用户模式下,使安装软件程序变得更为方便,同时使一些硬件获得了以前没有的功能。

在 Windows 7 中为硬件安装驱动程序后即可立即生效,而不再需要反复重新启动操作系统,这是因为以前的 Windows 操作系统将驱动程序的位置放在了系统最底部的内核模式下,在安装新的驱动程序时,对整个系统都会产生影响。也就是说,如果安装的驱动程序存在错误或者不够完善,那么可能会给操作系统带来严重故障。而在 Windows 7 中不必为了添加了一个不正确的媒体播放器而重新安装操作系统,同样,也不用因为添加了不完善的驱动程序而重装电脑。这是因为驱动程序只是被看做一个普通的程序,一个错误的驱动程序只是不能起到它本身的作用,但不会对操作系统本身造成影响。这样,在安装驱动程序时,就不用担心其是否会对操作系统带来损坏,而且也不必因为安装驱动程序而反复重新启动计算机了,这种全新的方式给用户带来了很大的便利。

由于将驱动程序放置于用户模式下,不必担心对其的调节会影响到整个系统,从而开放了更多对驱动程序的控制和管理权限。用户可以对某些硬件的驱动程序进行控制,获得更多的功能。例如,以前听歌的同时使用某个嵌入了音乐的应用程序,两种不同的音乐同时播放,此时又无能为力。但是在 Windows 7 中通过对驱动程序进行控制,可以在"音量-合成器-扬声器"对话框中单独调整某一个程序的音量。

8.7.4 安装与更新驱动程序

前面讲解了什么是驱动程序,以及驱动程序的重要作用,下面就具体介绍安装和更新驱动程序的方法。

1. 安装驱动程序

通常在安装一个新的硬件设备时,系统会提示用户需要为硬件设备安装驱动程序,此时将驱动程序的安装光盘放入光驱中,或者选择存放在计算机硬盘中的驱动程序即可,用安装其他软件的方法安装驱动程序也可以。用户只需依照系统提示进行操作即可完成驱动程序的安装。

2. 更新驱动程序

当一个新的硬件设备发布时,伴随设备一起开发的驱动程序并不一定能使其硬件设备的所有功能开发完全,所以许多硬件厂商会选择在后期陆续推出一些针对某一硬件设备的驱动程序的升级版本,用户可通过更新驱动程序来完善计算机的硬件性能。更新驱动程序的操作步骤如下:

【Step1】打开"设备管理器"窗口,单击"声音、视频和游戏控制器"选项前的三角形按钮,在需要更新的声卡上单击鼠标右键,在弹出的快捷菜单中选择"更新程序驱动软件"命令。

【Step2】系统自动检测和搜索后,打开"更新程序驱动软件"向导对话框,选择"自动搜索更新的驱动程序软件"选项,如图 8.49 所示。

【Step3】如果当前安装的是最佳驱动程序软件,系统会打开如图 8.50 所示的对话框,提示不需再进行驱动程序的更新,如果需要更新驱动程序,只需根据打开的向导对话框进行操作即可。

图 8.49　自动搜索更新的驱动程序

图 8.50　当前驱动程序为最新版本

8.7.5 安装 U 盘

U 盘是计算机用户常用的移动存储设备。U 盘也称作闪存,是以闪存芯片为信息载体记录保存数据,具有体积小易携带、快速读写、断电后仍能保存信息的特点。U 盘的使用很简单,属于即插即用外设,将 U 盘插入到计算机的 USB 接口里即可使用,用户可以按照下列步骤使用 U 盘。

【Step1】将要安装的 U 盘插入计算机主机箱的 USB 插口中。

【Step2】系统自动安装后,在任务栏通知区域将显示该设备的图标。

【Step3】打开"自动播放"对话框,选择"打开文件夹以查看"选项。

【Step4】打开"可移动磁盘"窗口,从中可以查看 U 盘中的内容。

【Step5】使用完 U 盘后,不要直接将其从 USB 接口中拔出,否则会导致数据丢失或计算机死机等故障。用鼠标右键单击任务栏右下角的链接 USB 设备图标,从弹出的快捷菜单中选择"弹出"命令。

【Step6】卸载完成后,任务栏会弹出一个"安全地删除硬件"对话框,说明 U 盘已被移除,此时就可以拔出 U 盘了。

8.7.6 安装打印机

打印机是经常使用的外部设备,通过它将文档、图片等内容输出到纸张上面,其接口通常为 USB 和 LPT。目前,家用和办公最常用的是喷墨打印机和激光打印机,在安装打印机之后,还需要安装打印机的驱动程序,通常通过以下 3 种方式可以获得打印机驱动的安装程序:①系统自带的相应型号的打印机驱动程序;②通过购买打印机时附带的驱动程序安装光盘;③通过从打印机品牌官方网站下载相应型号打印机的驱动程序。不管安装那种途径获得的驱动程序,其安装打印机的操作都是类似的,其中安装通过光盘和下载方式获得的驱动程序较简单,且与安装软件程序相同,然后进行其他设置。下面以使用系统自带驱动程序的方式介绍安装打印机的方法,其具体操作步骤如下:

【Step1】将数据线连接到打印机和电脑的相应接口,再将另一端插入计算机主机接口,接通打印机的电源,打印机正常启动后,启动计算机进入 Windows 7。

【Step2】选择"开始/控制面板"命令,打开"控制面板"窗口,单击"硬件和声音"超链接,如图 8.51 所示。

【Step3】打开"硬件和声音"窗口,单击"添加打印机"超链接,如图 8.52 所示。

图 8.51 单击"硬件和声音"超链接

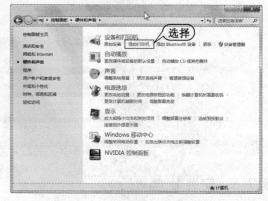
图 8.52 "硬件和声音"窗口

【Step4】打开如图 8.53 所示的向导对话框,选择"添加本地打印机"选项。

【Step5】打开"选择打印机端口"界面,选中"使用现有的端口"单选按钮,在其下拉列表中选择端口选项,这里选择默认的 LPT1 端口,如图 8.54 所示,单击"下一步"按钮。

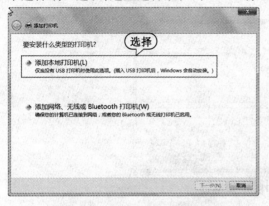

图 8.53　选择添加本地打印机

图 8.54　选择连接端口

【Step6】打开"安装打印机驱动程序"界面,选择所使用打印机的厂商和型号,这里选择"打印机"列表框中 Canon Inkjet MX300 series FAX 型号的打印机,如图 8.55 所示,单击"下一步"按钮。

【Step7】打开"键入打印机名称"界面,输入安装打印机的名称,这里输入"家庭使用",如图 8.56 所示,单击"下一步"按钮。

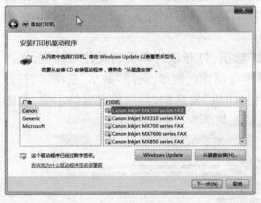

图 8.55　选择打印机型号

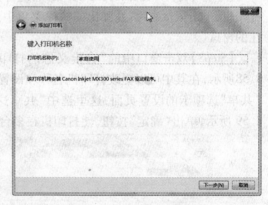

图 8.56　输入打印机名称

【Step8】系统开始安装选中打印机的驱动程序。

【Step9】安装完成后,将打开"打印机共享"界面,选择打印机是否可以共享,这里选中"不共享这台打印机"单选按钮,如图 8.57 所示,单击"下一步"按钮。

【Step10】打开提示已成功添加打印机的界面,单击"完成"按钮,完成安装。

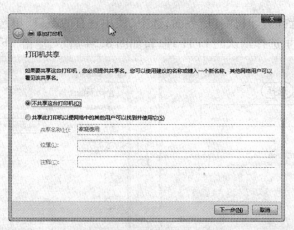

图 8.57 "打印机共享"界面

8.7.7 管理打印机

在打印机安装完成后,可以查看打印机状态,包括查看当前打印内容、设置打印属性和调整打印选项等,其具体操作步骤如下:

【Step1】选择"开始/控制面板"命令,打开"控制面板"窗口,单击"查看设备和打印机"超链接。

【Step2】打开"设备和打印机"窗口,选择需要查看其属性的打印机,这里选择安装好的打印机,单击鼠标右键,在弹出的快捷菜单中选择,"在新窗口中打开"命令,打开打印机所在的窗口。

【Step3】双击窗口中的"自定义您的打印机"选项,打开该打印机的属性对话框,如图8.58所示,在其中可以更改打印机名称和设置共享等属性。例如,选择"共享"选项卡,打开"共享"选项卡的设置页面,这里选中"共享这台打印机"复选框,其他设置保持不变,如图8.59所示,单击"确定"按钮,使打印机在多台电脑上共享。

图 8.58 打印机属性对话框

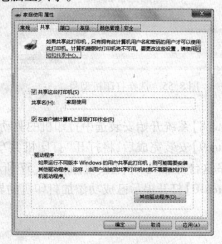

图 8.59 设置打印机共享

8.7.8 卸载硬件设备

无论是即插即用型还是非即插即用型的硬件设备,都应该掌握正确的卸载方法,确保硬件设备本身或存储在设备中的资源不受到损坏。

1. 卸载即插即用硬件设备

Windows 7 中卸载 U 盘这类即插即用型硬件的方法很简单,包括从操作系统中卸载和拔出硬件设备两部分,其操作步骤如下:

【Step1】关闭在 U 盘中打开的文件,然后单击任务栏通知区域中的"安全删除硬件并弹出媒体"按钮,在弹出的菜单中选择弹出的命令。

【Step2】系统会弹出"安全地移除硬件"浮动界面,关闭该界面,然后从机箱上拔出该 U 盘即可。

2. 卸载非即插即用硬件设备

通过设备管理器卸载硬件设备,包括卸载硬件设备的驱动程序和将硬件设备从计算机中拔出两种。例如,在设备管理器中卸载非即插即用的键盘硬件,其具体操作步骤如下:

【Step1】用鼠标右键单击"计算机"图标,在弹出的快捷菜单中选择"属性",打开计算机"属性"对话框,单击其中的"设备管理器"超链接。

【Step2】打开"设备管理器"窗口,选择要卸载的硬件设备,如选择"键盘"目录选项中的"HID Keyboard Device"选项,单击鼠标右键,在弹出的快捷菜单中选择"卸载"命令。

【Step3】打开"确认设备卸载"对话框,这里选中"删除此设备的驱动程序软件"复选框,单击"确定"按钮。

【Step4】退出 Windows 7 并将硬件从计算机上拔出,完成该硬件的卸载。

第 9 章
Windows 7 高级应用

知识要点

1. 掌握维护和优化磁盘的方法。
2. 了解优化系统的相关设置。
3. 掌握注册表的使用方法。
4. 掌握数据和系统的备份方法。
5. 了解 Windows 7 防火墙的设置方法。
6. 掌握 Windows Defender 的使用方法。
7. 了解系统安全策略的设置方法。

内容提要

计算机和系统在使用一段时间后,经常会发生运行过慢或系统提示出错等问题,这是由于用户在使用计算机过程中的一些不良习惯或不良设置,使系统中产生过多碎片或垃圾造成的。另一方面计算机在为用户提供各种服务与帮助的同时也存在着危险,各种电脑病毒、流氓软件、木马程序也随时可能会危害系统的正常运行。因此有必要掌握对于系统进行优化和维护以及使用杀毒软件、防火墙等安全软件的相关知识。本章主要学习优化和维护 Windows7 系统的相关操作方法,同时介绍一些系统防护的技术和软件程序,从而使用户掌握维护系统稳定与安全的相关知识。

9.1 维护和优化磁盘

硬盘是计算机数据存放的载体,计算机中几乎所有的数据都存储在硬盘中。在对硬盘进行读写的过程中,系统会产生大量的磁盘碎片和垃圾文件。时间久了这些磁盘碎片和垃圾文件就会影响到硬盘的读写速度,进而降低系统的速度。维护和优化磁盘的主要操作包括磁盘清理、磁盘检查和磁盘碎片整理。

9.1.1 磁盘清理

只要使用计算机就会产生很多临时文件,当这些临时文件不能及时被系统删除时,他们不但会变得毫无用处,而且会影响系统的运行和占用磁盘的存储空间。使用"磁盘清理"程序即可将这些多余的临时文件删除。

下面就以清理 C 盘为例讲解如何使用磁盘清理程序,其具体操作步骤如下:

【Step1】单击"开始"菜单,选择"所有程序"命令中,"附件"下的"系统程序"命令,打开如图 9.1 所示的对话框。

【Step2】在"驱动器"下拉列表框中可选择清理的磁盘,这里选择(C:)选项,单击"确定"按钮,程序开始计算清理后能释放的磁盘空间,并打开如图9.2所示的提示对话框。

【Step3】计算完毕后打开如图9.3所示的"(C:)的磁盘清理"对话框,在"要删除的文件"列表框中选择需要删除的文件类型前面的复选框,单击"确定"按钮。

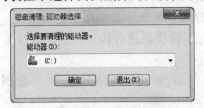

图9.1 磁盘清理对话框

图9.2 计算释放磁盘空间

图9.3 选择需要清理的文件

【Step4】此时,系统会提示用户注意是否要永久删除这些文件,单击"删除文件"按钮,程序自动开始删除临时文件。

除了上面打开"磁盘清理"程序的方法外还可以打开"计算机"窗口,在C盘盘符上单击鼠标右键,在弹出的快捷菜单中选择"属性"命令,打开"本地磁盘(C:)属性"对话框,选择"常规"选项卡,单击"磁盘清理"按钮,执行磁盘整理操作。

9.1.2 磁盘碎片整理

计算机在使用的过程中不免会有很多创建、删除文件或者安装卸载软件等操作,这些操作会在硬盘内部产生许多磁盘碎片,这些碎片的存在会影响系统往硬盘写入或读取数据的速度,也加快了磁头和盘片的磨损速度,所以定期对磁盘碎片进行整理,对维护系统的运行和硬盘保护都具有很重要的意义。

在Windows 7中整理磁盘碎片的操作步骤如下:

【Step1】选择"开始/所有程序/附件/系统工具/磁盘碎片整理"命令。

【Step2】打开"磁盘碎片整理程序"对话框,选择一个磁盘,然后单击"分析磁盘"按钮,系统随即开始对选中的磁盘进行分析。

【Step3】此时,该磁盘进行自动分析,并显示分析进度。

【Step4】分析完成后,如果需要对磁盘碎片进行整理,可单击"磁盘碎片整理"按钮,系统即可自动进行磁盘碎片整理。

【Step5】另外,为了省去手动进行磁盘碎片整理的麻烦,用户可以设置让系统自动整理磁盘碎片。单击"磁盘碎片整理程序"窗口中的"配置计划"按钮,打开"磁盘碎片整理程序:修改计划"对话框。

【Step6】在该对话框中用户可预设磁盘碎片整理的时间。例如可以设置每周的星期三中午12点进行整理,最后单击"确定"按钮即可完成设置。

9.1.3 磁盘检查

当计算机出现频繁死机、蓝屏或者系统运行速度变慢时,可能是由于磁盘上出现了逻辑错误。这时可以使用 Windows 7 自带的磁盘检查程序检查系统中是否存在逻辑错误。当磁盘检测程序检查到逻辑错误时,还可以使用该程序对逻辑错误进行修复。这里以对 E 盘进行磁盘检查为例,讲解磁盘检查程序的使用方法。

【Step1】打开"计算机"窗口,选择需要进行检查的磁盘,这里选择 E 盘,在 E 盘图标上单击鼠标右键,在弹出的快捷菜单中选择"属性"命令。

【Step2】打开"本地磁盘(E:)属性"对话框,选择"工具"选项卡,再单击"查错"栏中的"开始检查"按钮。

【Step3】打开"检查磁盘本地磁盘(E:)"对话框,这里选中"自动修复文件系统错误"和"扫描并尝试恢复坏扇区"复选框,单击"开始"按钮,程序开始自动检查磁盘逻辑错误。

【Step4】扫描结束后,系统将打开提示框提示扫描完毕,单击"关闭"按钮完成磁盘检查工作。

9.2 优化 Windows 7 系统

Windows 7 操作系统是计算机运行的软件平台,做好对操作系统的日常维护和优化可提高系统的稳定性,使用户使用起来更加流畅。对系统的维护和优化主要包括管理开机启动项和设置虚拟内存等。

9.2.1 自定义开机启动项

计算机在使用的过程中,常常会安装很多软件,其中一些软件在安装完成后,会自动随着系统的启动而启动,如果开机时自动启动的软件过多,无疑会影响计算机的开机速度,并占用系统资源,此时用户可将一些不必要的开机启动项取消掉,从而降低资源消耗,优化开机过程。

在 Windows 7 中自定义开机启动项的操作步骤如下:

【Step1】单击"开始"菜单,在"搜索框"中输入"msconfig",然后按下"Enter"键,打开"系统配置"对话框。

【Step2】切换至"启动"选项卡,在该选项卡中显示了开机时随着系统自动启动的程序。取消选中不需要开机启动的程序复选框,然后单击"确定"按钮。

【Step3】此时弹出"系统配置"对话框,用户可根据需要选择是否重新启动计算机,然后单击相应的按钮即可。

9.2.2 设置虚拟内存

在使用计算机的过程中,当运行一个程序需要大量数据、占用大量内存时,物理内存就有可能会被"塞满",此时系统会将那些暂时不用的数据放到硬盘中,而这些数据所占的空间就是虚拟内存。它的作用就是当物理内存占用完时,计算机会自动调用硬盘来充当内存,以缓解物理内存的紧张。在 Windows 7 中设置系统虚拟内存的操作步骤如下:

【Step1】用鼠标右键单击"计算机"图标,在弹出的快捷菜单中选择"属性"命令,打开

"系统"窗口,单击窗口左侧窗格里的"高级系统设置"连接,打开"系统属性"对话框。

【Step2】在该对话框中切换至"高级"选项卡,在"性能"区域单击"设置"按钮,打开"性能选项"对话框。

【Step3】在该对话框中切换至"高级"选项卡,在"虚拟内存"区域单击"更改"按钮。

【Step4】打开"虚拟内存"对话框,取消选中"自动管理所有驱动器的分页文件大小"复选框,然后选中"自定义大小"单选按钮,在"初始大小"和"最大值"文本框中设置合理的虚拟内存值。

【Step5】设置完成后,单击"设置"按钮,然后单击"确定"按钮即可。

【Step6】默认情况下,虚拟内存文件是存放在 C 盘中的,如果用户想要更改虚拟内存文件的位置,可在"启动器"列表中选中 C 盘,然后选中"无分页文件"单选按钮,再单击"设置"按钮,即可将 C 盘中的虚拟内存文件清除,如图 9.4 所示。

【Step7】选中一个新的磁盘,例如选择 D 盘,然后选中"自定义大小"单选按钮,在"初始大小"和"最大值"文本框中设置合理的虚拟内存的值,再依次单击"设置"按钮和"确定"按钮即可,如图 9.5 所示。

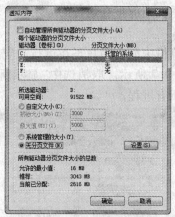
图9.4 清除 C 盘虚拟内存

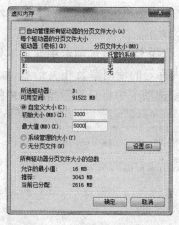
图9.5 设置虚拟内存大小

【Step8】虚拟内存设置完成后,需要重新启动计算机才能生效,用户可根据需要立即重启计算机或稍后重新启动。

9.2.3 优化系统外观

Windows 7 系统默认的外观视觉效果会耗费大量系统资源,在计算机运行不畅或系统资源不足的情况下,用户可以选择关闭不必要的视觉效果,提高系统运行速度。

用户可以用鼠标右键单击桌面上的"计算机"图标,在弹出的快捷菜单中选择"属性"命令,打开"系统"窗口,单击左侧窗格中的"高级系统设置"连接。打开"系统属性"对话框,选择"高级"选项卡,单击"性能"栏中的"设置"按钮。

打开"性能选项"对话框,选择"视觉效果"选项卡,选中"调整为最佳性能"单选按钮,然后单击"确定"按钮完成设置。

9.3 监视计算机运行状态

维护计算机最重要的工作之一就是查看计算机的运行状态,如果发现异常情况应及时解决。在 Windows 7 中,监视电脑运行状态可使用任务管理器,也可以使用资源监视器,其使用领域各不相同。

9.3.1 使用任务管理器

为了更快地了解当前计算机的状态,如正在运行的程序、服务、CPU 使用率和内存使用率等相关信息,可使用任务管理器,它能即时检测电脑的各项使用情况。

1. 认识任务管理器

在 Windows 7 中启动任务管理器的方法是:按"Shift+Ctrl+Esc"组合键或者用鼠标右键单击任务栏空白处,在弹出的快捷菜单中选择"启动任务管理器"命令,执行以上两种操作后就会打开"Windows 任务管理器"窗口,在该窗口中有"应用程序""进程""服务""性能""联网"和"用户"等选项卡。各选项卡的作用分别介绍如下:

①"应用程序"选项卡:在该选项卡中显示系统当前正在运行的应用程序名称及其运行状态,如图 9.6 所示。

②"进程"选项卡:在该选项卡中显示本计算机中所有用户正在运行的应用程序和系统服务对 CPU、内存等的使用率及相关信息,如图 9.7 所示。取消选中"显示所有的进程"复选框,在"进程"选项卡中将只显示当前用户的所有进程。

图 9.6 "应用程序"选项卡

图 9.7 "进程"选项卡

③"服务"选项卡:在该选项卡中显示当前系统承载运行的所有服务,如图 9.8 所示。

④"性能"选项卡:在该选项卡中显示当前系统的 CPU 和内存使用率等相关信息,如图 9.9 所示。通过该选项卡可大致了解计算机运行有无异常。

图9.8 "服务"选项卡

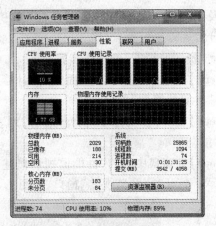
图9.9 "性能"选项卡

⑤ "联网"选项卡：在该选项卡中可查看当前计算机的联网情况，如链接网络使用率、线性速度、状态和流量等信息，如图9.10所示。通过该选项卡可大致了解联机网络有无异常。

⑥ "用户"选项卡：在该选项卡中显示当前登录到计算机中的所有用户列表，如图9.11所示为当前活动用户只有一个。选择某个用户，再单击"断开"按钮，将打开用户切换界面。

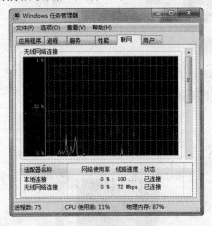
图9.10 "联网"选项卡

图9.11 "用户"选项卡

在"Windows 任务管理器"窗口下方的属性栏中将显示计算机当前的进程数、CPU 使用率和物理内存等数据。直接查看属性栏，可快速掌握计算机当前的大致状况。

2. 结束没有响应的程序

当出现计算机没有死机但某个应用程序"没有响应"的状况时，可使用 Windows 任务管理器将没有响应的程序结束，再重新开启使用。结束没有响应的应用程序的方法是，按"Ctrl+Shift+Esc"组合键，打开"Windows 任务管理器"窗口。选择"应用程序"选项卡，选择列表中没有响应的选项，单击"结束任务"按钮结束程序。

9.3.2 使用资源监视器

资源监视器提供了全面、详细的系统与计算机的各项状态运行信号，包括 CPU、内存、磁盘以及网络等,以方便用户随时查看计算机的运行状态。

1. 开启资源监视器

启动"资源监视器"的操作步骤如下:

【Step1】用鼠标右键单击桌面上的"计算机"图标,在弹出的快捷菜单中选择"管理"命令,打开"计算机管理"窗口。

【Step2】在"计算机管理"窗口左侧的列表中选择"系统工具"选项,在弹出的扩展项中选择"性能"选项。

【Step3】在窗口中间的"性能监视器概述"窗格下单击"打开资源监视器"超链接,如图9.12 所示。打开"资源监视器"窗口,如图9.13 所示。

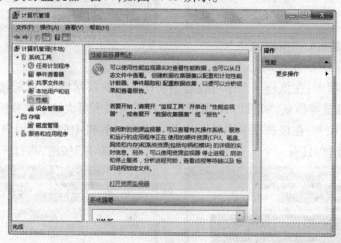

图 9.12 "计算机管理"窗口

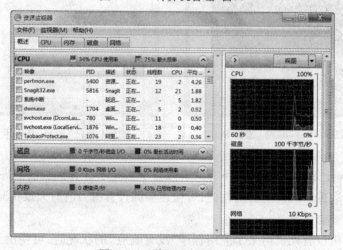

图 9.13 "资源监视器"窗口

除了上面打开"资源监视器"窗口的方法外,还可以打开"Windows 任务管理器"窗口后,选择"性能"选项卡,再单击"资源监视器"按钮也可以打开。

在"资源监视器"左上侧的列表框中以数值形式表现 CPU、磁盘、网络和内存的详细统计情况。右侧以图表形式表现了 CPU、磁盘、网络和内存的使用情况。

2. 查看 CPU 使用情况

在"资源监视器"窗口中选择 CPU 选项卡,自动切换到 CPU 监视页,如图 9.14 所示,此时,窗口左侧的各栏中详细显示出当前计算机的所有进程、服务、关联的句柄和模块的数据。右侧以图表的形式形象地显示 CPU 的详细信息,其中蓝色的线表示 CPU 当前的运行频率和标准频率的百分比,绿色的线则是当前系统的 CPU 占用率。

3. 查看内存使用情况

在"资源监视器"窗口中选择"内存"选项卡,自动切换到内存监视页,如图 9.15 所示。在窗口左侧上方列表框中显示当前运行的程序在内存上的硬错误、提交、工作集等相关数据;左下方以图示的方式显示当前的内存使用情况;右侧的图表分别显示当前计算机内存使用的物理内存、内存使用和硬错误/秒的百分比情况。

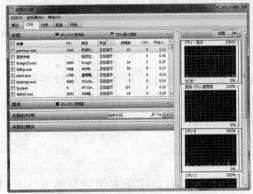

图 9.14　CPU 监视情况

图 9.15　内存监视情况

4. 查看磁盘使用情况

在"资源监视器"窗口中选择"磁盘"选项卡,自动切换到磁盘监视页,如图 9.16 所示。窗口左侧的"磁盘活动的进程""磁盘活动"和"存储"栏分别对当前磁盘的读写速度、优先级、响应的时间和空间利用度等做了详细统计。窗口右侧的图表分别用蓝色和绿色的线表示了磁盘的重点监视对象,其中蓝色线为磁盘最长的活动时间,绿色线为当前磁盘的活动情况。

5. 查看网络使用情况

在"资源监视器"窗口中选择"网络"选项卡,自动切换到网络监视页,如图 9.17 所示。窗口左边的"网络活动的进程""网络活动""TCP 链接""侦听端口"栏分别对当前的网络活动的进程、进程访问的网络地址、发送和接收的数据包、进程使用的端口以及进程使用的协议等进行了详细的统计。窗口右侧的图表显示了网络的重点监视对象,其中蓝线表示使用网络带宽的百分比,绿线表示当前网络的流量。

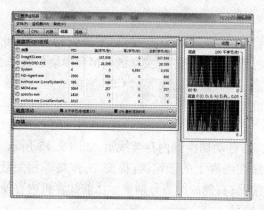

图 9.16　磁盘监视情况

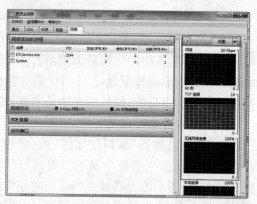

图 9.17　网络监视情况

9.4　使用注册表

Windows 的注册表是一个庞大的数据库,它存储着软、硬件的有关配置和状态信息,应用程序和资源管理器外壳的初始条件、首选项和卸载数据,计算机的整个系统的设置和各种许可,文件扩展名与应用程序的关联等。修改注册表中的参数也能提高系统的运行速度。

9.4.1　开启注册表编辑器

用户可以打开注册表编辑器对注册表数据进行修改。启动注册表编辑器的方法是:用鼠标左键单击"开始"按钮,在弹出的菜单最下方的搜索栏中输入"regedit"并按"Enter"键,打开"注册表编辑器"窗口,如图 9.18 所示。

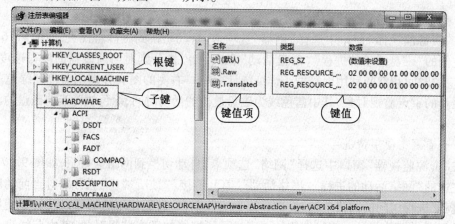

图 9.18　注册表编辑器

需要注意的是:修改、编辑注册表是一件危险的事,它可能造成系统崩溃,所以在修改注册表前,必须清楚当前操作将对计算机产生的影响。

9.4.2　系统加速

用户可以修改一些注册表键值来加快系统操作速度,下面介绍几种可以优化系统速度的修改操作及其步骤。

1. 加快关机速度

通常，正常情况下执行关机操作后需要等待十多秒钟才能完全关闭计算机，通过修改注册表的操作，可以加快计算机的关机速度，其操作步骤如下：

【Step1】打开"注册表编辑器"窗口，单击窗口左侧的列表，展开 HKEY_LOCAL_MACHINE\SYSTEM\CurrentControlSet\Control 子键。

【Step2】用鼠标右键单击右侧窗格空白处，在弹出的快捷菜单中选择"新建/字符串值"命令，将其命名为 FastReboot。

【Step3】双击该键值项，在打开的"编辑字符串"对话框中输入键值为"1"然后单击"确定"按钮。

2. 加快系统预读速度

加快系统预读速度可以提高系统的启动速度，其操作步骤如下：

【Step1】打开"注册表编辑器"窗口，单击窗口左侧的列表，展开 HKEY_LOCAL_MACHINE\SYSTEM\CurrentControlSet\Control\Session Manager\Memory Management\PrefetchParameters 子键。

【Step2】双击右侧窗格中 EnablePrefetcher 键值项，打开"编辑 DWORD 值"对话框，将其值设置为 4，然后单击"确定"按钮。

3. 删除内存中多余的 DLL 文件

在内存中通常会有很多系统无法自动删除的、多余的 DLL 文件，他们毫无用处反而会占用宝贵的内存空间，可使用注册表将内存中未被使用的 DLL 文件删除，其操作步骤如下：

【Step1】打开"注册表编辑器"窗口，单击窗口左侧的列表，展开 HKEY_LOCAL_MACHINE\SOFTWARE\Microsoft\Windows\CurrentVersion\Explorer 子键，用鼠标右键单击右侧窗口空白处，在弹出的快捷菜单中选择"新建/DWORD 值"命令，系统自动新建一个键值项，并输入名称"AlwaysUnloadDLL"。

【Step2】双击"AlwaysUnloadDLL"键值项，打开"编辑 DWORD 值"对话框，将其键值设置为 1，单击"确定"按钮。

4. 加速关闭应用程序

缩短关闭应用程序的等待时间，可以实现快速关闭应用程序，以节省操作时间，其具体操作步骤如下：

【Step1】打开"注册表编辑器"窗口，单击窗口左侧的列表，展开 HKEY_CURRENT_USER\Control Panel\Desktop 子键，用鼠标右键单击右侧窗口空白处，在弹出的快捷菜单中选择"新建/DWORD 值"命令，系统自动新建一个键值项，并输入名称"WaitToKillAppTimeOut"。

【Step2】双击"WaitToKillAppTimeOut"键值项，打开"编辑 DWORD 值"对话框，将其键值设置为 1 000，单击"确定"按钮即可。

5. 禁止编辑注册表

对注册表的错误修改可能导致系统瘫痪，因此，尽量不要修改注册表。以防万一，用户可以设置禁止编辑注册表。禁止编辑注册表的操作步骤如下：

【Step1】打开"注册表编辑器"窗口，单击窗口左侧的列表，展开 HKEY_CURRENT_USER\Software\Microsoft\Windows\CurrentVersion\Policies 子键，用鼠标右键单击右侧窗口空白

处,在弹出的快捷菜单中选择"新建/项"命令,系统自动新建一个子键项,并输入名称"System"。

【Step2】用鼠标右键单击刚刚创建的"System"项,在弹出的快捷菜单中选择"新建/DWORD 值"。

【Step3】在右侧窗格中添加一个名为"Disable RegistryTools"的串值。

【Step4】双击该串值,打开"编辑 DWORD 值"对话框,在"数值数据"文本框中输入数值"1",单击"确认"按钮完成设置。

【Step5】重新启动计算机,即可完成禁止编辑注册表操作。

9.5 备份数据和系统

计算机中对用户最重要的就是硬盘中的数据了,做好了硬盘的数据备份,一旦发生数据丢失现象,用户就可以通过数据还原功能,找回丢失的数据。而系统在运行的过程中难免会出现故障,Windows7 系统也自带了系统还原功能。

9.5.1 备份用户数据

相信现在很多用户使用的备份数据的方法都是反复地复制和粘贴,这样不免费时费力,而且人的记忆总会有疏忽的时候,难免有时也会忘记备份的设置。

Windows 7 在以往版本的基础上对数据备份功能做了进一步的完善。从数据备份方面讲,不管是手动备份还是利用 Ghost 工具备份,要实现经常性地、频繁地备份也有些困难,并且重复的备份相同的内容还会占用大量磁盘空间。基于这些方面的考虑,Windows 7 提供了定时备份功能,并且在备份时会跳过已经备份的相同数据而只增加更改和添加的内容。既安全又省时、省力、省空间。用户只需在首次备份时设置备份计划,一切工作就可全交给计算机来做,从而放心地从事其他工作。让系统定期对某个磁盘或文件夹进行备份的操作步骤如下:

【Step1】打开"控制面板"窗口,单击"备份和还原"超链接,打开"备份和还原"窗口。

【Step2】第一次操作时,在"备份"栏中提示尚未设置 Windows 备份,单击"设置备份"超链接,启动 Windows 备份,并打开"正在启动 Windows 备份"界面。

【Step3】打开"选择要保存备份的位置"界面,选择备份文件的磁盘,这里选择 F 盘,单击"下一步"按钮。

【Step4】打开"您希望备份哪些内容"界面,选择需要备份的内容,这里选中"让我选择"单选按钮,单击"下一步"按钮。

【Step5】打开"您希望备份哪些内容"界面,选中需要备份的内容,单击"下一步"按钮。

【Step6】打开"查看备份设置"界面,查看备份信息是否准确,单击"计划"栏中的"更改计划"超链接。

【Step7】打开"您希望多久备份一次"界面,选中"按计划运行备份"复选框,并设置具体的备份计划,如每周日 19:00,设定时间后单击"确定"按钮。

【Step8】返回"查看备份设置"界面,单击"保存设置并运行备份"按钮,系统开始第一次备份数据。

【Step9】关闭"控制面板"窗口,完成备份设置,Windows 将在设定的时间进行定期的数据备份。

9.5.2 还原用户数据

如果用户的硬盘数据被损坏或者不小心删除,可以使用系统提供的数据还原功能来怀远数据,前提是必须要有数据的备份文件。还原用户数据的操作步骤如下:

【Step1】打开"备份和还原"窗口,可以发现,窗口中"还原"栏增加了一些可操作项目,这时可单击"还原我的文件"按钮进行还原。

【Step2】打开"还原文件"对话框,如需还原单个文件则单击"浏览文件"按钮,如需还原整个文件夹则单击"浏览文件夹"按钮,这里单击"浏览文件夹"按钮。

【Step3】打开"浏览文件的备份"对话框,从备份文件中找到需要还原的文件夹,单击"添加文件夹"按钮。

【Step4】用同样的方法可以添加多个文件,也可以删除列表中选中的文件,添加完后返回"还原文件"对话框再单击"下一步"按钮。

【Step5】打开"您想在何处还原文件"界面,可将文件存放在原始位置,也可以放到其他位置,这里选中"在原始位置"单选按钮。

【Step6】单击"还原"按钮,系统开始还原文件,完成后单击"完成"按钮关闭对话框,丢失的文件又回到计算机中了。

9.5.3 管理备份

设置了备份后,并不是固定不变了,用户可通过"备份和还原"窗口对其进行管理,如删除备份、更改备份设置以及进行计划外的备份等操作。

1. 管理备份空间

打开"备份和还原"窗口,在"备份"栏中可查看当前备份的一些信息,如备份位置、备份大小、上次备份时间、下次备份时间以及备份计划等,其设置方法如下:

①查看备份:在"备份和还原"窗口中单击"管理空间"超链接,在打开的"管理 Windows 备份磁盘空间"对话框中可查看详细的备份信息。

②删除备份:通过"管理 Windows 备份磁盘空间"对话框,还可以删除一些数据备份或系统映象来释放磁盘空间。具体操作方法为:单击对话框中"数据文件备份"栏中的"查看备份"按钮,在打开的"选择要删除的备份期间"界面中可看到计算机中的数据文件备份资料,选中需要删除的备份数据,单击"删除"按钮可对已备份的数据进行删除操作。

③删除系统映象:单击"管理 Windows 备份磁盘空间"对话框中"系统映象"栏中的"更改设置"按钮,在打开的界面中选择需要删除的系统映象选项来释放空间,如选中"删除此计算机的所有系统映象"单选按钮,单击"确定"按钮,在打开的对话框中进一步确认删除即可删除所有映象。

2. 更改备份设置

如果想改变备份计划的某些设置,如备份位置、备份时间等,可通过更改备份设置来实现,打开"备份和还原"窗口,单击"计划"栏中的"更改设置"超链接,可打开"设置备份"窗口,与第一次设置备份的步骤一样,逐步进行设置即可对现有备份计划做详细的更改,设置完成后单击"保存设置并退出"按钮即可完成备份设置的更改。

9.5.4 系统的备份和还原

系统在运行的过程中有时会出现故障,Windows 7 系统自带了系统还原功能,当系统出现问题时,该功能可以将系统还原到过去的某个状态,同时保证不丢失用户个人的数据文件。

1. 创建系统还原点

要使用 Windows 7 的系统还原,首先系统要有一个可靠的还原点。在默认设置下,Windows 7 每天都会自动创建还原点,另外用户还可手动创建还原点。创建还原点的操作步骤如下:

【Step1】用鼠标右键单击桌面上的"计算机"图标,在弹出的快捷菜单中选择"属性"命令。

【Step2】在打开的计算机属性窗口中单击左侧的"系统保护"链接,打开"系统属性"对话框。如图 9.19 所示。

【Step3】在打开的"系统属性"对话框的"系统保护"选项卡中,单击"创建"按钮,打开"创建还原点"对话框。在该对话框中输入一个还原点的名称然后单击"创建"按钮,如图 9.20 所示。

【Step4】此时计算机开始自动创建还原点,创建完成后,单击"关闭"按钮,完成系统还原点的创建。

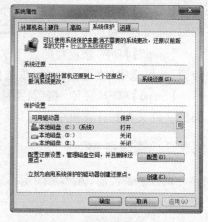

图 9.19 "系统属性"对话框

2. 还原系统

有了系统还原点后,当系统出现故障时,用户就可以利用 Windows 7 的系统还原功能,将系统恢复到还原点的状态。还原系统的操作步骤如下:

【Step1】单击"开始"菜单按钮,选择"控制面板"命令,打开控制面板窗口,在其中找到"操作中心"并双击打开"操作中心"对话框,如图 9.21 所示。

【Step2】在"操作中心"窗口中单击"恢复"链接,打开"恢复"窗口如图 9.22 所示。

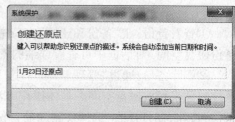

图 9.20 创建还原点

【Step3】在打开的"恢复"窗口中,单击"打开系统还原"按钮,打开"系统还原"对话框,如图 9.23 所示。

图 9.21 "操作中心"对话框

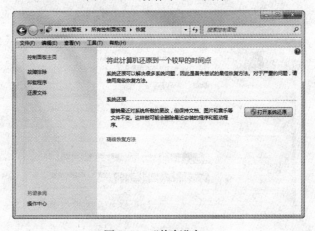

图 9.22 "恢复"窗口

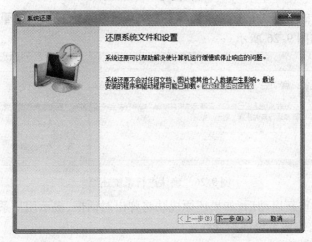

图 9.23 "系统还原"对话框

【Step4】在打开的"系统还原"对话框中,单击"下一步"按钮,此时可以选择还原点,这里选择"1 月 23 日还原点"进行还原,选中后单击"下一步"按钮,如图 9.24 所示。

【Step5】此时计算机弹出对话框,要求用户确认所选的还原点,如图 9.25 所示,用户确认无误后,单击"完成"按钮。

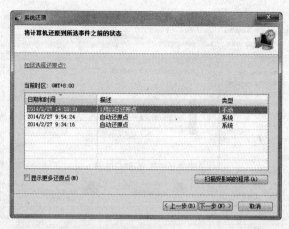

图 9.24　选择所需还原点

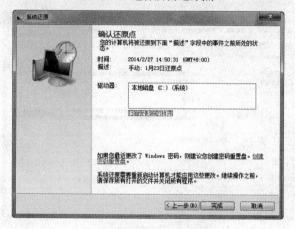

图 9.25　用户确认还原点

【Step6】在打开的提示对话框中单击"是"按钮,此时系统开始自动重新启动,并开始进行系统还原操作,如图 9.26 所示。

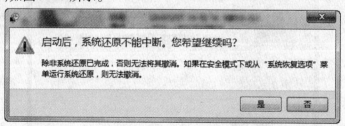

图 9.26　确认进行系统还原

【Step7】当系统重新启动后,如果还原成功将弹出对话框,提示用户系统还原已成功,此时单击"关闭"按钮,完成系统还原操作。

9.6　系统安全与防护

在用户使用计算机的过程中随时面临着危险,为了避免计算机病毒、木马程序等入侵计算机损坏文件、破坏系统,Windows 7 提供了很多防护功能,并且可以及时检查并修复系统漏洞。

9.6.1 操作中心

在 Windows 7 中没有安全中心,取而代之的是操作中心。Windows 7 对操作中心又做了改进,使操作中心不仅能够跟踪监控系统安全防护组建的运行状态,还可以监控维护功能的运行状态。

1. 认识"操作中心"

打开操作中心即可显示"操作中心"窗口,具体操作步骤如下:

【Step1】单击"开始"按钮打开"开始"菜单,单击"控制面板"打开"控制面板"窗口。

【Step2】在"控制面板"中单击"系统和安全"超链接,打开"系统和安全"窗口。

【Step3】在"系统和安全"窗口中单击"操作中心"超链接,即可打开"操作中心"窗口,如图 9.27 所示。

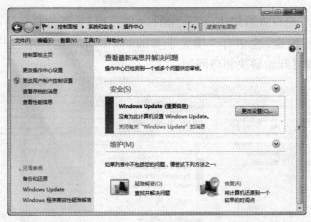

图 9.27 "操作中心"窗口

在默认打开的"操作中心"窗口中,"安全"和"维护"选项是收拢的,单击"安全"或"维护"选项可展开查看其中的项目。在"操作中心"窗口中显示了安全防护功能选项,如防火墙、病毒防护以及维护功能选项。

2. "操作中心"信息提示

对于紧要的消息,操作中心的浮动提示界面只会出现一次,而不是像安全中心那样,同一条提示信息会反复出现,从而避免干扰用户的正常操作。而对于一般的消息,系统不会弹出浮动界面进行提示,而是将消息存储在固定的界面中。用户如需查看和解决问题,可以按照以下的方法进行操作。

通过浮动界面直接查看解决:单击任务栏通知区域的"操作中心"图标,打开显示提示信息的界面,如图 9.28 所示,单击提示的信息内容,系统将自动解决相关问题,如图 9.29 所示。

图 9.28 操作中心提示信息界面

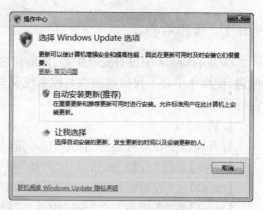

图 9.29 解决相关问题窗口

通过"操作中心"窗口查看解决:打开"操作中心"窗口,系统自动将提示的内容放置在相应的栏中,如这里"安全"栏中有一项关于 Windows Update 的提示,如图 9.30 所示,单击"更改设置"按钮,即可开始解决相应问题。

图 9.30 手动解决相应设置

3. 设置"操作中心"选项

设置操作中心的选项主要是指设置操作中心的安全和维护功能选项,以增加系统的安全和稳定性或屏蔽某些监控。设置操作中心选项的操作步骤如下:

【Step1】打开"操作中心"窗口,单击导航窗格中的"更改操作中心设置"超链接。

【Step2】打开"更改操作中心设置"窗口,从而设置操作中心的选项,这里选中"Windows Update"复选框,取消选中"Windows 备份"和"Windows 疑难解答"复选框,如图 9.31 所示,然后单击"确定"按钮,用户也可以按照需要自行设置相关选项。

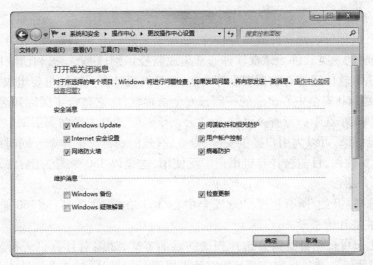

图 9.31 设置操作中心选项

9.6.2 防范计算机病毒

网络上的很多间谍软件与木马程序都是通过计算机病毒进行扩张的，如果在使用计算机上网时不做好防范措施，充斥于网络上的计算机病毒随时可能会给用户带来麻烦。因此用户还应在计算机中安装杀毒软件以防止病毒的侵入，并对已经感染的病毒进行查杀。

1. 认识计算机病毒

计算机病毒是计算机程序的一种，编制者在计算机程序中插入的破坏计算机功能或者破坏数据，影响计算机使用并且能够自我复制的一组计算机指令或者程序代码被称为计算机病毒。计算机病毒能把自身附着在各种类型的文件上，通过移动存储器、光盘或网络进行传播，使计算机无法正常使用或损坏整个操作系统甚至计算机硬盘。通常，计算机病毒附属在可执行文件或隐藏在系统数据区中，在开机或执行某些程序后悄悄地进驻内存，然后对其他文件进行传染，在特定的条件下破坏系统操作或扰乱用户。目前有很多清楚病毒的软件，但是新病毒还是层出不穷，成为新的危害。

计算机病毒通常具有以下特点：

①隐蔽性：计算机病毒通常会伪装成其他有益软件，或其他软件的某一部分代码，从而欺骗计算机用户甚至用户设置的防火墙。

②传染性：计算机病毒不但本身具有破坏性，而且具有传染性，他会自动寻找适合其传染的对象作为保护壳，并将自己的信息复制到里面，从而达到扩散传播的目的。

③潜伏性：当计算机感染病毒之后，不一定会马上发作。如有些病毒会隐藏在计算机中然后根据程序的设定，在预定的日期或在应用到某类程序时才发作，使计算机遭到突然攻击。

④破坏性：计算机一旦感染上病毒，将影响其正常运行，并破坏计算机中存储的数据。一般的计算机病毒将修改用户设置、更改键盘输入、破坏某种格式的文件，导致计算机运行速度下降，严重的还将使操作系统瘫痪，无法正常开机或关机，以及删除用户的文件，盗取用户的密码、资料等重要信息。

2. 使用杀毒软件

杀毒软件，也称反病毒软件或防毒软件，是用于消除计算机病毒、特洛伊木马和恶意软件等计算机威胁的一类软件。杀毒软件通常集成监控识别、病毒扫描和清除以及自动升级等功能，有的杀毒软件还带有数据恢复等功能，是计算机防御系统的重要组成部分。

360杀毒是360安全中心出品的一款云安全杀毒软件，它整合了国际知名的BitDefender病毒查杀引擎、小红伞病毒查杀引擎、360云查杀引擎、360主动防御引擎以及360第二代QVM人工智能引擎，可以为用户提供安全、专业、有效的病毒防护体系。同时由于该款杀毒软件是一款免费软件，目前被计算机用户广泛使用，这里以360杀毒为例，将杀毒软件的使用方法做如下介绍：

【Step1】选择"开始/所有程序/360安全中心/360杀毒"命令，启动360杀毒软件，打开软件主界面，准备开始杀毒。

【Step2】用户可根据自身需要选择扫描病毒的方式，如需对计算机进行整体的病毒查杀，则单击"全盘扫描"按钮，软件即开始对计算机进行扫描，同时杀毒软件将显示查杀进程对话框。

【Step3】扫描开始后，用户可以单击"暂停"或"停止"按钮来随时终止查杀病毒。

【Step4】用户也可以选择单独检测计算机中的某一个磁盘、文件夹或文件的安全性，单击杀毒软件主界面上的"自定义扫描"按钮，如图9.32所示，在弹出的"选择扫描目录"对话框中选中需要扫描的磁盘、文件夹或文件，并单击"扫描"按钮即可，如图9.33所示。

图9.32　单击"自定义扫描"

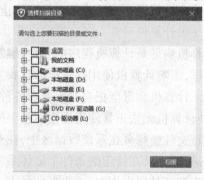

图9.33　选择扫描对象

【Step5】单击杀毒软件主界面上的"查看防护状态"按钮，如图9.34所示，可以显示此时杀毒软件的防护状态和防护日志提要信息，如图9.35所示。

图9.34　"查看防护状态"按钮

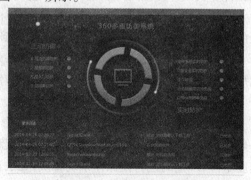

图9.35　防护状态对话框

【Step6】单击杀毒软件主界面上的"设置"按钮,如图9.36所示,可以打开杀毒软件的"设置"对话框,在这里可以对杀毒软件进行相关设置,从而让计算机软件自动执行一些安全防护操作,同时适时地调整杀毒软件的设置也可以提高杀毒软件查杀病毒的执行效率,如图9.37所示。

图9.36 单击"设置"按钮

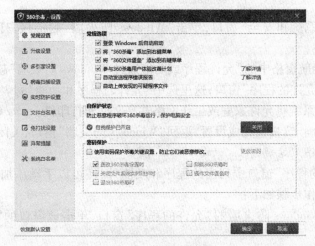

图9.37 设置对话框

【Step7】计算机病毒会升级和更新,同时还会不断有新的计算机病毒被开发出来,所以及时升级杀毒软件,不断完善杀毒功能才能保护信息安全。通常情况下杀毒软件会自动更新自身的病毒库,用户也可以手动进行杀毒软件的更新,单击杀毒软件主界面上的"检查更新"超链接即可。

9.6.3 设置Windows 7防火墙

Windows防火墙能够有效地阻止来自Internet中的网络攻击和恶意程序,维护操作系统的安全。在Windows XP操作系统的基础上,Windows 7防火墙有了更大的改进,它具备监控应用程序入站和出站规则的双向管理,同时配合Windows 7网络配置的文件,新的防火墙可以保护在不同网络环境下的网络安全。

1. 启用防火墙

通常安装Windows 7后默认启用防火墙,如果因为某些原因发现防火墙是被关闭的,为保证与外界正常通信的同时保护系统安全,应启用Windows 7的防火墙。启用Windows 7

防火墙的操作步骤如下：

【Step1】选择"开始/控制面板"命令，在打开的"控制面板"窗口中单击"系统和安全"超链接，打开"系统和安全"窗口。

【Step2】在打开的"系统和安全"窗口中，单击"Windows 7 防火墙"超链接，打开"Windows 防火墙"窗口，单击导航窗格中的"打开或关闭 Windows 防火墙"超链接。

【Step3】打开 Windows 防火墙的"自定义设置"窗口，选中在当前所在网络位置栏中的"启用 Windows 防火墙"单选按钮，单击"确定"按钮，即可启用 Windows 防火墙。

2. 启用 Windows 防火墙内置访问规则

计算机与 Internet 链接起来才能实现上网的功能，而计算机病毒、木马软件等恶意程序也是通过计算机与 Internet 的链接来感染计算机系统的。所以对计算机与 Internet 的连接进行严格的管理可以有效地保护计算机系统的安全。

Windows 防火墙内置了绝大多数日常使用中可能会用到的访问规则，只需选择启用其中某个需要的功能即可正常使用，例如，设置网络计算机访问本机的文件和打印机共享，其操作步骤如下：

【Step1】打开"系统和安全"窗口，单击"Windows 防火墙"超链接，打开"Windows 防火墙"窗口。

【Step2】单击导航窗格中的"允许程序或功能通过 Windows 防火墙"超链接。

【Step3】打开"允许的程序"窗口，这里选中"允许的程序和功能"列表框中的"文件和打印机共享"复选框，系统将允许家庭或工作网络共享文件和打印机。

【Step4】单击"确定"按钮完成设置，返回"Windows 防火墙"窗口，关闭该窗口即可。

3. 添加应用程序入站规则

除了在"允许的程序"窗口中列出的程序和功能外，还可以手动添加允许的应用程序。添加应用程序的操作步骤如下：

【Step1】打开 Windows 防火墙的"允许的程序"窗口，单击该窗口的"允许运行另一程序"按钮。

【Step2】打开"添加程序"窗口，在"程序"列表框中选择 Windows 防火墙允许通信的程序，如选择"腾讯 QQ"应用程序，单击"网络位置类型"按钮。

【Step3】打开"选择网络位置类型"对话框，选择允许通信的网络位置，这里选中"家庭/工作"复选框，单击"确定"按钮。

【Step4】返回"添加程序"对话框，单击右下角的"添加"按钮即可添加允许通信的程序。

4. 删除应用程序入站规则

删除"允许的程序"窗口中程序的入站规则，其方法较为简单，具体操作步骤如下：

【Step1】打开 Windows 防火墙的"允许的程序"窗口，选择需要删除的自行添加的入站规则选项，并单击"删除"按钮。

【Step2】在弹出的"删除程序"对话框中单击"是"按钮，便可将该程序删除。

5. Windows 防火墙的配置文件

Windows 7 的防火墙提供了 3 套安全配置文件，分别是域配置文件、专用配置文件和公用配置文件。打开"Windows 防火墙"窗口，单击导航窗格中的"高级设置"超链接，可打开"高级安全 Windows 防火墙"窗口，当计算机连接到不同类型的网络时，防火墙将自动启用与当前网络类型相对应的安全配置文件,如计算机连接的网络是"家庭"或"工作"网络,在"高级安全 Windows 防火墙"窗口将显示为"专用配置文件时活动的"如图 9.38 所示。选择导航窗格中的"监视"选项,可查看防火墙状态、常规设置和日志设置等信息,如图 9.39 所示。

图 9.38 "高级安全 Windows 防火墙"

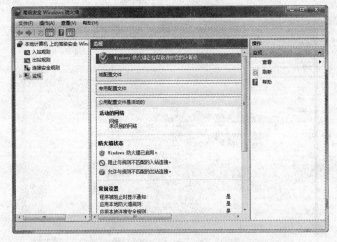

图 9.39 显示当前的活动网络

6. 设置防火墙的出站规则

出站规则指管理所有出站链接的规则。为了不干扰用户的网络应用,在 Windows 7 中,所有的出站规则都是默认允许的。一般认为,对外传输数据不会对用户的计算机系统带来什么危害,而实际上如果不对出站链接进行管理,一些恶意程序就会很容易通过 Windows 防火墙进入用户的计算机,特别是反弹端口的木马程序等。因此,对出站规则进行设置能起到保护系统安全的作用。

保持防火墙默认设置的出站规则不变,可以添加程序或功能的出站规则。下面以为 Windows Media Player 设置出站规则为例进行介绍,其操作步骤如下:

【Step1】打开"高级安全 Windows 防火墙"窗口,选择导航窗格中的"出站规则"选项,在窗口右侧显示"出站规则"界面。

【Step2】单击"操作"窗格中的"新建规则"超链接。

【Step3】打开"新建出站规则向导"对话框,选择要创建的规则类型,这里选中"程序"单选按钮,创建应用程序的出站规则,如图9.40所示。单击"下一步"按钮。

【Step4】打开"程序"界面,选择程序的文件路径,这里选中"此程序路径"单选按钮,在"此程序路径"文本框中输入程序的路径,如图9.41所示,单击"下一步"按钮。

图9.40 选择新建程序的出站规则

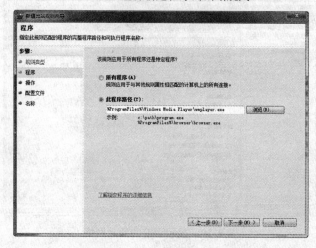

图9.41 输入程序路径

【Step5】打开"操作"界面,这里选中"阻止链接"单选按钮,阻止该程序的网络通信,如图9.42所示,单击"下一步"按钮。

【Step6】打开"配置文件"界面,选择在什么网络位置应用该规则,这里选中"公用"复选框,如图9.43所示,单击下一步按钮。

【Step7】打开"名称"界面,设置该出站规则的名称和描述信息,单击"完成"按钮,完成新规则的设置。

7. 禁用或启用出站规则

除了设置新的出站规则,还可以禁用或启用已有的出站规则,其具体操作步骤如下:

【Step1】打开"高级安全Windows防火墙"窗口,选择导航窗格中的"出站规则"选项,在

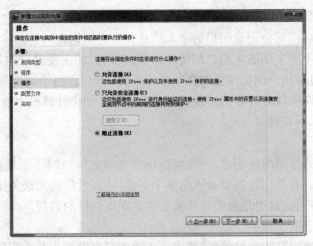

图 9.42　阻止选中的程序通信

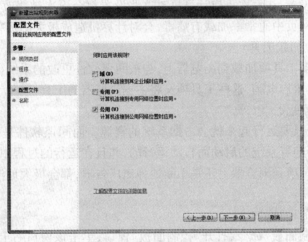

图 9.43　设置配置文件

该窗口的"出站规则"窗格显示了已有的出站规则,已启用了规则的选项前的标记为高亮显示的对勾,禁用规则选项前的标记为灰暗的对勾。

【Step2】如选择已启用的出站规则,单击"操作"窗格中的"禁用规则"超链接,即可禁用该出站规则,选择禁用的出站规则,单击"操作"窗格中的"启用规则"超链接即可启用该规则。

9.6.4　使用 Windows Defender

Windows Defender 是一款由 Microsoft 公司所开发的免费的反间谍软件。该软件集成与 Windows7 操作系统中,可以帮助用户检测及清除一些潜藏在计算机操作系统里的间谍软件及广告程序,并保护计算机不受到来自 Internet 的一些间谍软件的安全威胁及控制。

所谓间谍软件是指一类程序或文件,它是在用户不知情的情况下进入计算机,能够获取用户的隐私数据和重要信息,如个人网上银行的账户和密码、个人档案信息以及企业的重要文件等并返回其开发者。最麻烦的是,当间谍软件进驻计算机后就很难将它清除。根据间谍软件的危害,目前可将其分为两类:一类是"监视型间谍软件",它具有记录键盘操作和捕获屏幕的功能,应用于企业或其他机构;另一类是"广告型间谍软件",它与其他软件捆绑在一起,用户不容易察觉,它会记录用户的个人信息并发送给他人。

通常间谍软件不会主动破坏用户的硬件系统,它的目的主要是获取用户的一些隐私和数据信息,或者通过在用户浏览网页时强行弹出广告。但是,由于间谍软件的不规范性,常常会造成安装了间谍软件的计算机出现各种异常情况。如果计算机中被强行安装了间谍软件,其表现可分为以下几种。

(1)弹出广告

间谍软件最令人反感的危害之一,就是当用户在浏览网页时不断地弹出一些与想要浏览网站无关的广告。有些广告甚至会占据整个屏幕,还有的广告无法关闭,或者关闭一个又打开另一个类似的广告,这也是最明显的被安装了间谍软件的表现。

(2)更改系统设置

这类间谍软件通过修改系统设置,将主页或搜索网页设置为其希望用户登录的网页,即便用户修复了这些设置,在每次重启计算机时这些设置都会再次被修改为间谍软件指定的设置。并且在这些网页中通常都加载有病毒,会对计算机造成极大的损害。

(3)在浏览器上加载工具

间谍软件将许多工具项加载到浏览器上,与被间谍软件更改的系统设置一样,即便用户手动将其删除,一旦重启电脑,这些工具项又将占据浏览器的工具栏。

(4)计算机速度变慢

无论哪种软件,只要运行起来就会占据系统的资源。而间谍软件是否运行则完全不受用户控制,通常是伴随着系统的启动而自动运行的,并且在运行的过程中用户也无法将其关闭。不管是加载工具项到浏览器上还是不断地弹出广告框,都会极大地浪费计算机资源,甚至使计算机系统崩溃。

1. 认识 Windows Defender

选择"开始/控制面板"命令,打开"控制面板"窗口,单击该窗口右上角的"类别"按钮,在弹出的下拉列表中选择"小图标",更改"控制面板"窗口中图标的显示方式,单击"Windows Defender"超链接,打开 Windows Defender 窗口,如图 9.44 所示。该窗口主要包括超链接区、信息区和状态区 3 部分。

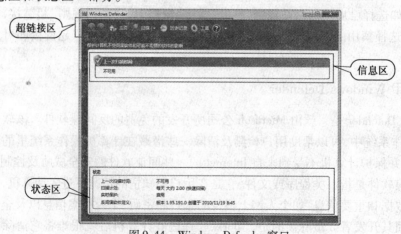

图 9.44 Windows Defender 窗口

Windows Defender 各个组成部分的作用介绍如下：

①超链接区：单击该区中的各个超链接即可进行相应的操作，如单击"扫描"超链接，即可开始对计算机进行扫描。

②信息区：信息区中显示当前计算机的系统情况，如果计算机系统有异常，这里会以红色显示。

③状态区：显示 Windows Defender 的工作状态。

2．Windows Defender 的优点

Windows Defender 不仅可以防范间谍软件或恶意软件的破坏行为，它的实时监控防护功能还会在第一时间通知用户并提供建议采用何种方法解决。Windows Defender 反间谍软件具有以下优点：

①实时监控间谍软件：Windows Defender 能够实时监控和查找间谍软件或影响系统运行速度、更改 Internet 设置等有害软件，提高网页浏览的安全性。

②轻松删除间谍软件：当检测到间谍软件时，单击弹出的通知浮动界面，在"Windows Defender 警报"对话框中即可轻松地将检测到的间谍软件彻底删除。

③快速扫描：Windows Defender 通过监视文件索引快速判断程序或文件发生的改变，其扫描速度被大大提升。

④自动更新：Windows Defender 自动定义更新，以识别新的威胁并将其删除。

3．使用 Windows Defender 手动扫描

除了 Windows Defender 的自动防护扫描功能，根据需要还可以手动启动 Windows Defender 进行扫描，其中提供了"快速扫描""全面扫描"和"自定义扫描"3 种扫描方式。下面以"自定义扫描"进行间谍软件扫描为例将操作步骤介绍如下：

【Step1】打开"控制面板"窗口，切换至"小图标"模式，单击 Windows Defender 超链接。

【Step2】打开 Windows Defender 窗口，单击"扫描"按钮后方的下拉箭头，在弹出的下拉列表中选择"自定义扫描"选项。

【Step3】打开 Windows Defender 窗口的"扫描选项"界面，这里选中"扫描选定的驱动器和文件夹"单选按钮，单击"选择"按钮。

【Step4】打开"选择要扫描的驱动程序和文件夹"界面，这里选择 C 盘和 F 盘中的所有文件夹，即选中对应的复选框，单击"确定"按钮。

【Step5】返回"扫描选项"界面，单击"立即扫描"按钮，即可开始扫描，,用户可以看到，此次扫描类型显示为"自定义扫描"。

【Step6】如果检测到有害软件通知区域会弹出警告的浮动界面，单击该界面。

【Step7】打开"Windows Defender 警报"对话框，单击对话框下方的"应用操作"按钮，系统开始清除有害软件。

【Step8】清除有害软件后，对话框上方变为绿色，且提示成功完成操作，单击"关闭"按钮关闭该对话框即可。

4．自定义配置 Windows Defender

与其他的反间谍软件一样，Windows Defender 中也提供了多个自定义选项，可根据需要，对 Windows Defender 进行自定义配置，以达到最佳的防范效果，在 Windows Defender 的选项配置中大多保持默认状态即可，这里主要介绍自动扫描时间、默认操作、排除文件和文

件夹3项配置。

（1）自定义扫描时间

在 Windows Defender 中默认设置的自动扫描时间是每天凌晨2:00进行，根据需要，可以对扫描的时间进行更改，其操作步骤如下：

【Step1】打开 Windows Defender 窗口，单击"工具"超链接。

【Step2】打开"工具和设置"界面，单击"选项"超链接。

【Step3】打开"选项"界面，选择该界面左侧的"自动扫描"选项，在右侧中可以设置自动扫描的"频率"、"大约时间"以及"类型"等内容，这里在"大约时间"下拉列表框中选择所需的时间，如上午9:00，其他保持默认设置不变，单击"保存"按钮即可。

（2）查看默认操作

默认状态下，Windows Defender 会根据有害软件对系统造成的危害程度划分不同的警报级别，在"选项"界面中选择"默认操作"选项，在右侧可查看，其中共划分了严重、高、中等以及低4种警报项目。

（3）排除文件和文件夹

如果希望 Windows Defender 进行扫描时不扫描某些文件或文件夹，可以在"排除的文件和文件夹"设置界面中进行设置，其操作步骤如下：

【Step1】打开 Windows Defender 的"选项"设置界面，选择左侧的"排除的文件和文件夹"选项，单击右侧的"添加"按钮。

【Step2】打开"浏览文件或文件夹"对话框，选择所需的选项，这里选择 C 盘中的"Intel"文件夹，单击"确定"按钮。

【Step3】返回"排除的文件和文件夹"设置界面，在"不要扫描这些文件或路径"列表框中显示了添加的文件夹，单击"保存"按钮。

5. 关闭 Windows Defender 的反间谍功能

目前，大多数杀毒软件都会自带类似 Windows Defender 的反间谍功能，如果启用了杀毒软件的防护功能，为避免相似功能软件同时运行影响系统的性能，可选择关闭 Windows Defender 反间谍功能，其方法是打开"选项"设置界面，选择导航窗格中的"管理员"选项，然后取消选中"使用此程序"复选框，如图9.45所示，单击"保存"按钮即可。

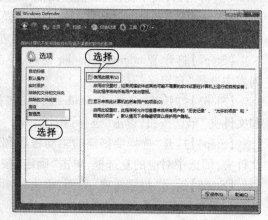

图9.45　关闭 Windows Defender 软件

9.6.5　使用 Windows Update 更新系统

任何操作系统都不可能做得尽善尽美，Windows 7 操作系统也一样。病毒与木马程序往往会通过系统的漏洞来危害操作系统，Microsoft 公司通过自动更新系统补丁对日常发现的漏洞进行及时的修复，来完善操作系统，从而确保系统免受病毒的攻击。

1. 开启自动更新

一般在 Windows 7 操作系统的自动更新功能都是开启的，如果关闭了，用户也可以手动将其开启。开启 Windows 7 自动更新的操作步骤如下：

【Step1】单击"开始"按钮,打开开始菜单,单击"控制面板"命令,打开控制面板窗口,切换至小图标模式。双击"Windows Update"图标,如图 9.46 所示,打开"Windows Update"窗口。

【Step2】单击"更改设置"链接,打开"更改设置"窗口,如图 9.47 所示。

图 9.46　双击"Windows Update"

图 9.47　单击"更改设置"

【Step3】在该窗口的"重要更新"下来列表中选择"自动安装更新（推荐）"选项,然后单击"确定"按钮。如图 9.48 所示。

【Step4】此时,系统会自动开始检查更新,并安装最新的更新文件,如图9.49所示。

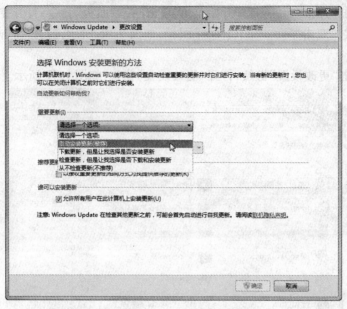

图9.48 选择"自动安装更新(推荐)"

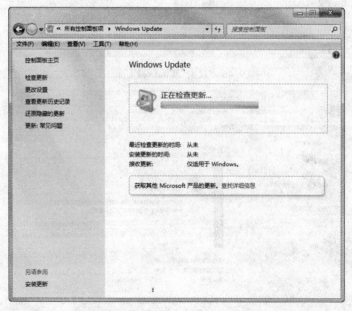

图9.49 系统开始自动检查更新

2. 设置自动更新

用户可以对自动更新进行自定义设置,例如设置自动更新的频露、设置哪些用户可以进行自动跟新等。这里以在 Windows 7 系统中设置自动更新的时间为:每周一中午12点为例,将自定义更新的操作步骤做如下介绍。

【Step1】单击"开始"按钮,打开开始菜单,单击"控制面板"命令,打开控制面板窗口,切换至小图标模式。双击"Windows Update"图标,打开"Windows Update"窗口。

【Step2】单击"更改设置"链接,打开"更改设置"窗口。

【Step3】在该窗口的"重要更新"下来列表中选择"自动安装更新(推荐)"选项,并在"安装新的更新(N)"处单击时间下拉按钮,选中"每星期一"和"12:00"如图 9.50 和图 9.51 所示。

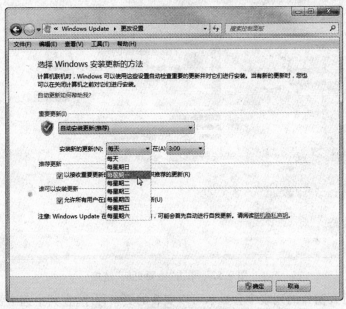

图 9.50　选择"每星期一"选项

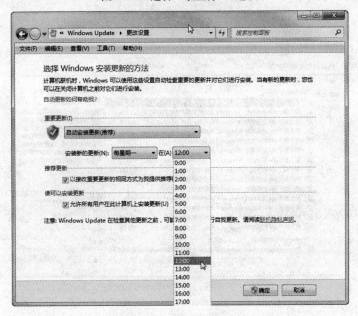

图 9.51　选择"12:00"选项

3. 手动更新补丁

当 Windows 7 操作系统有更新文件时,用户也可以手动进行更新操作,具体操作步骤如下:

【Step1】打开 Windows Update 窗口,当系统有更新文件可以安装时,会在窗口右侧进行提示,单击补丁说明链接,这里单击"15 个重要更新可用"链接,如图 9.52 所示。

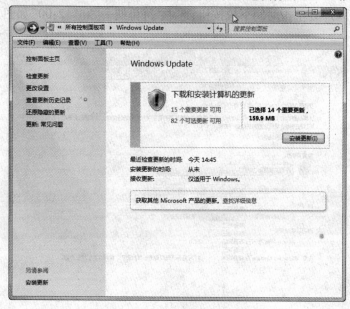

图 9.52　单击"重要更新"链接

【Step2】在打开窗口的列表中会显示可以安装的更新程序,在其中选中要安装更新文件前的复选框,如图 9.53 所示。

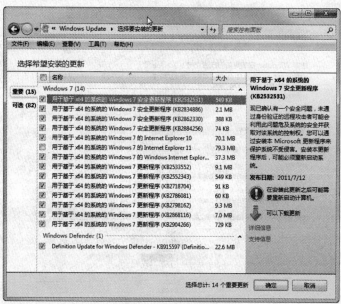

图 9.53　选择要安装更新文件

【Step3】然后单击"可选"标签,打开可选更新列表。该列表中的更新文件用户可以根据自己的需要进行选择。选择完成后单击"确定"按钮,如图 9.54 所示。

【Step4】返回 Windows Update 窗口在其中单击"安装更新"按钮,如图 9.55 所示。

【Step5】此时系统会自动下载更新并进行安装,在此过程中,用户可随时单击窗口中的

第9章 Windows 7 高级应用

图 9.54　单击"确定"按钮

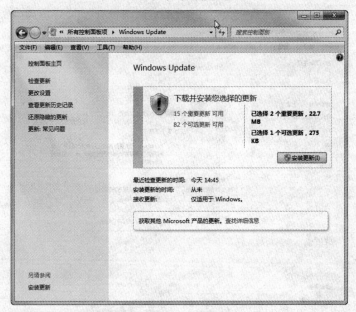

图 9.55　单击"安装更新"按钮

"停止下载"来取消本次更新,如图 9.56 所示。

【Step6】当更新程序更新完毕后,计算机会要求用户重新启动计算机,此时单击"Windows Update"窗口中的"立即重新启动"按钮即可最终完成本次更新,如图 9.57 所示。

图 9.56　系统开始下载更新

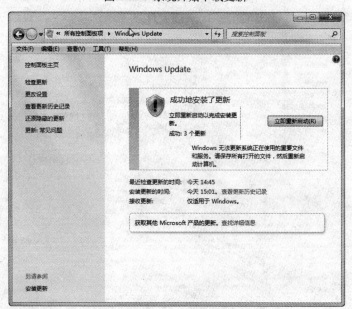

图 9.57　提示用户重新启动

第 10 章
Word 2010 操作技巧

知识要点

1. 了解 Word 2010 的工作环境。
2. 掌握 Word 文档的基本编辑操作。
3. 掌握 Word 文档字体、段落与样式的使用。
4. 掌握 Word 文档表格与图表的创建、编辑和格式化。
5. 掌握 Word 文档图形、对象的插入及图文混排。
6. 掌握 Word 文档的页面设置与打印设置。

内容提要

Microsoft Word 2010 是一种文字处理工具。本章主要介绍 Microsoft Word 2010 的工作环境，Word 文档的基本编辑操作，字体、段落与样式的使用，表格与图表的创建、编辑和格式化，图形、对象的插入及图文混排，Word 文档的页面设置与打印设置。其中，字体、段落、样式、表格、图文混排和页面设置是需要重点掌握的内容，这些是应用 Microsoft Word 2010 文字处理工具必须掌握的操作技巧，也是实际应用中最常使用的功能。

10.1 Word 2010 的工作环境

10.1.1 Word 2010 的工作界面

启动 Word 2010，可双击桌面快捷图标"Word 2010"来完成。启动后，即可进入 Word 2010 的工作界面，并自动创建一个新的文档，默认文件名为"文档1.docx"，如图 10.1 所示。

1. 标题栏

显示正在编辑的文档的文件名以及所使用的软件名。

2. "文件"选项卡

基本命令，如"新建""打开""关闭""另存为…"和"打印"位于此处。

3. 快速访问工具栏

常用命令位于此处，例如"保存"和"撤消"。您也可以添加个人常用命令。

4. 功能区

按功能分组显示的图形化的命令集，是菜单命令与工具栏结合的产物，通常包括"文件""开始""插入""页面布局""引用""邮件""审阅"和"视图"选项卡。根据编辑状态会显示临时的选项卡，例如，选中图片对象时会出现"绘图工具"选项卡。除了对话框中的选项卡，本章所述"××选项卡"通常指功能区中的选项卡。

5. 编辑窗口

显示正在编辑的文档。

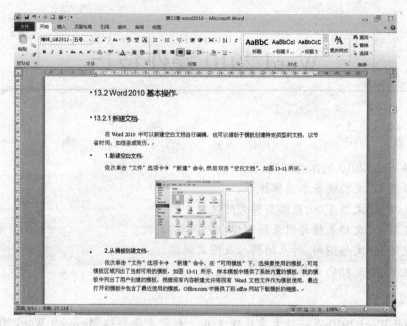

图 10.1　Word 2010 的工作界面

6．滚动条

可用于更改正在编辑的文档的显示位置。

7．状态栏

显示正在编辑的文档的相关信息。

8．"视图"按钮

可用于更改正在编辑的文档的显示模式以符合用户的要求。

9．缩放滑块

可用于更改正在编辑的文档的显示比例设置。

10.1.2　Word 2010 的视图方式

Word 2010 中提供了页面视图、阅读版式视图、Web 版式视图、大纲视图和草稿视图 5 种基本视图方式。用户可以在功能区的"视图"选项卡中选择需要的文档视图方式，也可以在 Word 2010 文档窗口的右下方单击相应视图按钮选择视图。Word 2010 还提供了并排查看和同步滚动功能，以便同时查看两个文档，或者同步滚动比较两个文档。

1．页面视图

"页面视图"可以显示 Word2010 文档的打印结果外观，主要包括页眉、页脚、图形对象、分栏设置、页面边距等元素，是最接近打印结果的页面视图方式，如图 10.2 所示。

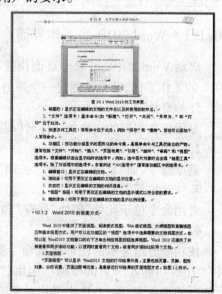

图 10.2　页面视图

2. 阅读版式视图

"阅读版式视图"以图书的分栏样式显示 Word 2010 文档,"文件"按钮、功能区等窗口元素被隐藏起来。在阅读版式视图中,用户还可以单击"工具"按钮选择各种阅读工具,如图 10.3 所示。

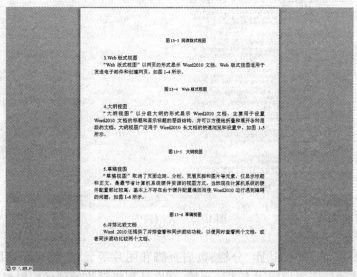

图 10.3　阅读版式视图

3. Web 版式视图

"Web 版式视图"以网页的形式显示 Word 2010 文档,适用于发送电子邮件和创建网页,如图 10.4 所示。

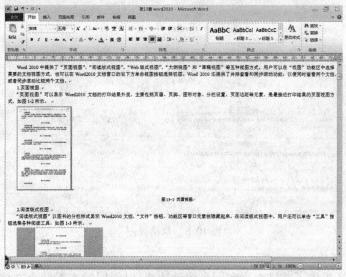

图 10.4　Web 版式视图

4. 大纲视图

"大纲视图"以分级大纲的形式显示 Word 2010 文档,主要用于设置 Word 2010 文档的标题和显示标题的层级结构,并可以方便地折叠和展开各种层级的文档。大纲视图广泛用于 Word 2010 长文档的快速浏览和设置,如图 10.5 所示。

图 10.5　大纲视图

5. 草稿视图

"草稿视图"取消了页面边距、分栏、页眉页脚和图片等元素,仅显示标题和正文,是最节省计算机系统硬件资源的视图方式。当然,现在计算机系统的硬件配置都比较高,基本上不存在由于硬件配置偏低而使 Word 2010 运行遇到障碍的问题,如图 10.6 所示。

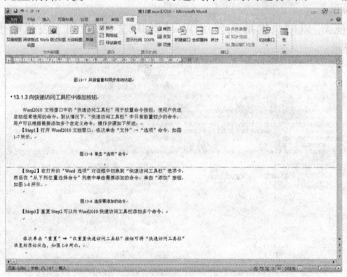

图 10.6　草稿视图

6. 并排比较文档

Word 2010 还提供了并排查看和同步滚动功能,以便同时查看两个文档,或者同步滚动比较两个文档。若要并排查看文档,需先打开要比较的两个文件,在"视图"选项卡上的"窗口"组中,单击"并排查看",如图 10.7 所示,再次单击将关闭并排比较视图。若要同时滚动两个文档,可以单击"视图"选项卡上"窗口"组中的"同步滚动",再次单击将关闭同步滚动功能。

第 10 章　Word 2010 操作技巧

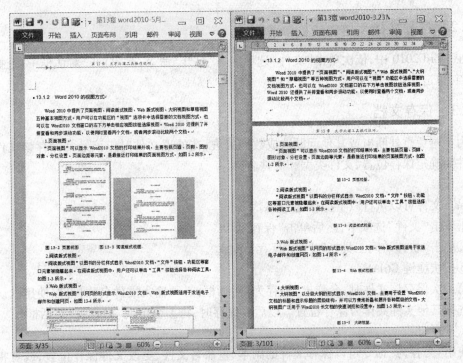

图 10.7　并排查看和同步滚动功能

10.2　Word 2010 基本操作

10.2.1　新建文档

在 Word 2010 中可以新建空白文档自行编辑，也可以借助于模板创建特定类型的文档，以节省时间，如信函或简历。

1. 新建空白文档

依次单击"文件"选项卡→"新建"命令，然后双击"空白文档"。

2. 从模板创建文档

依次单击"文件"选项卡→"新建"命令，在"可用模板"下，选择要使用的模板。可用模板区域列出了当前可用的模板，如图 10.11 所示。样本模板中提供了系统内置的模板，"我的模板"中列出了用户创建的模板，根据现有内容新建允许将现有 Word 文档文件作为模板使用，最近打开的模板中包含了最近使用的模板，Office.com 中提供了到 Office 网站下载模板的链接。

> **知识拓展·技巧提示**
>
> 保存和重复使用模板：
> 如果更改了已有的模板，则可以将它保存在"我的模板"文件夹中以供再次使用：单击"文件"选项卡→"另存为"，在"另存为"对话框中单击"模板"，在"保存类型"列表中单击"Word 模板"，在"文件名"框中输入模板名称，然后单击"保存"。通过单击"新建文档"对话框中的"我的模板"，可以重复使用自定义模板。

10.2.2 打开文档

在 Word 2010 中,依次单击"文件"选项卡→"打开"命令,在"打开"对话框中,查找并选择文档,单击"打开"按钮。

10.2.3 保存文档

为了避免意外断电或其他问题造成数据丢失,在处理文件时应该经常保存该文件。保存文件要确定保存位置、文件类型和文件名称。

1. 保存

保存文件可以执行以下操作之一。
①单击"文件"选项卡,然后单击"保存"。
②单击"快速访问工具栏"上的"保存"图标。
③按快捷键 Ctrl+S。

第一次保存该文件时,会弹出"另存为"对话框,必须输入文件名称,可以使用默认路径或者选择其他文件夹作为保存位置。以后再保存时,将不会出现"另存为"对话框。

2. 另存为

使用"另存为"命令可以保存文件的副本、重命名文件、更改文件保存位置,或者将文件保存为其他格式,操作方法如下。

【Step1】单击"文件"选项卡→"另存为",或者使用键盘快捷方式依次按 Alt、F 和 A,弹出"另存为"对话框。

【Step2】在"文件名"框中,输入文件名。

【Step3】在"保存位置"列表中单击驱动器名称,或者在文件夹列表中单击文件夹名称,选择文件保存的位置。

【Step4】在"保存类型"列表中,单击选择文件格式。例如,"Word 97-2003 文档"格式能够用于较早版本的 Word 软件,"PDF"格式中的数据不会轻易地被修更或复制。

【Step5】单击"保存"。

10.2.4 文档的基本编辑操作

首先要输入和编辑文本内容,例如输入如图 10.8 所示请假条。

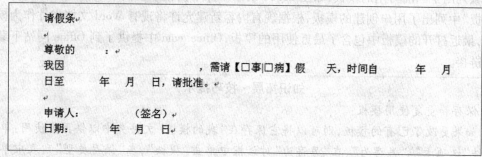

图 10.8 输入文本示例:请假条

1. 输入文本

(1) 输入文字

输入文字最常用的方法是：先单击工作区，将插入点定位于要插入字符的位置，在插入状态下直接输入文字。如图所示，状态栏中显示"插入"即为插入状态，输入的文字将插到原文字前面；状态栏中显示"改写"即为改写状态，输入的文字将替代原有文字。通过单击该位置，或按 Insert 键可以在两种状态之间切换。输入文字时应遵循以下原则。

①当输入的内容达到右边界时不必按 Enter 键，系统会自动换行。只有在另起一个自然段落时才需要按 Enter 键，按 Enter 键后会产生一个段落结束标记。如果要强行将后面输入的内容另起一行，而不是另起一段，应按 Shift+Enter 键输入换行符，这时上下行的内容仍属于同一段落。

②当输入的内容超过一页时，系统会自动换页。如果要强行将后面插入的内容另起一页，应按 Ctrl+Enter 键输入分页符。

③若要增加字符的间距，应通过"开始"→"字体"→"高级"来设置字符间距，而不是使用空格。

④若要增加段落之间的间距，应使用"开始"→"段落"命令，而不是按 Enter 键。

如果要插入已有文档中的内容，可以单击"插入"选项卡→"对象"命令。在"插入文件"对话框中选择文件后单击"插入"按钮，在插入点位置将插入所选文件的全部内容。

在输入文字过程中，可以按删除键将错误的文字删除。按 Backspace 键删除插入点前面一个字符，按 Delete 键则删除插入点后面一个字符。若插入点定位于一个段落结束标记前，按 Delete 键，则删除段落结束标记，并将这个段落与后面一个段落合并成一个段落。

(2) 插入符号

在输入文字过程中，如果要输入一些符号，可以采用以下两种方法。

①使用汉字输入法提示行中的软键盘。例如，图 10.9 是微软拼音输入法的特殊符号软键盘。

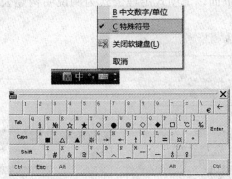

图 10.9　特殊符号软键盘

②使用"符号"命令。依次单击"插入"选项卡→"符号"组→"符号"按钮，在图所示的符号中选择符号，或者单击"其他符号"命令，在如图 10.10 所示的"符号"对话框中选择字体，然后从相应的符号集中选定要插入的字符，单击"插入"按钮，便将选定的符号插入到插入点的位置。

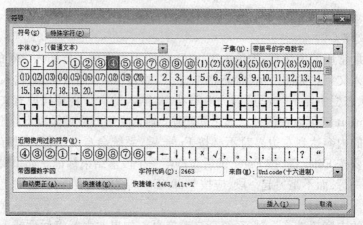

图 10.10 "符号"对话框

（3）插入编号

在输入文字过程中，如果要插入编号，可以依次单击"插入"选项卡→"符号"组→"编号"按钮，弹出"编号"对话框，如图 10.11 所示，在"编号"框中输入数字，在"编号类型"列表框中选择编号类型，单击"确定"。

（4）插入公式

Word 2010 内置了编写和编辑公式功能，而且可以支持早期版本使用的 Microsoft 公式 3.0 加载项或 Math Type 加载项。在文档编辑过程中，如果要插入公式，可以插入预设的常见数学公式，也可以构建自己的公式。

图 10.11 "编号"对话框

①插入常见的数学公式。依次单击"插入"选项卡→"符号"组→"公式"按钮右侧的三角符号，在如图 10.12 所示的内置常用公式列表中，选择所需公式。

②构建自己的公式。下面以二项式定理公式为例说明构建公式的方法，如图 10.13 所示。

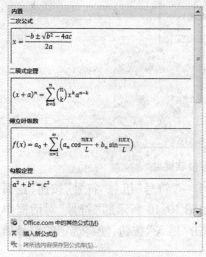

图 10.12 内置常用公式列表　　　　图 10.13 "新建构建基块"对话框

$$(x+a)^n = \sum_{k=0}^{n} \binom{n}{k} x^k a^{n-k}$$

【step1】依次单击"插入"选项卡→"符号"组→"公式"按钮,单击"插入新公式",进入公式编辑状态,显示"公式工具"选项卡,如图10.14所示。

图10.14 "公式工具"选项卡

【Step2】如图10.15所示,单击公式编辑框开始输入公式。

图10.15 公式编辑框

【Step3】插入常用数学结构。在"公式工具"下"设计"选项卡上的"结构"组中,单击所需的结构类型,本例中是上下标,如图10.16所示。然后单击插入所需的结构,本例中是上标,如图10.17所示,得到公式。

图10.16 "结构"组

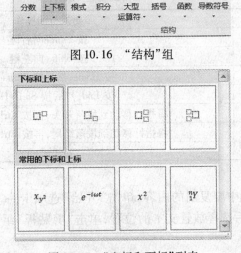

图10.17 "上标和下标"列表

【Step4】向占位符输入内容。公式中的小虚框是公式占位符。在占位符内单击,然后输入所需的数字或符号。本例中,单击下面的占位符,输入$(x+a)$,单击上面的占位符,输入n,得到公式$(x+a)^n$。

【Step5】插入其他数学结构。单击公式右侧,定位光标,输入=,采用【Step3】中的方法,插入其他几个数学结构,得到公式$(x+a)^n = \sum(\quad)$。

【Step6】向占位符输入内容。采用【Step3】中的方法,向占位符中输入内容,得到最终公式,$(x+a)^n = \sum_{k=0}^{n} \binom{n}{k} x^k a^{n-k}$。

2. 编辑文本

(1) 选择文本

在 Word 2010 中,选择文本可以使用鼠标,也可以使用键盘。

① 使用鼠标选择文本,见表 10.1。

表 10.1　使用鼠标选择文本

选择目标	操作方法
任意长度的文本	单击起始位置,按住鼠标左键,在要选择的文本上拖动指针到结束位置放开鼠标。
一个词	在单词中的任何位置双击
一行文本	将指针移到行的左侧,在指针变为右向箭头后单击
一个段落	在段落中的任意位置连击三次
多个段落	将指针移动到第一段的左侧,在指针变为右向箭头后,按住鼠标左键,同时向上或向下拖动指针
较大的文本块	单击要选择的内容的起始处,滚动到要选择的内容的结尾处,然后按住 Shift,同时在要结束选择的位置单击
整篇文档	将指针移动到任意文本的左侧,在指针变为右向箭头后连击三次

② 使用键盘选择文本,见表 10.2。

表 10.2　使用键盘选择文本

选择目标	要执行的操作
右侧的字符	按 Shift+向右键
左侧的字符	按 Shift+向左键
一行(从开头到结尾)	按 Home,然后按 Shift+End
一行(从结尾到开头)	按 End,然后按 Shift+Home
一段(从开头到结尾)	将指针移动到段落开头,再按 Ctrl+Shift+向下键
一段(从结尾到开头)	将指针移动到段落结尾,再按 Ctrl+Shift+向上键
整篇文档	按 Ctrl+A

(2) 复制和移动文本

① 复制。在文档中选中要复制的内容,单击"开始"选项卡→"剪贴板"组→"复制"命令或按快捷键 Ctrl+C,然后选择放置文本的位置,单击"剪贴板"组→"粘贴"命令按快捷键 Ctrl+V。

② 移动。在文档中选中要移动的内容,单击"开始"选项卡→"剪贴板"组→"剪切"命令或按快捷键 Ctrl+X,然后选择放置文本的位置,单击"剪贴板"组→"粘贴"命令按快捷键 Ctrl+V。

(3) 查找和替换文本

对于长篇或包含多处相同及共同的文档来讲,修改某个单词或修改具有共同性的文本时显得特别麻烦。为了解决用户的使用问题,Word 2010 为用户提供了查找与替换文本的功能。单击"开始"→"编辑"→"替换"命令,在弹出的"查找和替换"对话框中选择"查找"选项卡。在"查找内容"文本框中输入查找内容,单击"查找下一处"按钮。然后在"替换"选项卡中的"查找内容"与"替换为"文本框中分别输入查找文本与替换文本,单击"替换"或"全部替换"按钮即可。

（4）撤消和恢复

在 Word 2010 中，用户可以撤消或恢复最近执行的 100 项操作。

①撤消。单击"快速访问工具栏"中的"撤消"按钮或按快捷键 Ctrl+Z，可以撤消上次的操作。另外，单击"撤消"按钮旁边的下三角按钮，现在需要撤消的操作，便可以撤消多级操作。

②恢复。单击"快速访问工具栏"中的"恢复"按钮或按快捷键 Ctrl+Y，可以恢复已撤消的操作。

10.3 文档的排版

10.3.1 字体格式

在 Word 2010 中，字体格式可以使用"字体"对话框和工具按钮两种方式来设置。

1. 使用"字体"对话框设置字体格式

首先选择要设置格式的文本，然后单击"开始"选项卡→"字体"组右下角对话框启动按钮，打开"字体"对话框。如图 10.18 所示，在"字体"选项卡中可以设置字体、字形、字号、字体颜色、下划线线型和颜色、着重符号、删除线、上标和下标、小型大写字母、全部大写字母和隐藏字符。预览区域可以在确认设置前查看设置的效果。如图 10.19 所示，在"高级"选项卡中可以水平缩放字符、更改字符间距、提升或降低字符位置。最后单击"确定"。图 10.20 为各种字体格式示例。

图 10.18 "字体"对话框"字体"选项卡

2. 使用工具按钮设置字体格式

首先选择要设置格式的文本，然后单击工具按钮或其右侧的三角按钮，选择相应设置。"开始"选项卡下"字体"组中按钮的名称和功能详见表 10.3，图 10.21 为几种特殊的字体格式示例。

图 10.19 "字体"对话框"高级"选项卡　　　图 10.20 各种字体格式示例 1

表 10.3 字体按钮名称和功能

按钮	名称	功能
宋体	字体	更改字体
五号	字号	更改文字的大小
A˄	增大字体	增加文字大小
A˅	缩小字体	缩小文字大小
Aa▾	更改大小写	将选中的所有文字更改为全部大写、全部小写或其他常见的大小写形式
ab	清除格式	清除所选文字的所有格式设置,只留下纯文本
变	拼音指南	显示拼音字符,以明确发音
A	字符边框	在一组字符或句子周围应用边框
B	加粗	使选定文字加粗
I	倾斜	使选定文字倾斜
U ▾	下划线	在选定文字的下方绘制一条线。单击下拉箭头可选择下划线的类型
abc	删除线	绘制一条穿过选定文字中间的线
x₂	下标	创建下标字符
x²	上标	创建上标字符
A ▾	文字效果	对选定文字应用视觉效果,例如阴影、发光或映象
ab ▾	突出颜色显示文字	使文本看起来好像是用荧光笔标记的
A ▾	字体颜色	更改文字颜色
A	字符底纹	为整个行添加底纹背景
㊉	带圈字符	在字符周围放置圆圈或边框加以强调

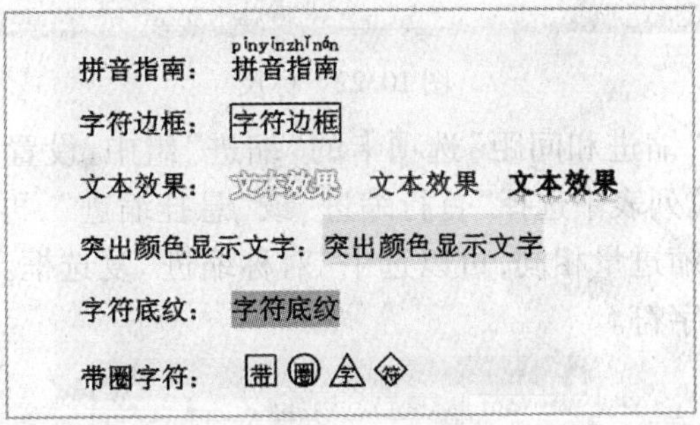

图10.21　各种字体格式示例2

3. 复制字符格式

选中含有要复制的格式的文本,单击"开始"选项卡→"剪贴板"组→"格式刷"按钮,将鼠标指向目标位置并且拖拽,鼠标拖拽过的文本将获得复制的文本格式。如果双击"格式刷"按钮,则可以多次复制格式,直到再次单击"格式刷"按钮或按 Esc 键结束。

4. 清除格式

选择要清除格式的文本,在"开始"选项卡上的"字体"组中,单击"清除格式",可以清除所选文本的文本效果和字体格式。

10.3.2　段落格式

段落由文本、图形和其他对象组成,以段落标记 ↵ 结尾。按 Enter 键可以插入段落标记。段落标记不仅标识了一个段落的结束,还存储了这个段落的格式。段落格式包括对齐方式、行间距、段落间距、缩进方式,以及段落的边框和底纹等。

在 Word 2010 中,段落格式主要使用"段落"对话框和"开始"选项卡的"段落"组中的工具按钮两种方式来设置,"开始"选项卡的"段落"组如图 10.21 所示。首先,要设置一个段落的格式,只需将光标定位于段落的任意位置。而要设置多个段落的格式,则需要同时选中这几个段落。

图10.21　"段落"组

1. 段落缩进

一般的中文段落通常要求段首空两个汉字的位置,这就是缩进。Word 中有左缩进、右缩进、首行缩进和悬挂缩进 4 种缩进方式。用户可以通过标尺、"段落"对话框和工具按钮来设置段落的缩进方式。

(1) 使用"标尺"设置段落缩进

在 Word 窗口中默认显示标尺,通过单击"视图"选项卡→"显示/隐藏"组→"标尺"复选框,可以显示或隐藏标尺,如图 10.22 所示,在水平标尺上有 4 个缩进滑块。

①首行缩进:拖动首行缩进滑块,可以设置段落第一行第一个字符的起始位置。

②悬挂缩进:拖动悬挂缩进滑块,可以设置段落第一行以外的其他行的起始位置。

③左缩进:拖动左缩进滑块,可以设置段落每一行左边的起始位置。

④右缩进:拖动右缩进滑块,可以设置段落每一行右边的结束位置。

(2) 使用"段落"对话框设置段落缩进

首先选择要设置格式的段落,然后单击"开始"选项卡→"段落"组 ，打开"段落"对话

图 10.22　标尺

框,如图 10.23 所示,在"缩进和间距"选项卡的"缩进"组中,设置左侧或右侧缩进的字符数,或者在特殊格式下拉列表中选择"首行缩进"或"悬挂缩进",再设置缩进的磅值。如果希望左右同时缩进并且缩进量相同,可以选中"对称缩进"复选框。例如,请假条的正文可以设置为首行缩进 2 个字符。

图 10.23　"段落"对话框

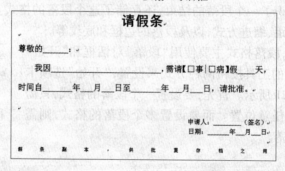

图 10.24　格式示例:请假条

（3）使用工具按钮设置段落缩进

首先选择要设置格式的段落,在"开始"选项卡→"段落"组中,单击"减少缩进量"或"增加缩进量"按钮,可以减少或增加选中段落的缩进量,若单击一次缩进量不够,可以多次单击。

2. 段落对齐方式

段落对齐方式有五种:左对齐、居中、右对齐、两端对齐和分散对齐。用户可以通过"段落"对话框和工具按钮来设置段落的对齐方式。

（1）使用工具按钮设置段落对齐方式

首先选择要设置格式的段落,然后在"开始"选项卡→"段落"组中,单击"左对齐""居中""右对齐""两端对齐"（左对齐并且右对齐,不满一行时左对齐）或"分散对齐"（两端对齐,不满一行时沿页的左右边距在一行中均匀分布）按钮,可以快速设置段落对齐方式。例如,图10.24中请假条的标题为"居中"对齐,称呼为"左对齐",正文为"两端对齐",落款为"右对齐",批复存档为"分散对齐"。

(2)使用"段落"对话框设置段落对齐方式。首先选择要设置格式的段落,然后单击"开始"选项卡→"段落"组 ,打开"段落"对话框,如图所示,在"缩进和间距"选项卡的"常规"组中,对齐方式下拉列表中选择"左对齐"、"居中"、"右对齐"、"两端对齐"或"分散对齐"。

3. 行间距和段间距

(1)行距

行间距,简称"行距",通常以一行文字高度的倍数来表示。字号大小改变,行距也随之改变。在不同版本的 Word 中默认行距有所不同,Word 2010 文档中,多数样式的默认间距是行距1.15倍,Word 2003 及以前版本中是行距1倍。

①更改行距。首先选择要更改其行距的段落,单击"开始"选项卡→"段落"组→"行距"。然后单击所需的行距对应的数字,该数字代表行距的几倍,或者单击"行距选项",弹出"段落"对话框,在"间距"下"行距"下列列表中选择所需的选项并设置其值,可用选项的含义见表10.4。

表10.4 行距选项的含义

行距选项	含 义
单倍行距	将行距设置为该行最大字体的高度加上一小段额外间距,额外间距的大小取决于所用的字体
1.5倍行距	单倍行距的1.5倍
双倍行距	单倍行距的两倍
最小值	设置适应行上最大字体或图形所需的最小行距
固定值	设置固定行距,以磅为单位。例如,如果文本采用10磅的字体,则可以将行距设置为12磅
多倍行距	设置可以用大于1的数字表示的行距。例如,将行距设置为1.15会使间距增加15%,将行距设置为3会使间距增加300%(三倍行距)

知识拓展·技巧提示

如果某个行包含大文本字符、图形或公式,则会增加该行的间距。为了均匀分布段落中的各行,可以选择"固定间距",并指定足够大的间距以适应所在行中的最大字符或图形。如果出现内容显示不完整的情况,应增加间距量。

②更改段间距 相邻两段之间的间距是由两部分组成的,第一部分是上一段的段后间距,第二部分是下一段的段前间距。因此,更改段间距就是更改段前间距和段后间距。Word 2010 中,默认情况下,段后空1行,标题上方具有额外的间距。Word 2003 中默认段间无间距。操作方法是选择相应的段落,单击"页面布局"选项卡→"段落"组→"间距"类→"段前"或"段后"数字增减按钮,或者输入行的倍数,如图10.25所示。

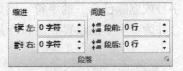

图10.25 段落间距设置

4. 中文版式

中文版式主要用来自定义中文或混合文字的版式。

单击“开始”选项卡→“段落”组→“中文版式”按钮，可以设置纵横混排、合并字符、双行合一、字符缩放和调整宽度。

(1)纵横混排

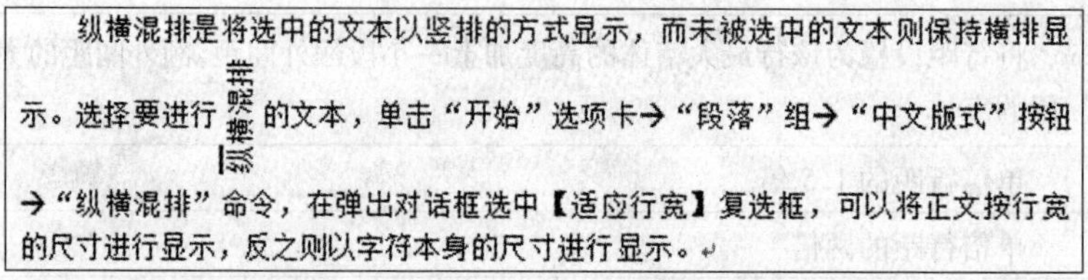

纵横混排是将选中的文本以竖排的方式显示，而未被选中的文本则保持横排显示。选择要进行纵横混排的文本，单击“开始”选项卡→“段落”组→“中文版式”按钮→“纵横混排”命令，弹出“纵横混排”对话框，选中“适应行宽”复选框，可以将正文按行宽的尺寸进行显示，反之则以字符本身的尺寸进行显示。如果要取消纵横混排，可以在“纵横混排”对话框中单击“删除”按钮。

图 10.26 “纵横混排”对话框 1

以上一段文字为例，选择第二句中的“纵横混排”4 个字，执行“纵横混排”命令，图 10.26和图10.27是没有选中“适应行宽”的设置界面和纵横混排效果，图 10.28 和图 10.29是选中“适应行宽”的设置界面和纵横混排效果。

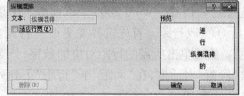

纵横混排是将选中的文本以竖排的方式显示，而未被选中的文本则保持横排显示。选择要进行纵横混排的文本，单击“开始”选项卡→“段落”组→“中文版式”按钮→“纵横混排”命令，在弹出对话框选中【适应行宽】复选框，可以将正文按行宽的尺寸进行显示，反之则以字符本身的尺寸进行显示。↵

图 10.27 未选中“适应行宽”纵横混排效果

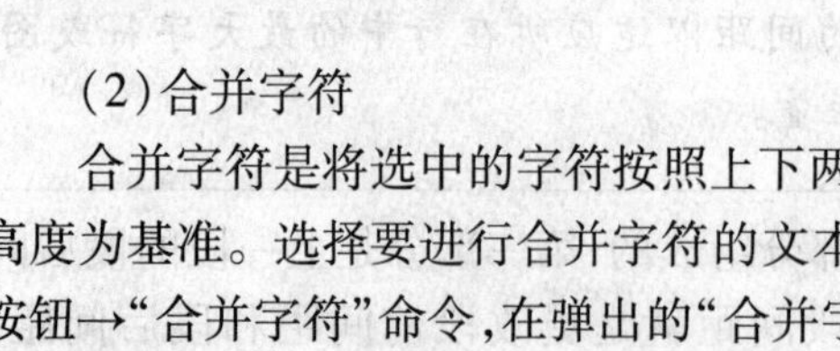

图 10.28 “纵横混排”对话框 2

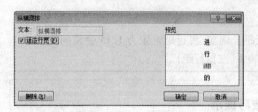

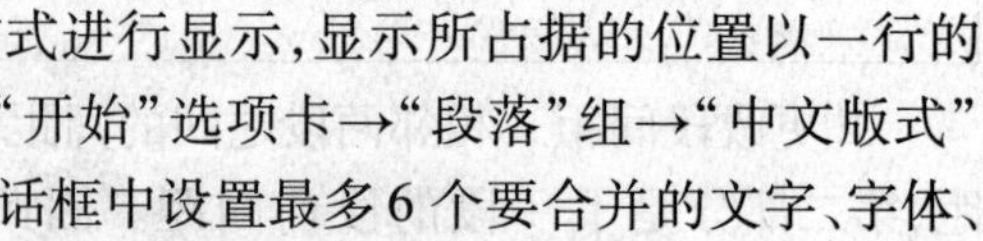

图 10.29 选中“适应行宽”纵横混排示例

(2)合并字符

合并字符是将选中的字符按照上下两排的方式进行显示，显示所占据的位置以一行的高度为基准。选择要进行合并字符的文本，单击“开始”选项卡→“段落”组→“中文版式”按钮→“合并字符”命令，在弹出的“合并字符”对话框中设置最多6 个要合并的文字、字体、字号或删除已合并的字符。例如，图 10.30 和图 10.31 是将本段段首的“合并字符”4 个字合并为一个字的设置界面和合并效果。

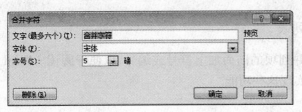

图10.30 "合并字符"对话框　　　　　图10.31 合并字符示例

(3) 双行合一

双行合一是将文档中的两行文本合并为一行,并以一行的格式进行显示。选择需要合并的行,单击"开始"选项卡→"段落"组→"中文版式"按钮→"双行合一"命令,在弹出的"双行合一"对话框中进行文字、是否带括号及括号样式设置。例如,图10.32 和图10.33 是将本段前两行合并为一行的设置界面和合并效果。

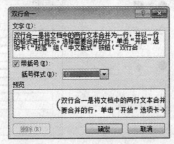

图10.32 "双行合一"对话框

图10.33 双行合一示例

(4) 首字下沉

首字下沉式加大字符,主要用在文档或章节开头处。首字下沉主要分为下沉与悬挂两种方式,下沉即是首个字符在文档中加大,占据文档中 n 行的首要位置;悬挂即是首个字符悬挂在文档的左侧部分,不占据文档中的位置。单击"插入"选项卡→"文本"组→"首字下沉"旁的三角形,如图10.34 所示,直接选择"下沉"或"悬挂"命令,或者选择"首字下沉选项"命令打开如图10.35 所示的"首字下沉"对话框进行设置。

图10.34 "首字下沉"下拉列表　　　图10.35 "首字下沉"对话框

10.3.3　项目符号、编号和多级列表

在文档处理中，经常需要在一些并列项的前面加上符号或编号，以便于阅读。Word 中提供了项目符号、编号和多级列表来实现这些功能。

1. 项目符号

（1）添加项目符号

单击"开始"选项卡→"段落"组的"项目符号"旁的三角形，如图 10.36 所示在库中选择所需的项目符号或编号，或者选择"定义项目符号"命令，打开"定义项目符号"对话框，如图 10.37 所示，设置项目符号的字符或图片、项目编号的字体格式，及其对齐方式。

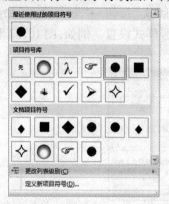
图 10.36　"项目符号"列表

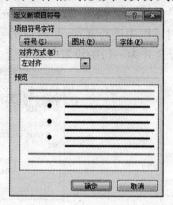
图 10.37　"定义项目符号"对话框

（2）更改列表级别

对于已添加的项目符号列表，如果要改变列表的级别，可以单击"开始"选项卡→"段落"组→"项目符号"旁三角形→"更改列表级别"，然后选择所需的级别，如图 10.38 所示。

2. 编号

（1）添加编号

单击"开始"选项卡→"段落"组的"编号"旁的三角形，如图 10.39 所示，在库中选择所需的编号格式，或者选择"定义新编号格式"命令，打开"定义新编号格式"对话框，如图 10.40 所示，设置编号的编号样式、编号格式、编号的字体格式，及其对齐方式。

图 10.38　"更改列表级别"列表

图10.39 "编号"列表

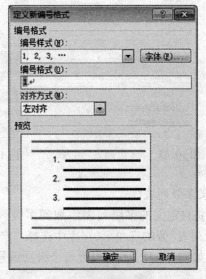

图10.40 "定义新编号格式"对话框

(2) 设置起始编号

对于已添加的编号列表，如果要改变起始编号，可以单击"开始"选项卡→"段落"组→"编号"旁三角形→"设置编号值"命令，打开"起始编号"对话框，然后选择"开始新列表"并设置起始编号值，或者选择"继续上一列表"。例如，图10.41是从101开始新列表编号的设置界面。

图10.41 "起始编号"对话框

(3) 更改列表级别

对于已添加的编号列表，如果要改变列表的级别，可以单击"开始"选项卡→"段落"组→"编号"旁三角形→"更改列表级别"，然后选择所需的级别，如图10.42所示。

3. 多级列表

(1) 添加多级列表

多级列表是带多级符号的并列项。单击"开始"选项卡→"段落"组→"多级列表"旁的三角形，如图10.43所示，在库中选择所需的多级列表，或者选择"定义新的多级列表"命令，打开"定义多级列表"对话框，如图10.44所示，单击级别编号，设置编号的编号格式、编号的字体格式、编号样式，以及编号对齐方式、对齐位置和文本缩进位置。

图10.42 "更改列表级别"列表

图 10.43 "多级列表"列表

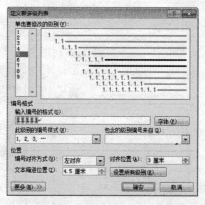
图 10.44 "定义多级列表"对话框

(2) 自定义多级列表样式

用户可以将自定义的多级列表添加到多级列表样式库中。单击"开始"选项卡→"段落"组→"多级列表"旁的三角形,在库中选择"定义新的列表样式"命令,打开"定义新列表样式"对话框,如图 10.45 所示,设置每个级别编号的起始编号和各种格式。

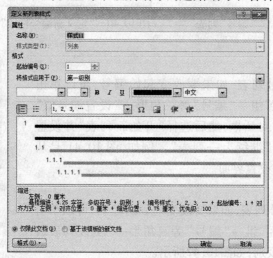
图 10.45 "定义新列表样式"对话框

10.3.4 页面布局

页面布局主要包括页面设置、页面背景和稿纸。页面设置主要是对文档的页边距、纸张、页面版式和文档网络进行设置。如图 10.46 所示,可以在"页面布局"选项卡的"页面设置"组中进行设置,也可以在"页面设置"对话框中进行设置。

图 10.46 "页面设置"组

1. 设置页边距

页边距是文档中页面边缘与正文之间的距离,用户可以分别设置上、下、左、右四个方向的页边距。设置的方式主要有三种:"页面设置"对话框、工具按钮和打印设置。默认的上边距和下边距为2.54 cm,左边距和右边距为3.18 cm。

(1)使用"页面设置"对话框设置页边距 单击"页面布局"选项卡→"页面设置"组→"页面设置"按钮,打开"页面设置"对话框,如图10.47所示,在"页边距"选项卡中进行以下设置:

①页边距:主要用于设置上、下、左、右页边距的数值。另外用户需要将打印后的文档进行装订,还要设置装订线的位置与装订线距离页边距的距离。值得注意的是装订线只能设置在页面的左侧或上方。

②纸张方向:Word 2010默认纸张方向为纵向,用户可在"纸张方向"选项组中单击"纵向"或"横向"来调整纸张方向。

③应用于:通过该选项可以选择页面设置参数所应用的对象,主要包括整片文档、本节、插入点之后3种。值得注意的是,在书籍页与反向书籍折页页码范围下,该选项将不可用。

图10.47 "页边距"选项卡

(2)使用工具按钮设置页边距

单击"页面布局"选项卡→"页面设置"组→"页边距",如图10.48所示,选择系统预设的"普通""窄""适中""宽""镜像"或者"上次的自定义设置",也可以选择"自定义边距"命令打开"页面设置"对话框进行设置。

2. 设置纸张大小、方向和来源

纸张大小主要是设置纸张的宽度与高度。用户可以通过单击"页面布局"选项卡→"页面设置"组→"纸张大小"命令,如图10.49所示,在下拉列表中选择所需大小,或者选择"其他页面大小"命令,如图10.50所示,在弹出的"页面设置"对话框中的"纸张"选项卡中全面的设置纸张大小与纸张来源等。纸张方向的设置详见页边距部分。

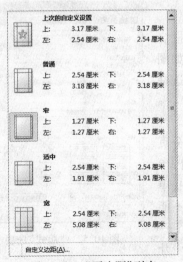

图10.48 "页边距"列表

图10.49 "纸张"

①纸张大小：可以设置纸张为 A4、A3、B5 等类型，同时还在设置类型的基础上设置纸张的宽度值与高度值。默认情况下纸张大小为 A4，宽度 21 cm，高度 29.7 cm。

②纸张来源：主要用于设置"首页"与"其它页"纸张来源为"默认纸盒"与"自动选择"类型。

③打印选项：单击此按钮可以跳转到"Word 选项"对话框，如图 10.51 所示，主要用于设置纸张在打印时包含的对象。例如：可以设置打印背景色、图片与文档属性等对象。

3. 设置版式

在"页面设置"对话框中，除了可以设置页边距与纸张之外，还可以在"版式"选项卡中设置节的起

图 10.50 "纸张"选项卡

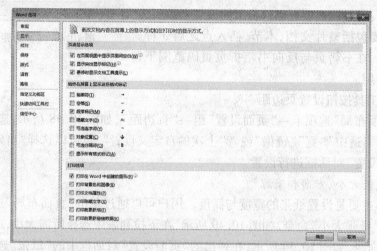

图 10.51 "Word 选项"对话框

始位置、页眉和页脚、对齐方式等格式。

（1）页面垂直对齐方式

单击"页面布局"选项卡→"页面设置"组→对话框启动按钮，打开"页面设置"对话框，单击"版式"选项卡，如图 10.52 所示，在"页面"下"垂直对齐方式"下拉列表中选择"顶端对齐""居中""两端对齐"或"低端对齐"。

（2）分隔符和页码

①分页符。当到达页面末尾时，Word 会自动插入分页符。如果想要在其他位置分页，可以插入手动分页符，单击要开始新页的位置，单击"插入"选项卡→"页"组中，单击"分页"，如图 10.53 所示。Word 自动插入的分页符不能删除，手动插入的分页符可以删除，单击"视图"选项卡→"文档视图"组→"草稿"，切换到草稿视图，然后单击"开

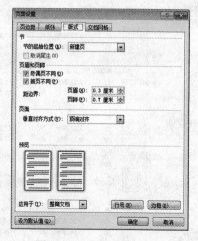

图 10.52 "版式"选项卡

始”选项卡→“段落”组→“显示/隐藏编辑标记”，如图 10.54 所示，显示分页符标记，单击虚线旁边的空白选中分页符，如图 10.55 所示，按 Delete 键。

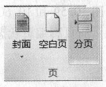

图 10.53　分页工具

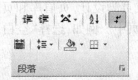

图 10.54　显示/隐藏编辑标记

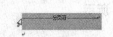

图 10.55　选择分页符标记

②分节符。对于新建的文档，Word 将整篇文档默认为一节，在同一节中只能应用相同的版面设计，为了版面设计的多样化，可以将文档分割成任意数量的节，并根据需要为每节设置不同的节格式。例如，“页面设置”对话框中的纸张、页边距、版式和文档网格等 4 个选项卡都可以针对节单独设置，可选择“应用于本节”。单击“页面布局”选项卡→“页面设置”组→“分隔符”，如图 10.56 所示，在列表中选择所需的“分节符”选项可以插入分节符。分节符主要包括下一页、连续、偶数页、奇数页 4 种类型。在“页面设置”对话框的“版式”选项卡中，可以设置节的起始位置：继续本页、新建栏、新建页、奇数页或偶数页，如图所示。删除分节符的操作方法与删除分页符相似。

图 10.56　“分节符”列表

③页码。单击“插入”选项卡→“页眉和页脚”组→“页码”→“页面顶端”“页面低端”“页边距”或“当前位置”确定页码插入位置，然后选择所需的页码样式。例如，图 10.58 是在页面低端插入“三角形 2”的效果。此时进入页眉页脚编辑状态，单击“页眉和页脚工具”选项卡→“关闭页眉和页脚”按钮，退出该状态。

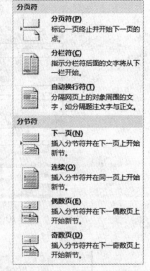

图 10.57　节的起始位置

(3)页眉和页脚

页眉和页脚是文档中每个页面的顶部、底部和两侧页边距（页边距：页面上打印区域之外的空白空间）中的区域。在图书、杂志或论文的每页上方有章节标题或页码等，就是页眉；在每页下方会有日期、页码、作者姓名等，这些就是页脚。

（3）页眉和页脚

在图书、杂志或论文的每页上方有章节标题或页码等，就是页眉；在每页下方会有日期、页码、作者姓名等，这些就是页脚。在分页后的文档页面中，不仅可以对节进行页面设置、分栏设置，还可以对节进行个性化页眉、页脚设置。

选择【插入】|【页眉和页脚】|【页眉】命令，在列表中选择选项即可为文档插入页眉，同样，执行【页脚】命令，在列表中选择选项即可为文档插入页脚。或利用【插入文档部件】菜单中的“域”丰富页眉和页脚。如果需要设置首页不同/奇偶页不同的页眉和页脚，可在【页面设置】|【版式】，选中“奇偶页不同”复选框。创建奇偶页不同的页眉和页脚之后，在奇数页眉、页脚区将分别显示“奇数页页眉”“奇数页页脚”，“偶数页页眉”“偶数页页脚”。

在需要为文档的不同章节设置不同的页眉和页脚时，只能将文档分节，通过节格式来实现。分节文档的页眉、页脚更为灵活；如果设置文档首页作为不同的页眉和页脚，可将文档首页作为单独一节，其他内容作为一节。

52

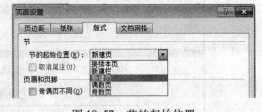

图 10.58　页码示例

(1)在整个文档中插入相同的页眉和页脚

【Step1】单击"插入"选项卡→"页眉和页脚"组→"页眉"或"页脚"。

【Step2】单击选择所需的页眉或页脚设计,页眉库和页脚库如图10.59和10.60所示,页眉或页脚即被插入到文档的每一页中。例如,选择"空白",进入页眉页脚编辑状态,如图10.61所示。

 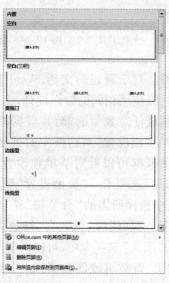

图 10.59　页眉库　　　　　　　图 10.60　页脚库

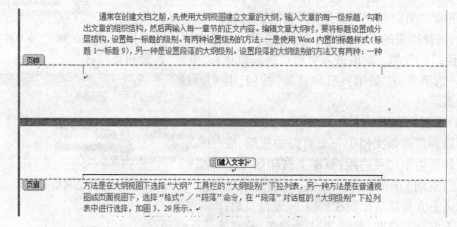

图 10.61　页眉页脚编辑状态

【Step3】在页眉或页脚中输入文本,然后选中文本,设置文本格式。

【Step4】单击"页眉和页脚工具"选项卡→"设计"选项卡,"插入"组中单击,可以向页眉或页脚插入图片、剪贴画、日期和时间、文档部件等对象。在此处,还可以设置页眉或页脚的页边距。"页眉和页脚工具"选项卡如图10.62所示。

(2)对奇偶页使用不同的页眉或页脚

Word允许奇偶页使用不同的页眉或页脚。例如,在奇数页上使用文档标题,而在偶数页上使用章节标题。在"页面设置"对话框和"页眉和页脚工具"选项卡中都可以设置。下

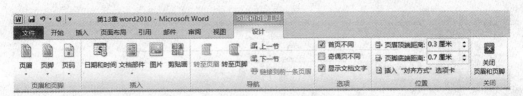

图 10.62 "页眉和页脚工具"选项卡

面例子是在"页面设置"对话框中设置对奇偶页使用不同的页眉或页脚。

【Step1】单击"页面版式"选项卡→"页面设置"组→"页面设置"对话框启动器,打开"页面设置"对话框。

【Step2】单击"版式"选项卡,选中"奇偶页不同"复选框。即可在偶数页上插入用于偶数页的页眉或页脚,在奇数页上插入用于奇数页的页眉或页脚。

【Step3】在页眉页脚编辑状态,分别编辑奇数页和偶数页的页眉或页脚。例如,在奇数页页眉中插入"朴素型(奇数页)",如图 10.63 所示,在偶数页页眉中插入"朴素型(偶数页)",如图 10.64 所示。

图 10.63 "朴素型(奇数页)"页眉示例

图 10.64 "朴素型(偶数页)"页眉示例

(3)删除首页中的页眉或页脚

Word 文档的首页通常是封面,如果希望只有首页中没有页眉和页脚,可以通过设置"首页不同"来删除首页中的页眉和页脚。在"页面设置"对话框或"页眉和页脚工具"选项卡中都可以设置。下面例子是在"页眉和页脚工具"选项卡中设置对奇偶页使用不同的页眉或页脚。如图 10.65 所示,单击"页眉和页脚工具"选项卡→"设计"选项卡→"选项"组→"首页不同"复选框,如图 10.66 所示,首页中的页眉和页脚就会被删除。

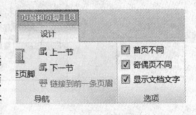

图 10.65 "选项"组

(4)对节使用不同页眉或页脚

添加分节符时,页眉和页脚会自动延用上一节的。如果要在某一节使用不同的页眉和页脚,需要断开各节之间链接。单击"插入"选项卡→"页眉和页脚"组→"页眉"或"页脚",选择"编辑页眉"或"编辑页脚",然后单击"页眉和页脚工具"下"设计"选项卡→"导航"

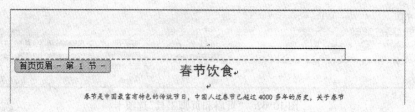

图10.66 首页页眉示例

组→"链接到前一节",将其关闭。接下来按正常操作方法分别编辑不同节的页眉或页脚。

(5)删除页眉或页脚

如果想删除文档中的页眉或页脚,可以单击文档中的任何位置,单击"插入"选项卡→"页眉和页脚"组→"页眉"或"页脚",单击"删除页眉"或"删除页脚"。

4.设置文档网络

(1)分栏

Word2010 默认提供了五种分栏:一栏、两栏、三栏、偏左、偏右。单击"页面布局"选项卡→"页面设置"组→"分栏"下拉列表,如图10.67 所示选择"一栏""两栏""三栏""偏左""偏右",或者"更多分栏"命令,打开"分栏"对话框,如图10.68 所示根据需要进行如下设置:分栏数、分栏宽度、栏间距,是否添加分隔线,是否栏宽相等,以及应用于整篇文档或当前节设置分栏。

图10.67 "分栏"下拉列表

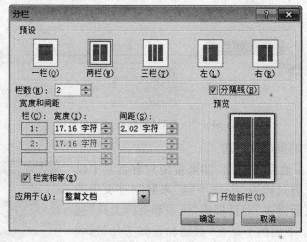

图10.68 "分栏"对话框

(2)网格

在 Word 中可以指定每页的行数和每行的字数,单击"页面布局"选项卡→"页面设置"组→"页面设置"对话框启动器,单击"文档网络"选项卡,如图10.70 所示。在"网格"设置栏,单击选择"指定行和字符网格""只指定行网格"或"文字对齐字符网格",根据需要设定每页的行数和每行的字符数,单击"确定"。例如,图10.70 和图10.71 为文档网格的设置和效果图。

第10章　Word 2010 操作技巧

图 10.69　分栏示例

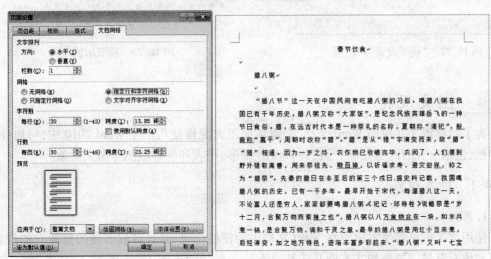

图 10.70　"文档网络"选项卡　　　　图 10.71　文档网格示例

(3) 稿纸

Word 2010 中可以将文档设置成稿纸的样式。设置稿纸格式,单击"页面布局"选项卡→"稿纸设置",打开"稿纸设置"对话框,在"格式"中选择"方格式稿纸",再选择"行数×列数",在"页眉/页脚"中,可以根据需要显示"第几页和共几页"等字样和对齐方式,并且根据需要选择换行控制选项。例如,图 10.72 和图 10.73 是稿纸示例的设置界面和效果图。

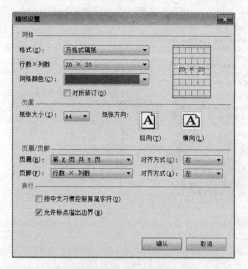

图 10.72 "稿纸设置"对话框

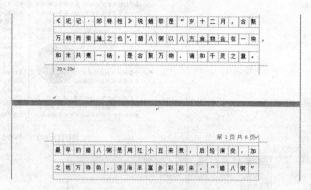

图 10.73 稿纸示例

10.4 图文混排

为了制作图文并茂的 Word 文档,必须掌握图文混排技巧。在 Word 2010 中,可以使用文本框、艺术字、图片、剪贴画、形状、SmartArt 图形、图表和屏幕截图等图文对象。

10.4.1 插入对象

1. 插入文本框

使用文本框可将文本放置在 Word 文档中的任何位置,并且可以方便的修改它的位置、边框和填充背景。要添加文本框并向其中添加文本,单击"插入"选项卡→"文本"组→"文本框"下的三角形,选择"绘制文本框"或"绘制竖排文本框",然后拖动指针绘制文本框,或者选择内置的引言(引述)或提要栏,再在该文本框内部单击,然后键入或粘贴文本。使用"绘图工具"选项卡可以更改文本框的格式,如图 10.73 所示。

图 10.73 "绘图工具"选项卡

2. 插入艺术字

艺术字是一个文字样式库,可以为文档添加特殊文字效果。在"插入"选项卡上的"文本"组中,单击"艺术字",然后单击所需艺术字样式,如图 10.74 所示。单击"请在此放置您的文字",输入文字,效果如图 10.75 所示。

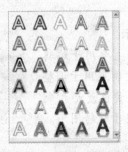

图 10.74 "艺术字"列表

图 10.75 艺术字示例

图 10.76 "图像"组

3．插入图片

单击要插入图片的位置，单击"插入"选项卡→"图像"组→"图片"，如图 10.76 所示，找到要插入的图片文件，然后双击该图片。按住 Ctrl 的同时依次单击多张图片，可以添加多张图片，然后单击"插入"。

4．插入剪贴画

剪贴画是指用各种图片和素材剪贴合成的图片。Office 中内置了一些剪贴画，插入时需要通过搜索来找到所需的剪贴画。单击"插入"选项卡→"图像"组→"剪贴画"按钮，弹出"剪贴画"任务窗格，如图 10.77 所示，在"搜索"文本框中，输入用于描述所需剪贴画的关键字或剪贴画的文件名。在"结果类型"列表中选中"插图""照片""视频"和"音频"旁边的复选框可以搜索指定媒体类型的媒体。单击"搜索"，在结果列表中，单击剪贴画将其插入。

5．插入形状

Word2010 为用户提供了线条、矩形、基本形状、箭头总汇、公式形状、流程图、标注、星与旗帜 8 种类型的形状。如果将多个形状组合成一个完整的图形，可以用来说明文档内容中的流程、步骤、组织结构等内容。单击"插入"选项卡→"插图"组→"形状"下的三角形，如图 10.78 所示，选择所需的形状，此时光标将会变成"十"字形，拖动鼠标绘制形状，释放鼠标停止绘制。

图 10.77 "剪贴画"任务窗格

图 10.78 形状列表

知识拓展·技巧提示

插入形状之后，在形状周围会出现实心的控制点，主要用于编辑形状的大小、倾斜或曲率、旋转等。例如，边上的方形控制点用于调整该边的位置，角上的圆形控制点用于调整该角的位置，黄色菱形控制点用于调整倾斜程度或曲率，突出的绿色圆形控制点用于旋转图形。

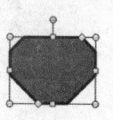

6. 插入 SmartArt 图形

使用 SmartArt 图形可创建具有设计师水准的组织结构图，而且操作简单、方便快捷。在"插入"选项卡的"插图"组中单击"SmartArt"，如图 10.79 所示，在弹出的"选择 SmartArt 图形"对话框中，选择所需的布局，单击确定。如图 10.80 所示单击"文本"窗格中的"[文本]"，然后键入文本或粘贴文本。如图 10.81 所示，如果是带有图片的布局，还要单击图片占位符导入图片。如果看不到"文本"窗格，单击图 10.82 中的向左三角形。

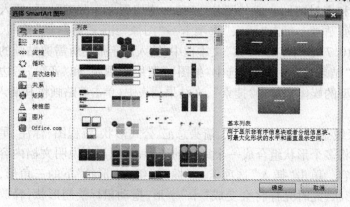

图 10.79 "选择 SmartArt 图形"对话框

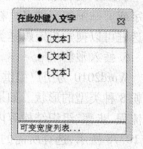

图 10.80 "文本"窗格 1

图 10.81 2

图 10.82 显示文本窗格按钮

7. 插入屏幕截图

在 Word 2010 中可以捕获计算机上打开的窗口的图片，而无需退出正在使用的程序，一次只能添加一个屏幕截图。

单击要插入屏幕截图的位置，再单击"插入"选项卡→"图像"组→"屏幕截图"。如图 10.83 所示，单击"可用视窗"中的缩略图，插入整个窗口截图；或者单击"屏幕剪辑"，当指针变成十字时，拖动鼠标，插入当前窗口屏幕的部分区域；如果要插入其他窗口屏幕的部分区域,先切换到要剪辑的窗口,然后再回到 Word 中,单击"插入"选项卡→"图像"组→"屏幕截图"→"屏幕剪辑",此时,Word 将最小化,只显示它后面的要剪辑的窗口,拖动鼠标即可。

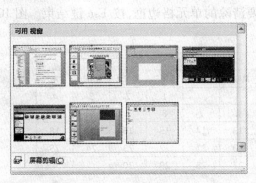

图 10.83　"可用视窗"列表

图 10.84　"插入表格"列表

8. 插入表格

(1) 添加表格

在"插入"选项卡上的"表格"组中,单击"表格",如图 10.84 所示,使用下列方法之一创建表格。

① 当需要创建的表格行数和列数不多时,可以在表格阵列中移动鼠标,在所需的行数和列数处单击鼠标。

② 单击"插入表格",在"插入表格"对话框的"列数"和"行数"列表中输入数字。

③ 单击"绘制表格",鼠标变成铅笔形状,在幻灯片上拖动来绘制表格。

创建空白表格后,单击某个单元格,然后输入文字,单击表格外的任意位置结束。

(2) 添加或删除行和列

① 添加行。单击选中与新添加行相邻的行,要添加几行就选择几行,如图 10.85 所示,在"表格工具"下"布局"选项卡上的"行和列"组中,单击"在上方插入"或"在下方插入"。

图 10.85　"表格工具"-"布局"选项卡

② 添加列。单击选中与新添加列相邻的列,要添加几列就选择几列,在"表格工具"下"布局"选项卡上的"行和列"组中,单击"在左侧插入"或"在右侧插入"。

③ 删除列或行。单击要删除的行或列中的一个表格单元格,或者选中要删除的行或列,在"表格工具"下"布局"选项卡上的"行和列"组中,单击"删除",然后选择"删除行"或"删除列"。

(3) 合并或拆分单元格

①合并单元格。将相邻的多个表格单元格合并为一个单元格。在幻灯片上,选择要合并的单元格,在"表格工具"下的"布局"选项卡上,单击"合并"组中的"合并单元格"。另一种方法是通过清除单元格边框来合并单元格。在"表格工具"下,在"设计"选项卡上的"绘图边框"组中,单击"橡皮擦",然后单击要清除的单元格边框,按 Esc 键结束。图 10.86 为合并单元格示例。

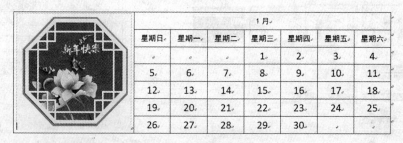

图 10.86　合并单元格示例

②拆分单元格。将一个单元格拆分成若干行或若干列。单击要拆分的单元格,在"表格工具"下的"布局"选项卡上,单击"合并"组中的"拆分单元格"。在"列数"或"行数"框中,输入数字。

(4) 删除单元格及其内容

①删除单元格内容。选择要删除的单元格内容,然后按 Delete 删除单元格的内容,此时并没有删除该单元格。

②删除单元格。删除单元格是将单元格及其内容一同删除,方法是将该单元格与其他单元格合并,或者删除行或列。

(5) 更改表格的外观

①表格样式。表格样式是不同格式选项的组合,使用它可以快速改变表格的外观。Word 中添加的表格都会自动应用一种表格样式。

a. 应用样式:单击要应用表格样式的表格,在"表格工具"下"设计"选项卡上的"表格样式"组中,将指针置于某个快速样式缩略图上时,可以看到应用效果,单击所需的表格样式或者单击"其他"按钮查看更多表格样式。

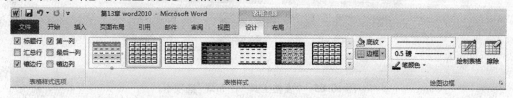

图 10.87　"表格工具"-"设计"选项卡

b. 清除样式:在"表格工具"下,在"设计"选项卡上的"表格样式"组中,单击"其他"按钮,然后单击"清除表格"。

②表格边框。选择要设置边框的表格或单元格,在"表格工具"下"设计"选项卡上的"表格样式选项"组中,设置边框线位置,单击"表格样式"组→"边框"→"边框和底纹",如图 10.88 所示,打开"边框和底纹"对话框进行设置。

a. 样式：单击"样式"列表框，选择所需的线条样式。

b. 颜色：单击"颜色"旁边的三角形，然后选择所需的颜色。

c. 宽度：单击"宽度"旁边的三角形，然后选择所需的线条宽度。

③底纹。底纹是单元格填充的颜色。单击表格中任意单元格，在"表格工具"下"设计"选项卡上的"表格样式"组中，单击"底纹"旁边的三角形，然后指向色块预览效果，单击选择所需的底纹颜色。图 10.89 为底纹示例。

图 10.88 "边框和底纹"对话框

图 10.89 底纹示例

9. 插入图表

（1）插入图表

在 Word 2010 中，可以插入的图表类型主要有柱形图、折线图、饼图、条形图、面积图、散点图、股价图、曲面图、圆环图、气泡图和雷达图。在"插入"选项卡上的"插图"组中，单击"图表"。如图 10.90 所示，在"插入图表"对话框中，选择所需图表的类型，然后单击"确定"。在自动打开的 Excel 2010 中编辑数据后，关闭 Excel。

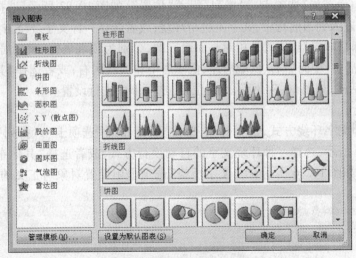

图 10.90 "插入图表"对话框

(2) 编辑图表中的数据

选择要更改的图表,如图 10.91 所示,在"图表工具"下"设计"选项卡上的"数据"组中,单击"编辑数据"。如图 10.92 所示,在自动打开的 Excel 中编辑工作表数据,退出 Excel 后 Word 将自动保存嵌入的图表。

图 10.91 "图表工具"下的"设计"选项卡

(3) 更改图表外观

单击图表,在"图表工具"下单击"设计""版式"和"格式"选项卡中可以设置图表元素特有的设计、布局和格式。

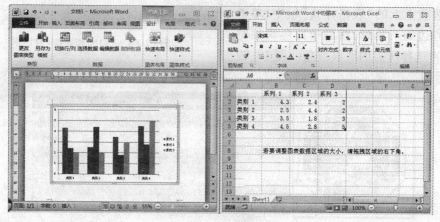

图 10.92 编辑数据状态

10.4.2 图文混排

插入在文档中的图片、艺术字、绘制图形和文本框等图形对象,都能通过设置对象位置、自动换行、层叠次序、对齐、旋转和组合,与文档进行图文混排。

1. 对象位置

对象位置是指对象在页面上的位置,通常包括嵌入文本行中和文字环绕两种方式。选中对象,单击"页面布局"选项卡→"排列"组→"位置",如图 10.93 所示,选择"嵌入文本行中"将图形对象嵌入到当前行中,文字不进行环绕;或者选择一种文字环绕方式,9 种可选的文字环绕方式都是四周型,位置是相对页面而言的,分别为顶端居左、顶端居中、顶端居右、中间居左、中间居中、中间居右、低端居左、低端居中和低端居右;或者选择"其他布局选项"打开"布局"对话框,如图 10.94 所示,在"位置"选项卡中进行设置。

2. 自动换行

自动换行即文字环绕方式,选中对象,单击"页面布局"选项卡→"排列"组→"自动换行",如图 10.95 所示,选择一种环绕文字的自动换行方式,或者选择"其他布局选项"打开"布局"对话框,如图 10.96 所示,在"文字环绕"选项卡中设置对象与正文的距离以及自动换行的位置。

 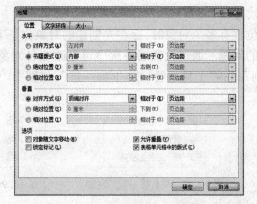

图 10.93 "位置"下拉列表　　图 10.94 "布局"对话框的"位置"选项卡

 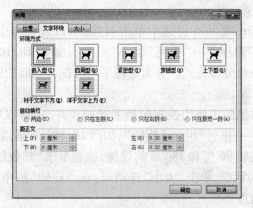

图 10.95 "自动换行"下拉列表　　图 10.96 "布局"对话框的"文字环绕"选项卡

例如，图 10.97 是应用各种文字环绕方式的效果。

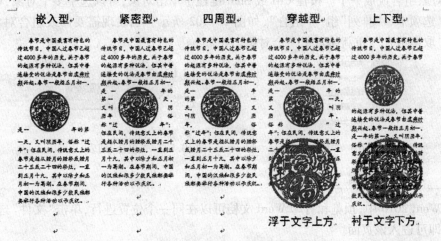

图 10.97 文字环绕方式举例

3. 层叠次序

当同一位置有多个对象时,存在先创建的对象位于下层,后创建的对象位于上层且遮盖其下层内容的问题。通过设置层叠次序可以改变各对象的层叠次序。单击"页面布局"选项卡→"排列"组→"上移一层"或"下移一层",如图 10.98 和图 10.99 所示,选择所需的层次设置命令。

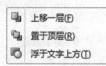

图 10.98 "上移一层"列表

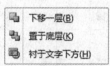

图 10.99 "下移一层"列表

4. 对齐、旋转和组合

(1) 对齐

按住 Ctrl 或 Shift 键逐个单击对象,可以选中多个对象。单击"页面布局"选项卡→"排列"组→"对齐",如图 10.100 所示,选择所需的对齐或分布方式。分布是指平均分配对象间的距离。

(2) 旋转

旋转对象除了使用控制句柄手动操作外,还可以单击"页面布局"选项卡→"排列"组→"旋转",如图 10.101 所示,在旋转下拉列表中选择旋转 90 度和 180 度的设置,或者单击"其他旋转选项",打开"布局"对话框,单击"大小"选项卡,在"旋转"框中,输入对象旋转的精确角度。

图 10.100 "对齐"列表

(3) 组合

当使用多个对象来表达一个主题时,为了移动位置时不改变多个对象的相对位置,可以将几个对象组合成一个。按住 Ctrl 或 Shift 键逐个单击对象,可以选中多个对象,单击"页面布局"选项卡→"排列"组→"组合",如图 10.102 所示。当发现需要修改组合对象时,可以选择"取消组合",重新编辑每一个对象。

图 10.101 "旋转"列表　　图 10.102 "组合"列表

10.5 打印输出

在 Word 2010 中,预览和打印 Word 文档可以在同一个位置进行,单击"文件"选项卡→"打印"即可进入该页面。

1. 打印预览

打印预览是查看 Word 文档打印出的效果,以及时调整页边距、分栏等设置。单击"文件"选项卡→"打印",如图 10.103 所示,打开"打印"窗口,在右侧预览区域可以查看 Word2010 文档打印预览效果,通过调整预览区下面的滑块可以改变预览视图的大小,通过拖动预览区右侧的滚动条可以前后翻页。用户所做的纸张方向、页面边距等设置都可以通过预览区域查看效果。

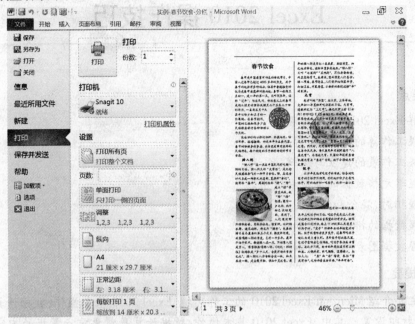

图10.103 "打印"窗口

2. 打印的基本参数设置和打印输出

打印的基本参数设置与打印预览在同一界面,单击"文件"选项卡→"打印"进入该界面,可以进行以下打印的基本参数设置。

①打印的份数:可以输入数字,或者单击数字增减按钮进行设置。

②打印机:可以从计算机中已经安装的打印机列表中选择打印机,单击右下方的"打印机属性"可以进一步设置打印机属性。

③打印范围:可以选择"打印所有页""打印所选页""打印当前页"或"打印自定义范围"。在所选范围内,还可以进一步设置仅"打印奇数页"或仅"打印偶数页"。自定义范围下的文本框中输入页码或页码范围,从文档或节的开头算起,页与页间用逗号分隔。例如,"1, 4, 6-10"表示打印文档的第1页、第4页、第6页至第10页,"p1s1, p1s2 - p6s2"表示打印文档的第1节第1页、第2节第1页至第2节第6页。

④调整:"调整"表示逐份打印,例如,打印3份共有3页的文档,会按1、2、3、1、2、3、1、2、3的顺序打印。"取消排序"表示逐页打印,例如,打印3份共有3页的文档,会按1、1、1、2、2、2、3、3、3的顺序打印。

⑤纸张方向:可以选择"纵向"或"横向"。

⑥页边距:可以选择系统预设的"普通""窄""适中""宽""镜像"或者"上次的自定义设置",也可以选择"自定义边距"命令打开"页面设置"对话框进行设置。

⑦每版打印页数:默认为每版打印1页。要在一张纸上打印多页内容,可以通过"每版打印页数"下拉列表进行选择,可用的选择有每版1、2、4、6、8、16页。

⑧页面设置:单击"页面设置"可以打开"页面设置"对话框进行详细的设置。

第 11 章
Excel 2010 操作技巧

知识要点

1. 了解 Excel 2010 的工作环境。
2. 掌握工作簿的建立、保存与打开。
3. 掌握工作表的建立与编辑。
4. 掌握单元格数据的类型和使用。
5. 掌握相对、混合和绝对引用。
6. 掌握数据的排序、筛选和分类汇总。
7. 掌握数据图表的建立、编辑与使用。

内容提要

本章主要介绍 Microsoft Excel 2010 的工作环境、Excel 2010 基本操作、数据计算、数据分析、图表和打印设置。其中,Excel 2010 基本操作、数据计算是需要重点掌握的内容,数据计算、数据分析和单元格引用是难点。

11.1　Excel 2010 的工作环境

11.1.1　Excel 2010 的工作界面

启动 Excel 2010,可双击桌面快捷图标"Excel 2010"来完成。启动后,即可进入 Excel 2010 的工作界面,并自动创建一个新的文档,默认文件名为"工作簿1.xlsx",如图 11.1 所示。

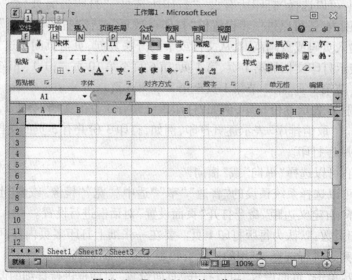

图 11.1　Excel 2010 的工作界面

1. 标题栏

显示正在编辑的文档的文件名以及所使用的软件名。

2. "文件"选项卡

基本命令,如"新建""打开""关闭""另存为..."和"打印"位于此处。

3. 快速访问工具栏

常用命令位于此处,例如"保存"和"撤消",可添加个人常用命令。

4. 功能区

工作时需要用到的命令位于此处。它与其他软件中的"菜单"或"工具栏"相同。

5. 编辑栏

编辑栏是 Excel 界面工作区顶部的条形区域,通常用于对单元格内容进行输入和修改,可显示活动单元格中的常量值或公式。

6. 名称框

名称框位于编辑栏左端的下拉列表框中,主要用于指示当前选定的单元格、图表项或绘图对象。

7. 滚动条

滚动条可用于更改正在编辑的文档的显示位置。

8. 缩放滑块

缩放滑块可用于更改正在编辑的文档的显示比例设置。

9. 状态栏

状态栏显示正在编辑的文档的相关信息。

11.1.2 Excel 2010 的基本概念

工作簿、工作表和单元格是 Excel 中的三大主要元素,在讲解它们的各种操作方法之前,先介绍它们的含义。

1. 工作簿

工作簿就是 Excel 文件,相当于 Word 文档。启动 Excel 2010 后,将自动新建默认名为"Book1"的工作簿,其扩展名为.xlsx,此后新建的工作簿将自动以"Book2""Book3"依次命名。

2. 工作表

工作表由排列成行或列的单元格组成,存储在工作簿中。工作表主要用于处理数据信息,可进行数据输入和编辑等操作。默认情况下,新建的工作簿中有 3 张工作表,名称分别为:"Sheet1""Sheet2"和"Sheet3",可重新命名。工作表可根据需要增加或减少。

3. 单元格

单元格是 Excel 中最基本的存储数据单元,由行和列交叉而成,其名称又叫单元格地址,是通过行号与列标的组合来标识的。Excel 用字母标识列,称为"列标",从 A、B、C 开始,以此类推。当字母表中的 26 个单独字母用完后,Excel 开始用 AA 到 AZ 来命名列标题,然后再使用 AAA 到 ZZZ,以此类推,共 16 384 列。Excel 用数字标识行,称为"行号",从 1、2、3 开始,以此类推,共 1 048 576 行。例如,"B6"表示列 B 和行 6 交叉处的单元格。

活动单元格是指当前正在使用的单元格,其边框用黑色加粗的形式来表示。

单元格区域,简称"区域",一般是指多个连续的单元格所形成的区域,其表示方法是该区域左上角的单元格和右下角单元格的地址或名称中间夹一个冒号,即左上角单元格地址:右下角的单元格地址,例如 A1:C3 所表示的区域如图 11.2 所示。

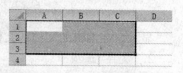

图 11.2 A1:C3 单元格区域

知识拓展·技巧提示

工作簿、工作表和单元格之间的关系:

工作簿、工作表和单元格之间是包含与被包含的关系,即工作簿包含一张或多张工作表,而工作表则包含多个单元格。

11.2 Excel 2010 基本操作

11.2.1 工作簿的基本操作

1. 新建工作簿

Microsoft Excel 工作簿是包含一个或多个工作表的文件,您可以用其中的工作表来组织各种相关信息。若要新建工作簿,可以使用空白的工作簿模板,也可以基于现有工作簿,还可以使用已提供一些要使用的数据、布局和格式的现有模板。

与 Word 2010 相似,单击"文件"选项卡→"新建"命令,在"可用模板"下,单击要使用的工作簿模板。

2. 保存工作簿

与 Word 2010 相似,保存文件要确定保存位置、文件类型和文件名称。Excel 2010 默认保存文件的格式为 xlsx,而低版本的 Excel 默认保存文件格式为 xls。

(1) 保存

单击"文件"选项卡→"保存"命令,或者单击"快速访问工具栏"上的"保存"图标,或者快捷键 Ctrl+S。第一次保存该文件时,会弹出"另存为"对话框,必须输入文件名称,可以使用默认路径或者选择其他文件夹作为保存位置。以后再保存时,将不会出现"另存为"对话框。

(2) 另存为

使用"另存为"命令可以保存文件的副本、重命名文件、更改文件保存位置,或者将文件保存为其他格式。单击"文件"选项卡→"另存为",弹出"另存为"对话框,设置保存位置、文件类型和文件名称。

11.2.2 工作表的基本操作

1. 新建工作表

要插入新工作表,执行下列操作之一:

①要在现有工作表的末尾快速插入新工作表,可以单击屏幕底部的"插入工作表"按钮,如图 11.3 所示。

图 11.3 "插入工作表"按钮

②要在现有工作表之前插入新工作表,可以选择该工作表,在"开始"选项卡上的"单元格"组中,单击"插入",然后单击"插入工作表"。若要一次性插入多个工作表,则需先选择与要插入的工作表数目相同的现有工作表。

2. 选择工作表(表 11.1)

表 11.1 选择工作表

选 择	操 作
一张工作表	单击该工作表的标签
两张或多张相邻的工作表	单击第一张工作表的标签,然后在按住 Shift 的同时单击要选择的最后一张工作表的标签
两张或多张不相邻的工作表	单击第一张工作表的标签,然后在按住 Ctrl 的同时单击要选择的其他工作表的标签
工作簿中的所有工作表	右键单击某一工作表的标签,然后单击快捷菜单上的"选定全部工作表"

3. 重命名工作表

在"工作表标签"栏上,右键单击要重命名的工作表标签,然后单击"重命名工作表"。选择当前的名称,然后键入新名称。

4. 删除工作表

【Step1】选择要删除的一个或多个工作表。提示"选定多张工作表"时,将在工作表顶部的标题栏中显示"[工作组]"字样。要取消选择工作簿中的多张工作表,单击任意未选定的工作表。如果看不到未选定的工作表,请右键单击选定工作表的标签,然后单击快捷菜单上的"取消组合工作表"。

【Step2】在"开始"选项卡上的"单元格"组中,单击"删除"旁边的箭头,然后单击"删除工作表"。

4. 移动或复制工作表

用户可以将整个工作表移动或复制到工作簿内的其他位置。值得注意的是,移动工作表后,基于工作表数据的计算或图表有可能变得不准确。

【Step1】选择要移动或复制的工作表。

键盘快捷方式:若要移动到后一个或前一个工作表标签,也可以按 Ctrl+Page Up 或 Ctrl+Page Down。

【Step2】在"开始"选项卡上的"单元格"组中,单击"格式",然后在"组织工作表"下单击"移动或复制工作表"。或者右键单击选定的工作表标签,然后单击"移动或复制工作表"。

【Step3】在"移动或复制工作表"对话框的"下列选定工作表之前"列表中,执行下列操作之一:

①单击要在其之前直接插入移动或复制的工作表。

②单击"移至最后"将移动或复制的工作表插入到工作簿中最后一个工作表之后以及"插入工作表"标签之前。

【Step4】若要复制工作表而不移动它们,请在"移动或复制工作表"对话框中,选中"建立副本"复选框。若要在当前工作簿中移动工作表,可以沿工作表标签的行拖动选定的工作表。若要复制工作表,先按住 Ctrl 键,然后拖动所需的工作表;释放鼠标按钮,然后再释放 Ctrl 键。

11.2.3　数据的基本操作

1. 数据输入

若要在工作簿中处理数据,首先必须在工作簿的单元格中输入数据。然后,可能需要调整数据,以便能看到数据,并让数据按希望的方式显示。单击某个单元格,然后键入数据,按 Enter 或 Tab 移到下一个单元格。如果要在单元格中另起一行输入数据,按 Alt+Enter 输入一个换行符。

(1)基本类型数据的输入

①输入文本。在 Excel 2010 中,输入的文本通常指字符,或者是任何数字和字符的组合。所有输入到单元格内的字符串,只要不被系统解释为数字、公式、日期、时间和逻辑值,Excel 2010 都会将其视为文本。

②输入文本格式的数字。首先需要输入一个英文状态的单引号"'",然后再输入数字。其中,单引号表示其后的数字按文本格式输入,比如编号"3001"或是身份证号码的输入等。

③输入数值。数值只可以是下列字符:0~9,正数输入时可省略"+";负数输入时,在数字前加负号或加上一对圆括号,如-5 与(5)同义。数值输入时默认为右对齐。

输入分数:由于 Excel 中的日期格式与分数格式一致,所以在输入分母小于 12 的分数时,需要在分子前面添加数字"0"和一个空格。例如,输入"1/10"时先输入数字 0,然后输入一个空格,再输入分数 1/10 即可。

④输入日期和时间。Excel 将日期和时间视为数字处理,默认情况下也可以右对齐方式显示。输入日期时,可用"/"或"-"分隔年、月、日部分,如 2014-10-01;输入时间时,可用":"分隔时、分、秒部分,如 12:30:45。

(2)数据的自动输入

对重复或有规律变化的数据的输入,可用数据的填充来实现。在一个单元格中键入起始值,然后在下一个单元格中再键入一个值,建立一个模式。例如,如果要使用序列 1、2、3、4、5…,则应在前两个单元格中键入 1 和 2。

选中包含起始值的单元格,然后拖动填充柄 ▭ ,涵盖要填充的整个范围。填充柄是位于选定区域右下角的小黑方块。将用鼠标指向填充柄时,鼠标的指针更改为黑十字。双击或拖动它可以自动填充数据,例如星期、月份、季度、等差、等比数据等。要按升序填充,可从上到下或从左到右拖动。要按降序填充,可从下到上或从右到左拖动。

(3)自动调整设置

若要在单元格中自动换行,可选择要设置格式的单元格,然后单击"开始"选项卡→"对齐方式"组→"自动换行"。如果要将列宽和行高设置为根据单元格中的内容自动调整,可选中要更改的列或行,单击"开始"选项卡→"单元格"组→"格式",然后在"单元格大小"

下,单击"自动调整列宽"或"自动调整行高"。

2.数据修改

选择要修改数据的单元格,输入新的内容,完成后按回车键或单击编辑栏中的"√"即可。

3.数据删除和清除

(1)数据删除

选择要删除的数据,按 Delete 键,将数据全部删除。

(2)数据清除

选择数据,单击"开始"选项卡→"编辑"组→"清除内容",将数据内容清除,但保留格式。在此处,用户还可以根据需要选择"清除格式""清除批注""清除超链接"或"全部清除"。

4.数据查找与替换

在工作表中,单击任意单元格。单击"开始"选项卡→"编辑"组→"查找和选择"→"查找",在"查找内容"框中,键入要搜索的文本或数字,单击"查找全部"或"查找下一个"。然后单击"替换",在"替换为"框中键入替换字符,然后单击"替换"或"全部替换"。

11.2.4 单元格、行和列的基本操作

1.选择单元格或区域(表 11.2)

表 11.2 单元格或区域的选择

选择	操作
一个单元格	单击该单元格或按箭头键,移至该单元格
单元格区域	单击该区域中的第一个单元格,然后拖至最后一个单元格,或者在按住 Shift 的同时按箭头键以扩展选定区域。也可以选择该区域中的第一个单元格,然后按 F8,使用箭头键扩展选定区域。要停止扩展选定区域,请再次按 F8
工作表中的所有单元格	单击表格左上角的"全选"按钮 ∗。或者按住快捷键 Ctrl+A 一秒钟。(如果工作表包含数据,按 Ctrl+A 可选择当前区域。按住 Ctrl+A 一秒钟可选择整个工作表)
不相邻的单元格或单元格区域	选择第一个单元格或单元格区域,然后在按住 Ctrl 的同时选择其他单元格或区域。 也可以选择第一个单元格或单元格区域,然后按 Shift+F8 将另一个不相邻的单元格或区域添加到选定区域中。要停止向选定区域中添加单元格或区域,请再次按 Shift+F8
整行或整列	单击行标题或列标题
相邻行或列	在行标题或列标题间拖动鼠标。或者选择第一行或第一列,然后在按住 Shift 的同时选择最后一行或最后一列
不相邻的行或列	单击选定区域中第一行的行标题或第一列的列标题,然后在按住 Ctrl 的同时单击要添加到选定区域中的其他行的行标题或其他列的列标题

2.插入单元格、行或列

(1)插入单元格

选中要插入新空白单元格的单元格或单元格区域。选中的单元格数量应与要插入的单

元格数量相同。例如,要插入 3 个空白单元格,应选中 3 个单元格。然后单击"开始"选项卡→"单元格"组→"插入"下拉列表→"插入单元格"。在"插入"对话框中,单击要移动周围单元格的方向:"活动单元格右移""活动单元格下移""正行"或"整列"。

(2)插入行

选择要在其上方插入新行的整行或该行中的一个单元格。例如,要在第 5 行上方插入一个新行,请单击第 5 行中的某个单元格。所选的行数应与要插入的行数相同。例如,要插入 3 个新行,则选择 3 行。然后单击"开始"选项卡→"单元格"组→"插入"下拉列表→"插入工作表行"。

(3)插入列

选择要在紧靠其右侧插入新列的列或该列中的一个单元格。例如,要在 B 列左侧插入一列,请单击 B 列中的一个单元格。所选的列数应与要插入的列数相同。例如,要插入 3 个新列,则选择 3 列。然后单击"开始"选项卡→"单元格"组→"插入"下拉列表→"插入工作表列"。

3. 删除单元格、行或列

选择要删除的单元格、行或列,单击"开始"选项卡→"单元格"组→"删除"下拉列表→"删除单元格""删除工作表行"或"删除工作表列"。

4. 合并单元格与拆分单元格

(1)合并单元格

合并两个或多个相邻的水平或垂直单元格,成为一个跨多列或多行显示的较大单元格。在合并多个单元格时,只有左上角或右上角的一个单元格的内容会显示在合并单元格中。选择要合并的相邻单元格,单击"开始"选项卡→"对齐方式"组→"合并及居中"或"跨越合并"或"合并单元格",如图 11.4 所示。跨越合并是将所选单元格的每行合并为一个更大的单元格。

(2)拆分合并的单元格

在 Excel 中无法拆分单个单元格,但是可以把已经合并的单元格重新拆分。合并单元格的内容将出现在拆分单元格区域左上角的单元格中。选择要拆分的合并单元格,单击"开始"选项卡→"对齐方式"组→"合并及居中"或"合并及居中"下拉列表中的"取消单元格合并"。

5. 冻结窗格与拆分窗格

在一屏中显示不全的工作表中,滚动到工作表的其他区域时标题行或列将不可见,用户难以得知每个单元格的数据代表什么意思,此时,可以通过冻结窗格来锁定工作表中的特定行或列,或者通过拆分窗格来创建多个工作表区域,以便各区域可以独立滚动。

(1)冻结窗格

在 Excel 中只能冻结工作表中的顶行和左侧的列,可以选择只冻结工作表的顶行,或只冻结工作表的左侧列,或同时冻结多个行和列,但无法冻结工作表中间的行和列。

处于单元格编辑模式或工作表受保护时,"冻结窗格"命令将无法使用。按 Enter 或 Esc 可以取消单元格编辑模式。例如,冻结了列 A 后,再要冻结行 1 也是不可以的。如果需要同时冻结行和列,必须选择同时冻结它们。

①冻结首行:单击"冻结首行",可以仅锁定第一行。

②冻结首列：单击"冻结首列"，可以仅锁定第一列。

③冻结多行：选择要在滚动时保持可见的行下方的行，单击"视图"选项卡→"窗口"组→"冻结窗格"下拉列表→"冻结拆分窗格"，如图11.5所示，可以锁定多行。

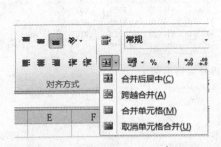

图11.4 "合并及居中"下拉菜单

图11.5 "冻结窗口"下拉列表

④冻结多列：选择要在滚动时保持可见的列右侧的列，单击"视图"选项卡→"窗口"组→"冻结窗格"下拉列表→"冻结拆分窗格"，可以锁定多列。

⑤冻结行和列：选择要在滚动时保持可见的行的下方和列的右侧的单元格，单击"视图"选项卡→"窗口"组→"冻结窗格"下拉列表→"冻结拆分窗格"，可以同时锁定行和列。

⑥取消冻结窗格：单击"视图"选项卡→"窗口"组→"冻结窗格"下拉列表→"取消冻结窗格"。

冻结窗格后，在工作表中滚动时，Excel将保持特定的行或列可见。如图11.6所示是选中单元格C2，执行冻结拆分窗格命令，冻结首行和左侧两列的效果，图中实线表示冻结行或列的边界。

	A	B	E	F	G
1	年度	季度	日化	纸制品	日杂
8	2013年	第三季度	¥1,020	¥588	¥972
9	2013年	第四季度	¥846	¥180	¥294
10	2014年	第一季度	¥1,029	¥1,812	¥753
11	2014年	第二季度	¥1,353	¥1,446	¥918

图11.6 冻结窗口示例

（2）拆分窗格

选择要拆分的行的下方和列的右侧的单元格，单击"视图"选项卡→"窗口"组→"拆分"，将工作表分为2个或4个区域，可以在每个单独的工作表区域中锁定行或列。或者指向垂直滚动条顶端或水平滚动条右端的拆分框，如图11.7所示，当指针变为双指向箭头时，将拆分框向下或向左拖至所需的位置。

图11.7 垂直拆分框

如图11.8所示，拆分窗格后可在这些区域中滚动，同时保持非滚动区域中的行或列依然可见。要取消拆分，请双击分割窗格的拆分条的任何部分。值得注意的是，Excel中无法同时拆分窗格和冻结窗格。

图 11.8 拆分窗格示例

11.2.5 格式的基本操作

条件格式详见数据分析一节。

1．单元格格式

（1）应用单元格边框

选择要添加边框的单元格或单元格区域，单击"开始"选项卡→"字体"组→"边框"，然后单击需要的边框样式，如图 11.9 所示。

（2）应用单元格底纹

选择要应用底纹的单元格或单元格区域，单击"开始"选项卡→"字体"组→"填充颜色"，然后在"主题颜色"或"标准色"下，单击所要的颜色。

（3）自定义单元格边框

可以创建包含自定义边框的单元格样式，然后应用该单元格样式。

【Step1】单击"开始"选项卡→"样式"组→"单元格样式"→"新建单元格样式"，在"样式"对话框的"样式名"框中，为新单元格样式键入适当的名称，单击"格式"，如图 11.10 所示。

【Step2】单击"设置单元格格式"对话框的"边框"选项卡→"线 图 11.9 "边框"列表条"下的"样式"列表，如图 11.11 所示。在"颜色"框下，选择要使用的颜色。在"边框"下，单击边框按钮创建要使用的边框。单击"确定"。

【Step3】在"样式"对话框的"包括样式（例子）"下，清除不希望包含在单元格样式中的任何格式对应的复选框。单击"确定"。

（4）行高和列宽

单击"开始"选项卡→"单元格"组→"格式"下拉列表，选择"自动调整行高""自动调整列宽"，或者选择"行高"或"列宽"，在打开的对话框中输入行高或列宽值。

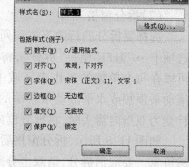

图 11.10 "样式"对话框

图 11.11 "设置单元格格式"对话框"边框"选项卡

(5) 套用表格格式

Excel 2010 预设了多种美观大方的表格格式，使用套用表格格式功能可以根据预设的格式，快速将表格格式化，节省使用者将报表格式化的时间。将鼠标定位在数据区域中的任一单元格，单击"开始"选项卡→"样式"组→"套用表格格式"下拉列表，选择所需的表格格式。图 11.12 和图 11.13 是"套用表格格式"下拉列表和套用了"表样式中等深浅 2"样式的效果示例。

2. 数据格式

(1) 字体格式

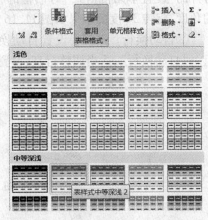

图 11.12 "套用表格格式"下拉列表

字体格式设置方法与 Word 2010 相同或相似，先选择单元格数据，然后单击"开始"选项卡"字体"组中相应的命令按钮，可供选择的格式命令如图 11.14 所示。

	A	B	C	D	E	F	G
1	年度	季度	总销售额	食品	日化	纸制品	日杂
2	2012年	第一季度	¥3,489	¥723	¥1,113	¥1,191	¥462
3	2012年	第二季度	¥2,355	¥690	¥387	¥972	¥306
4	2012年	第三季度	¥3,207	¥294	¥753	¥918	¥1,242
5	2012年	第四季度	¥3,777	¥462	¥1,179	¥444	¥1,692
6	2013年	第一季度	¥3,684	¥1,731	¥267	¥996	¥690
7	2013年	第二季度	¥4,575	¥1,446	¥876	¥1,866	¥387
8	2013年	第三季度	¥3,267	¥687	¥1,020	¥588	¥972
9	2013年	第四季度	¥3,096	¥1,776	¥846	¥180	¥294
10	2014年	第一季度	¥5,154	¥1,560	¥1,029	¥1,812	¥753
11	2014年	第二季度	¥4,335	¥618	¥1,353	¥1,446	¥918

图 11.13 "表样式中等深浅 2"样式的效果

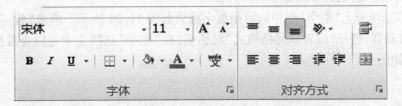

图 11.14 "开始"选项卡"字体"组

(2) 对齐方式

对齐方式设置方法与 Word 2010 相同,先选择单元格数据,然后单击"开始"选项卡"对齐方式"组中相应的命令按钮,其中,"方向"、"自动换行"和"合并后居中"是 Excel 2010 中特有的。"合并后居中"命令的叙述详见 11.2.4-4 合并单元格与拆分单元格。

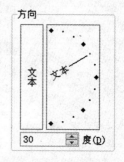

图 11.15 "设置单元格格式"对话框"对齐"选项卡

① 文本方向。单击"开始"选项卡→"对齐方式"组→"方向"下拉列表,如图 11.15 所示,选择"逆时针角度""顺时针角度""竖排文字""向上旋转文字"或"向下旋转文字"沿对角或垂直方向旋转文本,效果如图所示;或者"设置单元格对齐方式"在打开的"设置单元格格式"对话框的"对齐"选项卡中输入所需的角度,旋转 30 度的效果如图 11.16 中单元格 G1 中所示。

② 自动换行。选择要设置自动换行的单元格区域,单击"开始"选项卡→"对齐方式"组→"自动换行",适当调整行高,设置前后效果如图 11.17 和图 11.18 所示。

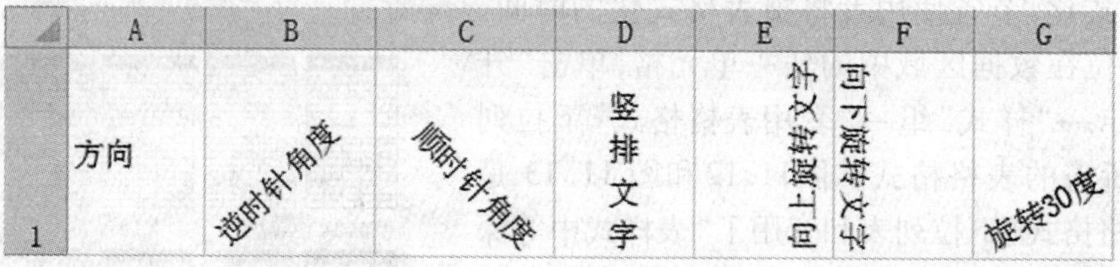

图 11.16 文本方向示例

图 11.17 设置自动换行前

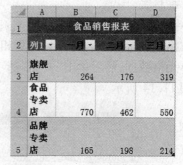

图 11.18 设置自动换行后

(3) 数字格式

数字格式可以更改数字在单元格中的外观而不会更改执行计算的实际单元格值,实际值显示在编辑栏中。例如,图 11.19 所示的单元格 D1 中显示的是具有货币数字格式的数字,编辑栏中显示的是数字的实际值。

"开始"选项卡上"数字"组中的可用数字格式如图 11.20 所示。单击"数字"组右下角的对话框启动器,打开"设置单元格格式"对话框,在"数字"选项卡中可以查看所有可用的数字格式,如图 11.21 所示。

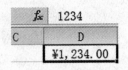

图11.19 数字格式示例　　　　图11.20 "数字"组

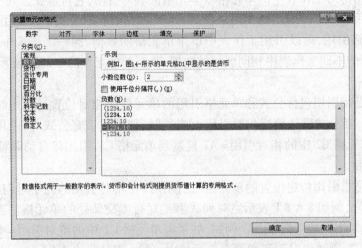

图11.21 "设置单元格格式"对话框

①常规:输入数字时的默认格式。数字以输入的方式显示,对12位以上的数字使用科学计数法表示。如果单元格的宽度不够,则用小数点对数字进行四舍五入。

②数值:用于数字的一般表示,可以指定保留小数位数、是否使用千位分隔符以及如何显示负数。

③货币:用于一般货币值并显示带有数字的默认货币符号,可以指定保留小数位数、是否使用千位分隔符以及如何显示负数。

④会计专用:也用于货币值,但是它会在一列中对齐货币符号和数字的小数点。

⑤日期和时间:根据用户指定的类型和国家/地区设置,将日期和时间序列号显示为日期值。

⑥百分比:将单元格值乘以100,并用百分号%显示结果,可以指定保留小数位数。

⑦分数:根据所指定的分数类型以分数形式显示数字。

⑧科学记数:以指数表示法显示数字,用 $E+n$ 替代数字的一部分,其值是10的 n 次幂乘以 E 前面的数字,可以指定要使用的小数位数。例如,1234567890科学记数法表示为 $1.23E+10$,即用1.23乘以10的10次幂。

⑨文本:将单元格的内容视为文本,数字也视为文本,单元格中显示的与输入的内容完全一致。

⑩特殊:将数字显示为邮政编码、电话号码或社会保险号码。

⑪自定义:创建自定义数字格式并将其添加到数字格式代码的列表中。

11.3 数据计算

11.3.1 单元格引用

单元格引用是对工作表中的单元格或单元格区域的引用,它可以在公式中使用,以便获取公式中所使用的数据。引用的作用是告知 Excel 在何处获取公式中所使用的数据。在公式中使用单元格引用,可以引用工作表中单个单元格的数据、同一工作表中不同区域的数据、同一工作簿的不同工作表中相同区域的数据,甚至其他工作簿中的数据。

1. 相对引用

相对引用是指引用包含公式和单元格引用的单元格的相对位置。引用时,使用列表和行号,例如 A1。新公式默认使用相对引用。当复制、移动或填充公式时,引用会自动调整。例如,如果将单元格 C2 中的相对引用=A1 复制到单元格 C3,引用将自动调整为=A2。

2. 绝对引用

绝对引用是指引用特定位置的单元格。引用时,在相对引用的列字母与行数字前分别加一个"＄"符号,例如＄A＄1 表示绝对列 A 和绝对行 1 交叉处的单元格。当复制、移动或填充公式时,绝对引用将保持不变。例如,如果将单元格 C2 中的绝对引用=＄A＄1 复制或填充到单元格 C3,则该绝对引用在两个单元格中一样,都是 =＄A＄1。

3. 混合引用

混合引用是指在同一个引用中混合使用绝对引用和相对引用的情形,包括绝对引用列和绝对引用行两种形式。绝对引用列采用绝对列和相对行,即单元格地址的列标前加上"＄",例如＄A1 表示绝对列 A 和相对行 1 交叉处的单元格。绝对引用行采用相对列和绝对行,即单元格地址的行号前加上"＄",例如 A＄1 表示相对列 A 和绝对行 1 交叉处的单元格。当复制、移动或填充公式时,相对引用部分会随着单元格地址的变化而自动调整,而绝对引用部分保持不变。例如,如果将一个混合引用=A＄1 从 A2 复制到 B3,它将调整为 =B＄1。

4. 工作表引用

如果参与运算的数据在其他工作表中,可使用工作表引用。格式为"工作表名！单元格地址"。若要引用多连续个工作表的相同单元格区域,可在引用开始的工作表名和结束工作表名之间加冒号。例如,=SUM(Sheet1：Sheet5！A3)可以计算从工作表 1 到工作表 5 五个工作表的 A3 单元格内包含的数值的和。

5. 工作簿引用

如果参与运算的数据在其他工作簿中,可使用工作簿引用,又称外部引用或链接。根据为公式提供数据的工作簿在 Excel 中是否处于打开状态,包含对其他工作簿的外部引用的公式具有两种格式。

当工作簿处于打开状态时,引用格式为"［工作簿名］工作表名！单元格地址"。例如,公式=SUM(［test.xlsx］sheet1！A1:C5)将对名为 test.xlsx 的工作簿中的单元格 A1:C5 进行求和。

当工作簿处于关闭状态时,外部引用包括完整路径,引用格式为"'盘符:\路径\[工作簿名]工作表名'！单元格地址"。例如,公式=SUM('C:\Reports\book1.xlsx]sheet1'！C1:C5)

将对名为 book1.xlsx 的工作簿中的单元格 C1:C5 进行求和。

注意,如果工作表或工作簿的名称中包含非字母字符,则必须将相应名称或路径用单引号'括起来。

11.3.2 公式

公式是可以进行计算、返回信息、操作其他单元格的内容、测试条件等操作的方程式。公式以等号开头,可以包含运算符、引用、常量和函数。

下面将具体介绍在公式中使用运算符、常量和名称。有关在公式中使用引用、函数和嵌套函数的内容,详见 11.3.1 单元格引用和 11.3.3 函数。

1. 在公式中使用运算符

运算符用来指定计算类型。

(1) 运算符类型

运算符分为 4 种不同类型:算术、比较、文本连接和引用。

①算术运算符。算术运算符是用来进行基本的数学运算的,生成数值结果。常用算术运算符有+(加号)、-(减号)、*(乘号)、/(除号)、%(百分号)、^(乘方脱字号)。

②比较运算符。比较运算符用来比较两个值,结果为逻辑值 TRUE 或 FALSE。常用比较运算符有=(等号)、>(大于号)、<(小于号)、>=(大于等于号)、<=(小于等于号)、<>(不等号)。

③文本连接运算符。文本连接运算符与号(&)用来连接一个或多个文本字符串。

(2) 公式计算的次序

公式计算的次序会影响公式的运算结果,对于同一个公式中的不同运算类型,有一个默认的计算次序,叫作优先级别,它遵循一般的数学规则。优先级别高的先运算,同一级别的运算符从左到右计算,可以使用括号更改该次序。公式中各种运算的优先级别从高到低为负号→百分比→乘方→乘和除→加和减→文本连接运算符→比较运算符。

2. 创建或删除公式

(1) 创建公式

【Step1】选择一个单元格,键入一个=(等号)作为公式的开头。

【Step2】键入公式的其余部分,或者用鼠标选中作为运算对象的单元格,并在每两个单元格之间插入一个运算符。例如,选中 B1,然后键入一个加号+,选中 C1 并键入一个加号+,然后再选中 D1。

【step3】按 Enter 键完成公式。

(2) 删除公式

删除公式时,该公式的结果值也会被删除。选择包含公式的单元格或单元格区域,按 Delete 键。要删除公式而不删除其结果值,选择包含公式的单元格或单元格区域,单击"开始"选项卡→"剪贴板"组→"复制",再单击"开始"选项卡→"剪贴板"组→"粘贴"下的箭头,然后单击"粘贴值"。

3. 移动或复制公式

在移动公式时,无论使用哪种单元格引用,公式内的单元格引用都不会更改。在复制公式时,单元格引用会根据所用单元格引用的类型而变化。

(1)移动公式

选择包含公式的单元格,单击“开始”选项卡→“剪贴板”组→“剪切”,或者将所选单元格的边框拖动到粘贴区域左上角的单元格上。单击“开始”选项卡→“剪贴板”组→“粘贴”来粘贴公式和所有格式,或者 单击“开始”选项卡→“剪贴板”组→“粘贴”→“公式”只粘贴公式。

(2)复制公式

选择包含公式的单元格,单击“开始”选项卡→“剪贴板”组→“复制”,单击“开始”选项卡→“剪贴板”组→“粘贴”来粘贴公式和所有格式,或者 “开始”选项卡→“剪贴板”组→“粘贴”→“公式”只粘贴公式,或者单击“开始”选项卡→“剪贴板”组→“粘贴”→“值”只粘贴公式结果。例如图 11.22 所示,将包含引用的公式从单元格 C2 复制到向下和向右各两个单元格的 E4 时,各种引用类型的更新的方式,见表 11.3。

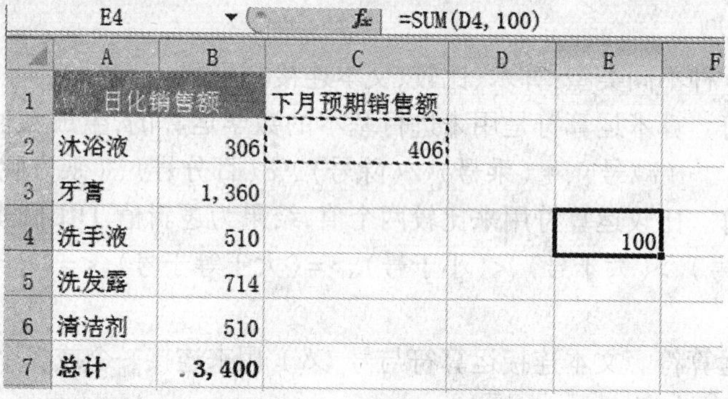
E4 =SUM(D4, 100)

	A	B	C	D	E	F
1	日化销售额		下月预期销售额			
2	沐浴液	306	406			
3	牙膏	1,360				
4	洗手液	510			100	
5	洗发露	714				
6	清洁剂	510				
7	总计	3,400				

图 11.22 复制公式示例

表 11.3 各种引用类型的更新的方式

复制前 C2 对单元格 B2 的引用	复制到 E4 中后对单元格 B2 的引用
B2 绝对列和绝对行	B2
B$2 相对列和绝对行	D$2
$B2 绝对列和相对行	$B4
B2 相对列和相对行	D4

11.3.3 函数

函数是预定义的公式,通过使用特定数值以特定的顺序或结构进行特定的计算。这些特定数值称为“参数”,参数可以是单元格引用、数字、文本、逻辑值、公式、数组或函数。计算的结果称为“返回值”。参数和返回值的类型取决于具体使用的函数。例如,=sum(A1,100)是 sum 函数的一个示例,用于计算单元格 A1 中数据与 100 的和。

1. 输入函数

在公式中输入函数时,单击名称框和输入框之间的“插入函数”按钮,打开“插入函数”对话框,如图 11.23 所示,显示函数的名称及其参数、函数及其各个参数的说明,单击“确定”,打开“函数参数”对话框,如图 11.24 所示,设置参数后显示函数的当前结果以及整个公式的当前结果,单击“确定”。如图 11.25 所示,C2 中插入函数=SUM(B2,100)后,单元格中显示函数运算结果,编辑栏中显示公式。

若要更轻松地创建和编辑公式并将键入错误和语法错误减到最少,可使用"公式记忆式键入"。当键入 =(等号)和开头的几个字母或显示触发字符之后,Excel 会在单元格的下方显示一个动态下拉列表,如图 11.26 所示,该列表中包含与这几个字母或该触发字符相匹配的有效函数、参数和名称。然后可以将该下拉列表中的一项插入到公式中。

在输入内置函数时,会出现一个带有语法和参数的工具提示。例如,键入 =SUM(时,会出现如图 11.27 所示工具提示。

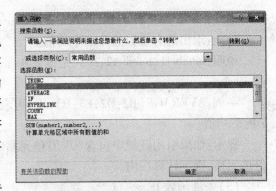

图 11.23 "插入函数"对话框

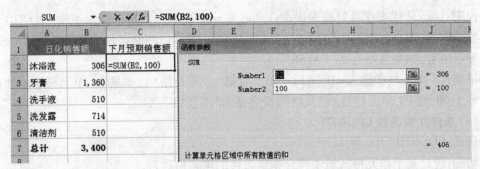

图 11.24 "函数参数"对话框

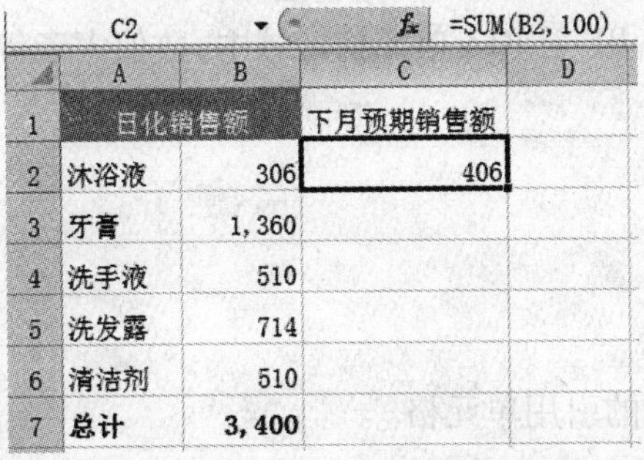

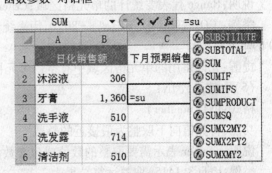

图 11.25 插入公式后的单元格 　　图 11.26 函数动态下拉列表

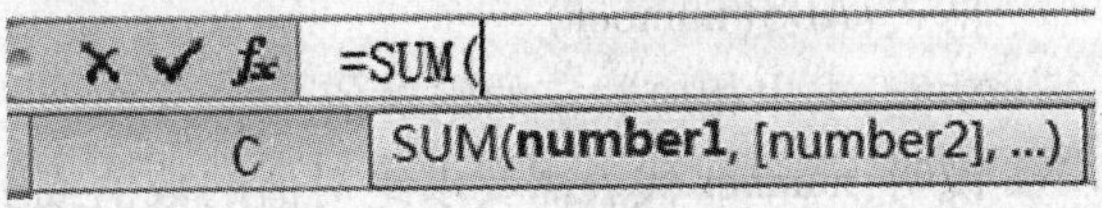

2. 常用函数

(1)求和函数 SUM

格式:SUM(number1,number2,……)

图 11.27 函数工具提示

功能:计算单元格区域中所有数值的和。

说明:number1,number2,……是需要求平均值的数值或引用单元格(区域)。

举例:SUM(A1,B1:B5,10) 返回 A1 单元格、B1 至 B5 单元格区域和数值 10 的和。

(2)求平均数函数 AVERAGE

格式：AVERAGE(number1,number2,……)

功能：求出所有参数的算术平均值。

说明：number1,number2,……是需要求平均值的数值或引用单元格(区域)，参数不超过30个。

举例：AVERAGE(B2:D2,F3:H3,10)可求出B2至D2区域、F3至H3区域中的数值和7的平均值。

提示：如果引用区域中包含"0"值单元格，则计算在内；如果引用区域中包含空白或字符单元格，则不计算在内。

(3)条件函数IF

格式：=IF(Logical,Value_if_true,Value_if_false)

功能：判断是否满足条件Logical，如果满足则返回Value_if_true，如果不满足则返回Value_if_false。

说明：Logical代表逻辑判断表达式；Value_if_true表示当判断条件为逻辑"真(TRUE)"时的显示内容，如果忽略返回"TRUE"；Value_if_false表示当判断条件为逻辑"假(FALSE)"时的显示内容，如果忽略返回"FALSE"。

举例：C1单元格中输入=IF(A1>=60,"及格","不及格")，如果A1单元格中的数值大于或等于60，则C1单元格显示"及格"，反之显示"不及格"。

(4)条件计数函数COUNTIF

格式：COUNTIF(Range,Criteria)

功能：统计某个单元格区域中符合指定条件的单元格数目。

说明：Range代表要统计的单元格区域；Criteria表示指定的条件表达式。

举例：COUNTIF(B1:B13,">=80")用来统计B1至B13单元格区域中，数值大于等于80的单元格数目。

提醒：允许引用的单元格区域中有空白单元格。

(5)取整函数INT

格式：INT(number)

功能：将数值向下取整为最接近的整数。

说明：number表示需要取整的数值或包含数值的引用单元格。

举例：INT(3.1415)取整运算结果为3。

(6)求绝对值函数ABS

格式：ABS(number)

功能：求出相应数字的绝对值。

说明：number代表需要求绝对值的数值或引用的单元格。

举例：如果在B2单元格中输入公式：=ABS(A2)，则在A2单元格中无论输入正数(如5)还是负数(如-5)，B2中均显示为正数(如5)。

提醒：如果number参数不是数值，而是一些字符(如A等)，则B2中返回错误值"#VALUE!"。

(6)四舍五入函数ROUND

格式：ROUND(number,num_digits)

功能：根据指定的位数 num_digits，将数字 number 四舍五入。

说明：如果 num_digits>0，则舍入到指定的小数位；如果 num_digits=0，则舍入到整数；如果 num_digits<0，则在小数点左侧（整数部分）进行舍入。

举例：ROUND(3.1415926,2)，其值为 3.14；ROUND(3.1415926,0)，其值为 3；ROUND(759.7852,-4)，其值为 800。

(7) 求最大值函数 MAX 和求最小值函数 MIN

格式：MAX(number1,number2,……)

功能：求参数列表中对应数字的最大值。

格式：MIN(number1,number2,……)

功能：求参数列表中对应数字的最小值

说明：以上两个函数中参数 number1,number2,……表示要从中找出最大值或最小值的 1~30 个数字参数。

(8) 字符串比较函数 EXACT

格式：EXACT(text1,text2)

功能：比较两个文本字符串是否相同，相同返回"TRUE"，反之，则返回"FALSE"。

说明：参数 text1 和 text2 表示的是两个要比较的文本字符串。另外，在字符串中如果有不同的空格，也会被视为不同。

举例：EXACT("word","word") 返回 TRUE，EXACT("Word","word") 返回 FALSE，EXACT("w ord","word") 返回 FALSE。

提示：EXACT 函数在判别字符串时区分英文的大小写，但不考虑格式设置的差异。

(9) 字符串连接函数 CONCATENATE

格式：CONCATENATE(text1,text2,……)

功能：将多个字符文本或单元格中的数据连接在一起，作为返回值显示在一个单元格中。

说明：text1,text2,……表示的是需要连接的字符文本或引用的单元格，该函数最多可以附带 30 个参数。

提示：如果其中的参数不是引用的单元格，且为文本格式的，请给参数加上英文输入法状态下的双引号。

举例：假设 A1 单元格中的数据为"text"，B1 单元格中的数据为"sohu"，那么函数 CONCATENATE(A1,"@",B1,".com") 的返回值为"text@sohu.com"。

11.4 数据分析

11.4.1 条件格式

条件格式是根据条件更改单元格区域的格式。如果符合条件，则根据该条件改变单元格区域的格式，否则不变。条件格式可以用数据条、颜色刻度和图标集来突出显示符合条件的单元格或单元格区域。条件格式可以应用于单元格区域、Excel 表格或数据透视表。

1. 快速设置数据条、色阶和图标集

下面介绍应用条件格式的操作方法：

选择要设置条件格式的数据。预览条件格式，单击"开始"选项卡→"样式"组→"条件格式"→"数据条"或"色阶"或"图标集"。如图 11.28 所示，将鼠标指针悬停在色阶图标上，预览应用了条件格式的数据。在三色阶中，最上面的颜色代表较高值，中间的颜色代表中间值，最下面的颜色代表较低值。单击认为满意的样式即可应用条件格式。如图 11.29 和图 11.30 所示为数据条和图标集示例。

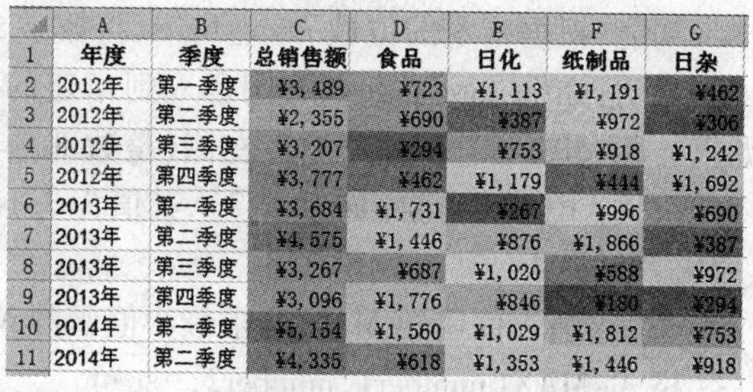

图 11.28 色阶示例

图 11.29 数据条示例

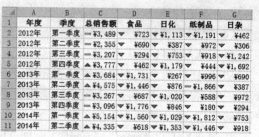

图 11.30 图标集示例

2. 使用突出显示单元格规则或项目选取规则

选择要设置格式的单元格，单击"开始"选项卡→"样式"组→"条件格式"，指向"突出显示单元格规则"或"项目选取规则"，如图 11.31 和图 11.32 所示选择所需样式。

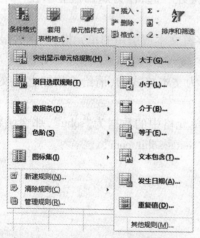

图 11.31 "突出显示单元格规则"子菜单

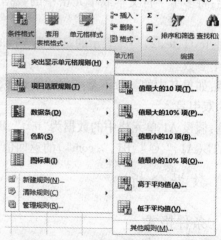

图 11.32 "项目选取规则"子菜单

例如，对工作表"近三年销售额"使用突出显示单元格规则，列 B 值等于"第一季度"的单元格设置浅红填充色深红色文本，等于"第二季度"的单元格设置绿填充色深红色文本，其设置及效果如图 11.33、图 11.34 和图 11.35 所示。

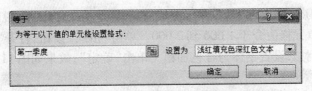

图 11.33 "第一季度"的单元格设置

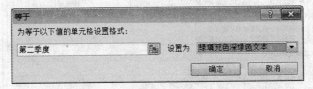

图 11.34 "第二季度"的单元格设置

	A	B	C	D	E	F	G
1	年度	季度	总销售额	食品	日化	纸制品	日杂
2	2012年	第一季度	3489	723	1113	1191	462
3	2012年	第二季度	2355	690	387	972	306
4	2012年	第三季度	3207	294	753	918	1242
5	2012年	第四季度	3777	462	1179	444	1692
6	2013年	第一季度	3684	1731	267	996	690
7	2013年	第二季度	4575	1446	876	1866	387
8	2013年	第三季度	3267	687	1020	588	972
9	2013年	第四季度	3096	1776	846	180	294
10	2014年	第一季度	5154	1560	1029	1812	753
11	2014年	第二季度	4335	618	1353	1446	918

图 11.35 突出显示单元格规则示例

接着再对单元格区域 D2:G11 使用项目选取规则,低于平均值的单元格设置黄填充色深黄色文本,其设置及效果如图 11.36 和图 11.37 所示。

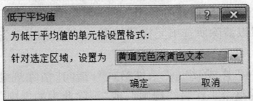

图 11.36 低于平均值设置

	A	B	C	D	E	F	G
1	年度	季度	总销售额	食品	日化	纸制品	日杂
2	2012年	第一季度	3489	723	1113	1191	462
3	2012年	第二季度	2355	690	387	972	306
4	2012年	第三季度	3207	294	753	918	1242
5	2012年	第四季度	3777	462	1179	444	1692
6	2013年	第一季度	3684	1731	267	996	690
7	2013年	第二季度	4575	1446	876	1866	387
8	2013年	第三季度	3267	687	1020	588	972
9	2013年	第四季度	3096	1776	846	180	294
10	2014年	第一季度	5154	1560	1029	1812	753
11	2014年	第二季度	4335	618	1353	1446	918

图 11.37 低于平均值效果

3. 自定义条件格式规则

选择要设置格式的单元格,单击"开始"选项卡→"样式"组→"条件格式"→"新建规则",如图 11.38 所示,在"新建格式规则"对话框中的"选择规则类型"列表内,选择某个规则,例如,选择"只为包含以下内容的单元格设置格式"。在"编辑规则说明"框中进行选择,例如,设置条件为单元格值介于1 000到2 000。单击"格式"按钮,打开"设置单元格格式"对话框进行设置,例如,设置字体为红色加粗。单击"确定",效果如图11.39所示。

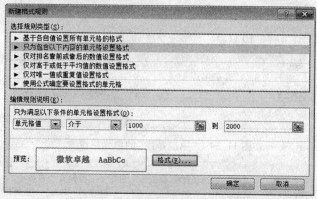

图11.38 "新建格式规则"对话框

	A	B	C	D	E	F	G
1	年度	季度	总销售额	食品	日化	纸制品	日杂
2	2012年	第一季度	¥3,489	¥723	¥1,113	¥1,191	¥462
3	2012年	第二季度	¥2,355	¥690	¥387	¥972	¥306
4	2012年	第三季度	¥3,207	¥294	¥753	¥918	¥1,242
5	2012年	第四季度	¥3,777	¥462	¥1,179	¥444	¥1,692
6	2013年	第一季度	¥3,684	¥1,731	¥267	¥996	¥690
7	2013年	第二季度	¥4,575	¥1,446	¥876	¥1,866	¥387
8	2013年	第三季度	¥3,267	¥687	¥1,020	¥588	¥972
9	2013年	第四季度	¥3,096	¥1,776	¥846	¥180	¥294
10	2014年	第一季度	¥5,154	¥1,560	¥1,029	¥1,812	¥753
11	2014年	第二季度	¥4,335	¥618	¥1,353	¥1,446	¥918

图11.39 自定义条件格式规则示例

4. 清除条件格式

清除条件格式时,可以清除所选单元格的规则,也可以在未首先选择单元格的情况下清除整个工作表的规则。

单击"开始"选项卡→"样式"组→"条件格式",指向"清除规则",然后选择"清除所选单元格的规则",或"清除整个工作表的规则",或"清除此表的规则"。

11.4.2 数据的排序

1. Excel表中排序

Excel表的排序条件随工作簿一起保存,每当打开工作簿时,都会对表重新应用排序,所以对于数据经常会发生变动的情况非常适合在Excel表中进行排序。

【Step1】创建Excel表。选中任意单元格,单击"插入"选项卡→"表格",打开"创建表"对话框,如图11.40所示,"表数据的来源"框中自动给出数据范围,即表中虚线框内的区域,复选"表包含标题"。单击"确定"。创建表格后,每列顶部都将显示下拉箭头,如图11.41所示。

【Step2】单击列首的箭头,如图所示,选择"升序"或"降序"或"按颜色进行排列"可对该列进行排序。注意:一次只能对一列进行排序。

①升序:数值从小到大,文本按字母或拼音开头字母先后循序进行排列,日期和时间从先到后。

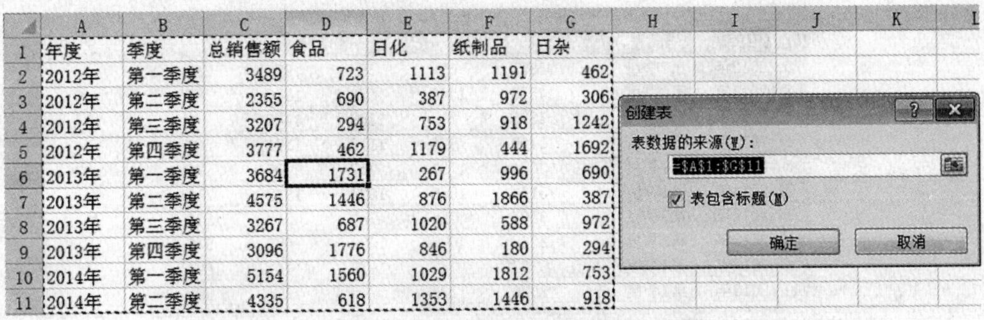

图 11.40 "创建表"对话框及表数据来源

图 11.41 创建表格效果

②降序:与升序相反。

③按颜色进行排序:如果已经应用了条件格式,可以根据单元格颜色、字体颜色或图标进行排序。选择"按颜色排序"下的"按单元格颜色""按字体颜色"或"按单元格图标排序"中的相应选项。"按颜色排序"下拉列表根据表格数据之前是否设置了条件格式会有所不同。如图 11.42 和图 11.43 所示为按字体颜色排列的设置和效果;如图11.44和图 11.45 所示为按单元格图标(条件格式中的图标集)排列的设置和效果。

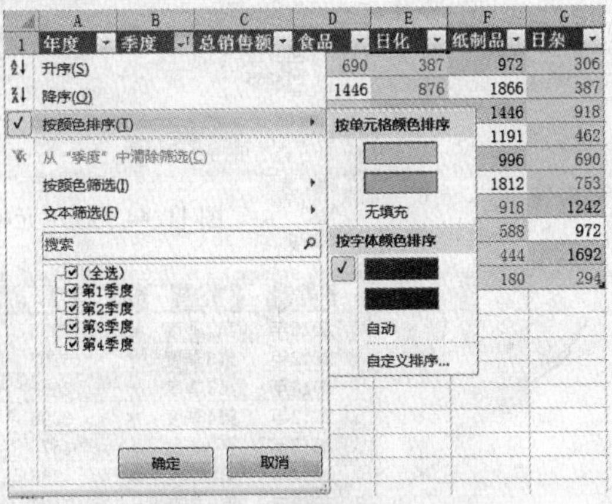

图 11.42 按字体颜色排列的设置

2. 自定义排序

如果不需要随时更新数据,可以不创建 Excel 表直接排序。选择要排序的列中的单元格,单击"开始"选项卡→"编辑"组→"排序和筛选",选择"升序"或"降序"即可。如果需要多个列或行进行排序,按笔画进行排序,则选择"自定义排序"。在打开的"排序"对话框中,设置主要排序条件,当出现相同值时,按照次要条件进行排序,以此类推。

例如,首先按季度数值笔画升序排序,当季度相同时,按年度数值升序进行排列。"排序"对话框和单击"选项..."按钮时打开的"排序选项"对话框如图 11.46 和图 11.47 所示,排序效果如图 11.48 所示。

	A	B	C	D	E	F	G
1	年度	季度	总销售额	食品	日化	纸制品	日杂
2	2012年	第2季度	2355	690	387	972	306
3	2013年	第2季度	4575	1446	876	1866	387
4	2014年	第2季度	4335	618	1353	1446	918
5	2012年	第1季度	3489	723	1113	1191	462
6	2013年	第1季度	3684	1731	267	996	690
7	2014年	第1季度	5154	1560	1029	1812	753
8	2012年	第3季度	3207	294	753	918	1242
9	2013年	第3季度	3267	687	1020	588	972
10	2012年	第4季度	3777	462	1179	444	1692
11	2013年	第4季度	3096	1776	846	180	294

图 11.43 按字体颜色排列示例

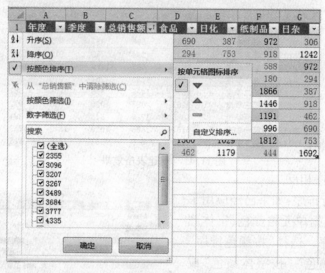

图 11.44 按单元格图标排列的设置

	A	B	C	D	E	F	G
1	年度	季度	总销售额	食品	日化	纸制品	日杂
2	2012年	第2季度	▼ 2355	690	387	972	306
3	2012年	第3季度	▼ 3207	294	753	918	1242
4	2013年	第3季度	▼ 3267	687	1020	588	972
5	2013年	第4季度	▼ 3096	1776	846	180	294
6	2013年	第2季度	▲ 4575	1446	876	1866	387
7	2014年	第2季度	▲ 4335	618	1353	1446	918
8	2012年	第1季度	— 3489	723	1113	1191	462
9	2013年	第1季度	— 3684	1731	267	996	690
10	2014年	第1季度	▲ 5154	1560	1029	1812	753
11	2012年	第4季度	— 3777	462	1179	444	1692

图 11.45 按单元格图标排列示例

图 11.46 "排序"对话框

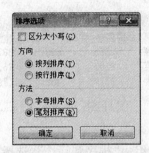

图 11.47　"排序选项"对话框

	A	B	C	D	E	F	G
1	年度	季度	总销售额	食品	日化	纸制品	日杂
2	2012年	第一季度	3489	723	1113	1191	462
3	2013年	第一季度	3684	1731	267	996	690
4	2014年	第一季度	5154	1560	1029	1812	753
5	2012年	第二季度	2355	690	387	972	306
6	2013年	第二季度	4575	1446	876	1866	387
7	2014年	第二季度	4335	618	1353	1446	918
8	2012年	第三季度	3207	294	753	918	1242
9	2013年	第三季度	3267	687	1020	588	972
10	2012年	第四季度	3777	462	1179	444	1692
11	2013年	第四季度	3096	1776	846	180	294

图 11.48　排序示例

11.4.3　数据的筛选

1. Excel 表中筛选

使用"筛选"项目来筛选数据，可以方便快捷地查找具有特定值或值在一定范围内的单元格。在 Excel 表中单击要筛选的列上的下拉箭头，清除"全选"复选框，然后复选要查看的值。或者根据列中信息的类型，指向"数字筛选""文本筛选"等以进行选择，可以对多列进行筛选。如图 11.49、图 11.50 和 11.51 所示是筛选 2012 年第二、三、四季度销售额的设置和效果。

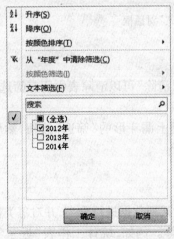

图 11.49　筛选 2012 年

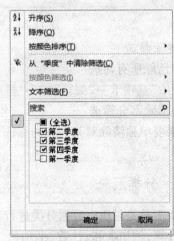

图 11.50　筛选第二、三、四季度

	A	B	C	D	E	F	G
1	年度	季度	总销售	食品	日化	纸制品	日杂
5	2012年	第二季度	2355	690	387	972	306
8	2012年	第三季度	3207	294	753	918	1242
10	2012年	第四季度	3777	462	1179	444	1692

图 11.51 筛选示例

2. 自定义筛选

单击"开始"选项卡→"编辑"组→"排序和筛选",选择"筛选",首行数据自动添加下拉列表,单击要排序的列的向下箭头→"数字筛选"或"文本筛选",选择需要的条件,如图 11.52 所示,或"自定义筛选",在打开的"自定义自动筛选方式"对话框中设置筛选条件,多个条件之间可以是逻辑"与"或"或"的关系,必须同时满足的条件为"与",满足条件之一即可的条件为"或"。如图 11.53 所示为筛选总销售额在 4 000 到 5 000 之间的数据。

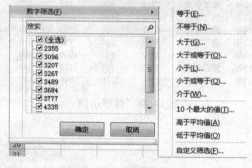

图 11.52 数字筛选

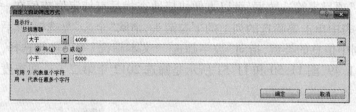

图 11.53 "自定义自动筛选方式"对话框

3. 清除筛选

(1) 清除所有筛选

"开始"选项卡→"编辑"组→"排序和筛选",选择"清除"可以清除表中所有筛选条件。

(2) 清除部分筛选

如果要单独清除对某一列的筛选,要单击该列标题上漏斗形的"筛选"按钮,然后复选"(全选)"。

11.4.4 分类汇总

分类汇总是对所有数据分类进行汇总,即根据表中某列数据进行分类,并对每类数据进行统计计算,例如求和、计数、平均值、最大值、最小值等。例如,统计工作表"近三年销售额"中每年销售额之和,可以使用分类汇总。

1. 插入分类汇总

下面以按年度分类汇总销售额为例,介绍插入分类汇总的操作方法:

【Step1】确保要进行分类汇总的每个列的第一行都具有一个标签,每个列中都包含类似的数据,并且该区域不包含任何空白行或空白列。在该区域中选择一个单元格。

【Step2】对用作分组依据的列进行排序。选择该列,单击"数据"选项卡→"排序和筛选"组→"升序"或"降序"。

【Step3】单击"数据"选项卡→"分级显示"组→"分类汇总",打开"分类汇总"对话框,如图11.54所示。

【Step4】在"分类字段"框中,单击要分类汇总的列,例如"年度"。在"汇总方式"框中,单击要用来计算分类汇总的汇总函数,例如"求和"。在"选定汇总项"框中,对于包含要计

图11.54 "分类汇总"对话框

算分类汇总的值的每个列,选中其复选框,例如"销售额"。如图11.55所示为按年度分类,对销售总额进行分类汇总的示例。

16	年度	季度	总销售额	食品	日化	纸制品	日杂
17	2012年	第二季度	2355	690	387	972	306
18	2012年	第一季度	3489	723	1113	1191	462
19	2012年	第三季度	3207	294	753	918	1242
20	2012年	第四季度	3777	462	1179	444	1692
21	**2012年 汇总**		12828				
22	2013年	第四季度	3096	1776	846	180	294
23	2013年	第二季度	4575	1446	876	1866	387
24	2013年	第一季度	3684	1731	267	996	690
25	2013年	第三季度	3267	687	1020	588	972
26	**2013年 汇总**		14622				
27	2014年	第一季度	5154	1560	1029	1812	753
28	2014年	第二季度	4335	618	1353	1446	918
29	**2014年 汇总**		9489				
30	**总计**		36939				

图11.55 分类汇总示例

【Step5】如果要按每个分类汇总自动分页,则选中"每组数据分页"复选框。

【Step6】如果要指定汇总行的位置,则选中"汇总结果显示在数据下方"或"汇总结果显示在数据下方"复选框。例如,如果使用上面的示例,则应当清除该复选框。

【Step7】可以重复步骤【Step1】到【Step6】,再次使用"分类汇总"命令,以便使用不同汇总函数添加更多分类汇总。【Step7】如果要避免覆盖现有分类汇总,则要清除"替换当前分类汇总"复选框。

2. 删除分类汇总

选择包含分类汇总的区域中的某个单元格,单击"数据"选项卡→"分级显示"组→"分类汇总",在"分类汇总"对话框中,单击"全部删除"。

11.5 图表

图表以图形形式显示数值数据系列,使人更容易理解大量数据以及不同数据系列之间的关系。在Excel 2010中,可以插入的图表类型主要有柱形图、折线图、饼图、条形图、面积图、散点图、股价图、曲面图、圆环图、气泡图和雷达图。

1. 创建和删除图表

(1)创建图表

在Excel中创建图表的一般步骤如下:

【Step1】在工作表中输入图表所用的数据,并对数据进行合理的排列。数据可以排列在

行或列中,Excel 自动确定将数据绘制在图表中的最佳方式。

【Step2】选择用于创建图表的单元格数据,单击→"插入"选项卡→"图表"组,如图11.56所示,选择所需的图表类型,或者"图表"组右下角的对话框启动器打开"插入图表"对话框,选择所需图表的类型,然后单击"确定"。

图 11.56 "图表"组

（2）删除图表

如果不再需要图表,可以将其删除。单击图表将其选中,然后按 Delete 键。

2. 编辑图表

（1）更改图表的布局或样式

应用预定义布局或样式可以快速更改图表的外观,根据需要自定义布局或样式可以手动更改各个图表元素的布局和格式。

①应用预定义图表布局。单击图表中的任意位置,单击"图表工具"选项卡→"设计"选项卡→"图表布局"组→要使用的图表布局,如图 11.57 所示。

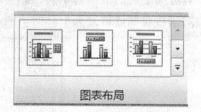

图 11.57 "图表布局"组

②应用预定义图表样式。单击图表中的任意位置,单击"图表工具"选项卡→"设计"选项卡→"图表样式"组→要使用的图表样式,如图图 11.58 所示。

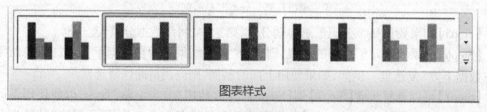

图 11.58 "图表样式"组

③自定义图表元素的布局。

【Step1】单击图表内的任意位置,单击"图表工具"选项卡→"格式"选项卡→"当前所选内容"组→"图表元素"下拉列表,选择所需的图表元素,如图 11.59 所示。

【Step2】在"布局"选项卡上的"标签""坐标轴"或"背景"组中,单击与所选图表元素相对应的图表元素按钮,如图 11.60 所示,然后单击所需的布局选项。

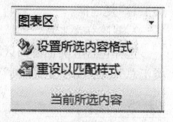

图 11.59 "当前所选内容"组

④自定义图表元素的格式。

【Step1】单击图表内的任意位置,单击"图表工具"选项卡→"格式"选项卡→"当前所选内容"组→"图表元素"下拉列表,选择所需的图表元素。

【Step2】为选择的任意图表元素设置格式。单击"格式"选项卡→"当前所选内容"组→"设置所选内容格式",在打开的对话框中设置所需的格式。

【Step3】为所选图表元素的形状设置格式。在"形状样式"组中单击需要的样式,或者

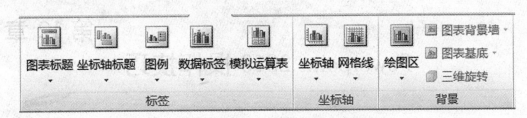

图11.60 "布局"选项卡

单击"形状填充""形状轮廓"或"形状效果",然后选择需要的格式选项。

(2)设置坐标轴的刻度

单击图表,单击"格式"选项卡→"当前所选内容"组→"图表元素"→"竖(系列)坐标轴"或"水平(类别)轴"或"垂直(值)轴"→"设置所选内容格式",在"设置坐标轴格式"对话框中进行设置。

第 12 章 Powerpoint 2010 操作技巧

知识要点

1. 了解演示文稿的建立及幻灯片的基本操作。
2. 掌握各种媒体元素在 Powerpoint 2010 中的应用。
3. 掌握 Powerpoint 2010 版式设计及母版的应用。
4. 掌握 Powerpoint 2010 动画效果及幻灯片切换效果制作。

内容提要

本章的重点是根据演示文稿的内容恰当地应用幻灯片模版,幻灯片配色方案的使用及将文字、图像、动画、音频及视频等多种媒体元素集成到幻灯片中并合理运用;本章的难点为幻灯片母版的编辑操作及在 Powerpoint 2010 中动画效果的设计与实现。

12.1 幻灯片的基本操作

Powerpoint 是办公自动化软件 Office 的组件之一,是一种演示文稿的制作软件,即幻灯片的制作。Powerpoint 可以将文字、图形、图像、动画、声音及视频等多种媒体引入幻灯片中,制作出直观生动、丰富多彩的演示文稿,从而准确、充分地表达制作者的目的、意图或观点、见解等。现在,Powerpoint 已经广泛应用于各个领域,如公司产品的推介、学校多媒体课堂教学及学术报告、学术成果的展示等等。

幻灯片的基本操作包括演示文稿的创建和保存,幻灯片的添加、删除、移动、复制等。

12.1.1 演示文稿的创建

启动 Microsoft Powerpoint 2010,即打开 Powerpoint 2010 工作界面,默认创建了一个空的演示文稿文件,Microsoft Powerpoint 2010 窗口界面如图 12.1 所示。

另外,还可以通过系统提供的几种主题模板来创建演示文稿,这种方式创建的演示文稿其设计风格、色调与样式较协调一致。

12.1.2 演示文稿的保存

点击"文件"→"保存",第一次保存新创建的演示文稿时,会弹出"另存为"对话框,提示为要保存的演示文稿文件命名及制定保存的路径信息等,系统默认保存为.ppt 格式,即 Powerpoint 演示文稿文件;也可根据个人需要保存成其他类型文件,如想保存成放映文件,在"保存类型"里选择"Powerpoint 放映",则文件扩展名为.pps。

12.1.3 幻灯片的添加、删除、移动与复制

Powerpoint 工作窗口共有 4 种视图,即普通视图、幻灯片大纲视图、阅读视图和幻灯片放

第12章 Powerpoint 2010 操作技巧

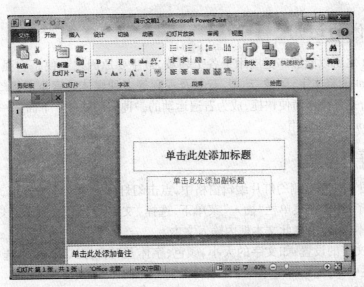

图12.1 Microsoft Powerpoint 2010 窗口界面

映视图。通常情况下,对幻灯片的具体编辑操作均在普通视图下;对演示文稿中所有幻灯片的整体浏览或调整可在幻灯片大纲视图下进行;只进行浏览或观看放映效果而不进行编辑操作可在阅读视图或幻灯片放映视图下进行。

1. 幻灯片的添加

执行菜单栏中"开始"→"新建幻灯片"命令,可以添加一张空白幻灯片,或按 Ctrl+M 组合键,也可快速添加一张空白幻灯片;在"普通视图"下,将鼠标定位在左侧"幻灯片"窗格中,然后按下 Enter 键,同样可以快速添加空白幻灯片。

2. 幻灯片的删除

在"普通视图"下,选中左侧"幻灯片"窗格中要删除的幻灯片,然后按 Delete 键,即可删除该幻灯片;或者选中要删除的幻灯片,点击鼠标右键,在弹出的快捷菜单中选择"删除幻灯片"命令。如果要删除多张幻灯片,也可在"幻灯片大纲视图"下,按 Ctrl 键或 Shift 键配合鼠标点击选中多张幻灯片,再执行删除命令,可以快速删除多张幻灯片。

3. 幻灯片的移动和复制

(1) 幻灯片的移动

在"普通视图"下,选中左侧"幻灯片"窗格中要移动的幻灯片,按住鼠标左键不放拖动到相应的位置,释放鼠标,该幻灯片便移动到相应的位置上;在"幻灯片大纲视图"下,也可进行相同操作来移动幻灯片的位置。

(2) 幻灯片的复制

在"普通视图"下,先选中左侧"幻灯片"窗格中要复制的幻灯片,按下鼠标右键,在弹出的快捷菜单中,选择"复制"命令,然后将鼠标定位在要添加幻灯片的位置,按下鼠标右键,在弹出的快捷菜单中,选择"粘贴选项"下"保留源格式"命令,即在该位置插入了一张复制好的幻灯片。或者在"幻灯片大纲视图"下,选中要复制的幻灯片,按 Ctrl 键,同时拖动鼠标到目标位置,然后释放鼠标,便在目标位置复制了一张幻灯片。

12.2 媒体的运用

Powerpoint 之所以能够广泛应用于各个领域,最主要原因之一便是它强大的媒体引入功能,Powerpoint 能将文字、图像、动画、音频及视频等多种媒体元素集成到幻灯片中,具有较强的表现力,并且操作简便快捷,成为普遍运动的一种应用软件。下面逐一介绍各种媒体元素在 Powerpoint 中的应用。

12.2.1 文字的应用

"普通视图"下,在右侧幻灯片编辑窗格中,点击幻灯片上的文本输入框,当光标闪动时便可输入文字了;或者在菜单栏"插入"菜单下,选择"文本框"命令,点击幻灯片空白处,便插入了一个文本框,可以在此文本框内输入文本。

对于输入文字的设置,如文字的大小、颜色、字体及对齐方式等,可以选中要编辑的文字,执行菜单栏中"开始"→"字体"命令进行设置,如图12.2所示。

在文字应用方面,除在幻灯片上输入文字外,还可以插入"页眉和页脚""艺术字""日期和时间""幻灯片编号"及"对象"等,如图12.3所示,插入的方法与插入文字类似,在此不再赘述。

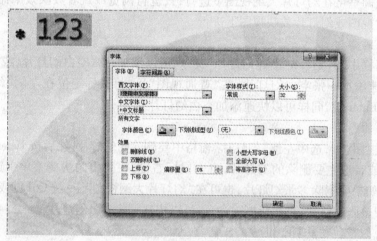

图 12.2 字体设置对话框

图 12.3 "插入"→"文本"菜单

12.2.2 图像的应用

1. 插入图片

执行"插入"→"图片"命令,会弹出"插入图片"对话框,找到需要插入图片所在的文件夹,可以一次选中一张或多张图片,点击"插入"按钮,将图片插入到幻灯片中。

插入到幻灯片上的图片,可以通过鼠标拖拉的方式调整图片的大小和位置。双击插入的图片,可获得图片工具栏,对图片做相应的调整或图片样式的选定,如图12.4所示。

图12.4　图片工具栏

2．插入剪贴画

执行"插入"→"剪贴画"命令,会在Powerpoint工作区右侧显示"剪贴画"窗口,点击"搜索"按钮,在右侧窗口中显示出该软件提供的一些"剪贴画",双击要插入的"剪贴画"图片,即将其插在了幻灯片中,如图12.5所示。

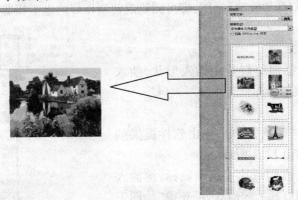

图12.5　插入"剪贴画"

插入到幻灯片中的"剪贴画",同样可利用图片工具栏对"剪贴画"图片做相应的调整或图片样式的选定。

3．插入相册

目前数码相机已走进千家万户,人们保存照片的方式也逐渐由纸质的"影集"转变为电子照片存储在个人计算机中,如能将这些照片文件制作成电子相册,则更便于浏览欣赏。现在制作电子相册的软件也有很多,利用Powerpoint2010的"插入相册"功能可较轻松快捷的制作电子相册。

实例一:制作电子相册

【Step1】新建一个空白演示文稿文件,执行"插入"→"相册"命令,打开"相册"对话框,选择插入的图片来源"文件/磁盘..．",如图12.6所示。

【Step2】在本地机中找到准备好的相册图片文件夹,选中要制作电子相册的文件,可以通过按下键盘Shift或Ctrl键的同时配合点击图片,一次选中所有要做成电子相册的图片文件,然后选择"插入"按钮。

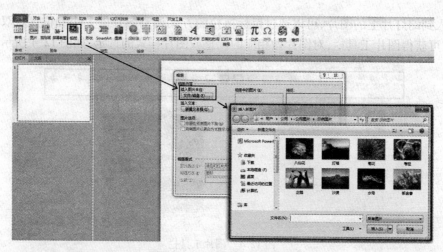

图 12.6　相册设置对话框

【Step3】在"相册"对话框中做相应的设置,可以调整图片在相册中出现的先后顺序,对个别的图片做亮度或明暗度的微调,或删除某张图片等等;在"相册版式"→"图片版式"列表框中选定一种图片版式,选择"创建"命令,即制作好了一个电子相册。

【Step4】选择"幻灯片放映"视图,即可浏览观赏制作好的电子相册了。

12.2.3　插图的应用

插图的应用包括向幻灯片中插入形状、插入 SmartArt 及插入图表等操作。

1. 插入形状

执行"插入"→"形状"命令,弹出软件提供的各种形状命令框,如图 12.7 所示。

选定一种形状,在幻灯片上拖动鼠标,便插入该形状,双击插入幻灯片上的形状,可获得"绘图工具栏",通过绘图工具栏可以对该形状的样式,如形状的颜色、轮廓、效果等进行编辑操作,如图 12.8 所示。

2. 插入 SmartArt 图形

SmartArt 图形是信息的一种可视表示形式,Powerpoint2010 提供的 SmartArt 图形包括图形列表、流程图、组织结构图等,用户可以从多种不同布局的形式中进行选择,从而快速轻松地创建所需样式,以便更直观、有效地传递信息或表述观点。

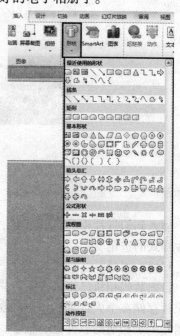

图 12.7　"形状"命令框

执行"插入"→"SmartArt"命令,弹出"选择 SmartArt 图形"对话框,如图 12.9 所示。

"选择 SmartArt 图形"对话框中的左侧显示 SmartArt 图形的类型,选择其中一种类型,右侧便会显示该类型的所有图形,在右侧窗格选中一种图形,再选择"确定",该图形便插入到幻灯片当中。

图 12.8　绘图工具栏

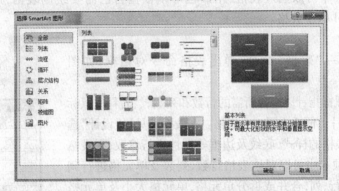

图 12.9　选择 SmartArt 图形对话框

当幻灯片中插入了 SmartArt 图形时,将会显示"SmartArt 工具"栏,并且"设计"选项卡和"格式"选项卡将自动添加到功能区,用户可以利用 SmartArt 工具栏修改 SmartArt 图形的布局、样式和颜色等。

3. 插入图表

图表可以直观地表现数据变化的情况,在 Powerpoint 中经常会用到图表。Powerpoint 为用户提供了丰富的图表类型,如柱形图、折线图、饼图、条形图、面积图、散点图、股价图、曲面图、圆环图、气泡图和雷达图等。

执行"插入"→"图表"命令,弹出"插入图表"对话框。

"插入图表"对话框左侧窗格显示图表的类型,选择一种图表类型后,右侧便显示该类型的所有图表样式,如选择"柱形图"→"簇状柱形图"→"确定",则在幻灯片上插入了一个"簇状柱形图",同时会自动启动 Excel,并生成该图表的表格数据,如图 12.10 所示。

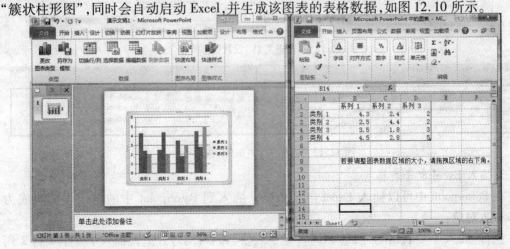

图 12.10　向幻灯片中插入表格

用户根据需要在右侧 Excel 中修改表格中的数据值及图例等,则左侧 Powerpoint 中的图表也会发生相应的改变,数据编辑完毕后关闭 Excel,幻灯片上的图表就是用户最终得到的图表,此时可利用图表工具栏中的"设计""布局"和"格式"选项卡对图表进行修饰或其他数据修改的编辑操作。

12.2.4 表格的应用

在 Powerpoint 中可以插入表格,用户也可以根据自己需要绘制表格,还可以在 Powerpoint 中插入 Excel 电子表格。

1. 插入表格

执行"插入"→"表格"命令,弹出表格命令对话框,如图 12.11 所示。

单击并移动鼠标指针以选择所需的行数和列数,然后释放鼠标按钮,此时在幻灯片上便插入了一个表格。在表格工具栏"设计"选项卡中可以对该表格的样式、底纹及边框等属性进行修改;在表格工具栏"布局"选项卡中可以对该表格行数、列数及单元格进行调整,如插入或删除行、列,合并或拆分单元格,单元格大小及单元格内文字的格式的调整等,如图 12.12、图 12.13 所示。

也可以选择表格命令对话框中"插入表格"命令,在弹出的"插入表格"对话框中根据提示输入行数和列数,创建表格。

2. 绘制表格

图 12.11 表格命令对话框

执行"插入"→"表格"命令,弹出表格命令对话框,选择"绘制表格"命令,鼠标此时指针变成铅笔形状,在幻灯片上拖动鼠标,可以绘制出表格边框,执行表格工具"设计"选项卡中"绘制表格"命令,可以在表格边框内绘制行线和列线,执行"擦除"命令,鼠标指针变成橡皮的形状,此时可以擦掉表格内单元格边框。

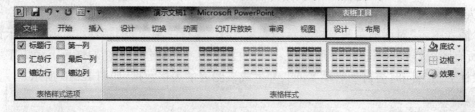

图 12.12 表格工具"设计"选项卡

图 12.13 表格工具"布局"选项卡

3. 插入 Excel 电子表格

在 Powerpoint 中可以插入 Excel 电子表格。插入到 Powerpoint 中的电子表格会成为 OLE 嵌入对象。

执行"插入"→"表格"→"插入 Excel 电子表格"命令,幻灯片上便插入了一个 2 行 2 列的电子表格,用鼠标拖动电子表格边框可以增加电子表格的行或列。双击电子表格中的单元格,可以输入文字。对 Excel 电子表格属性的更改或者表格内数据的编辑操作可双击电子表格,获得该表格相关工具栏,选择相应选项卡的命令操作完成,如图 12.14 所示。

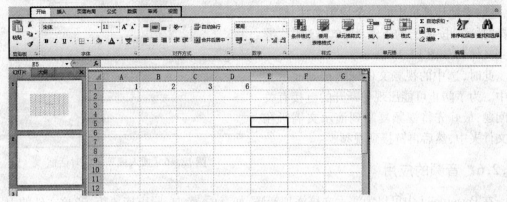

图 12.14 插入 Excel 电子表格

知识拓展·技巧提示

OLE:一种可用于在程序之间共享信息的程序集成技术。所有 Office 程序都支持 OLE,所以可通过链接和嵌入对象共享信息。

12.2.5 视频的应用

在 Powerpoint 中可以嵌入视频文件或从演示文稿链接到视频。如果将视频文件嵌入演示文稿中,不必担心在传递或播放演示文稿时因丢失文件而出现错误;如果在演示文稿中链接到外部视频文件或电影文件,可以缩小演示文稿。

1. 演示文稿中嵌入视频

执行"插入"→"视频"→"文件中的视频"命令,在弹出的"插入视频文件"对话框中,选取本地计算机中的一个视频文件,然后选择"插入"命令,该视频便嵌入到幻灯片当中。点击选中幻灯片上嵌入的视频,可获得"视频工具栏",对视频文件格式或播放信息进行编辑操作,如图 12.15 所示。

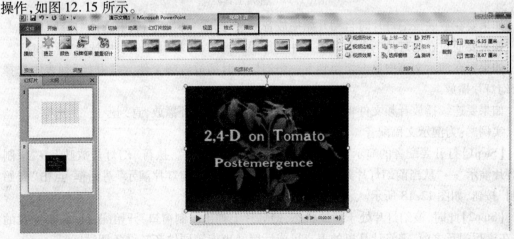

图 12.15 视频工具栏

2. 从演示文稿链接到视频文件

执行"插入"→"视频"→"文件中的视频"命令,在弹出的"插入视频文件"对话框中,选取本地计算机中的一个视频文件,然后选择"插入"按钮上的下箭头,单击选中"链接到文件",如图 12.16 所示。

此时,选中的视频文件便链接到演示文稿中。为了防止可能出现与断开的链接有关的问题,最好先将视频复制到演示文稿所在的文件夹中,然后再链接到视频。

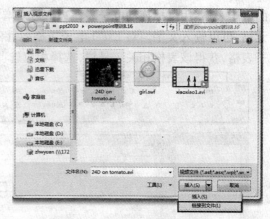

图 12.16　插入视频文件对话框

12.2.6　音频的应用

在 Powerpoint 中可以为演示文稿添加音频,如音乐、旁白、原声摘要等,音频文件的引入能够增强演示文稿的播放效果。

执行"插入"→"音频"→"文件中的音频"命令,在弹出的"插入音频"对话框中,选取本地机中的一个音频文件,然后选择"插入"命令,该音频便插入到幻灯片当中,在幻灯片上显示为一个小喇叭的图标。点击选中幻灯片上音频图标,可获得"音频工具栏",选择音频工具栏下的"播放"选项卡,对播放属性进行编辑操作,如图 12.17 所示。

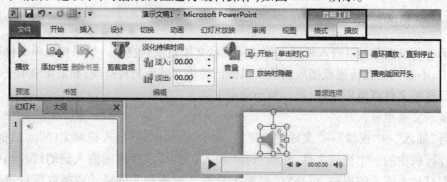

图 12.17　音频工具栏

如果要在放映该幻灯片时自动开始播放音频文件,在"开始"列表中选择"自动"。

如果要通过在幻灯片上单击音频文件进行手动播放,在"开始"列表中选择"单击时"。

如果要在演示文稿中单击切换到下一张幻灯片时播放音频文件,在"开始"列表中选择"跨幻灯片播放"。

如果要连续播放音频文件辑直至停止播放,则选中"循环播放,直到停止"复选框。

实例二:为演示文稿配音

【Step1】打开要配音的演示文稿,选择配音开始的幻灯片,执行"幻灯片放映"→"录制幻灯片演示"→"从当前幻灯片开始录制"命令,弹出"录制幻灯片演示"对话框,点击"开始录制"按钮,如图 12.18 所示。

【Step2】此时,该幻灯片处于播放状态,幻灯片上弹出录制窗口,开始配音。需要注意的是,在进行配音之前,需将计算机的麦克风或话筒及声卡等硬件音频设备调试好。

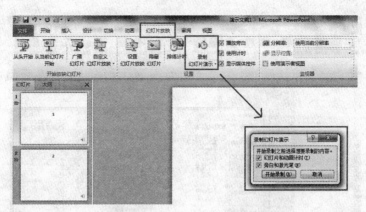

图 12.18　录制幻灯片演示

【Step3】配音结束,点击录制窗口右上角"关闭"按钮或者结束放映幻灯片。

【Step4】继续为其他幻灯片配音,重复【Step1】至【Step3】。

【Step5】演示文稿中配音结束,选中"幻灯片放映"工具栏中"播放旁白"复选框和"使用计时"复选框,点击幻灯片放映按钮,便可浏览到演示文稿每一页的配音效果。

知识拓展·技巧提示

注意:插入的音频文件在幻灯片上显示为小喇叭图标,在幻灯片放映时,为不影响播放效果又便于控制播放,可以将该图标移到幻灯片的边缘处。

12.2.7　超级链接的应用

在 Powerpoint 中,超链接可以是在同一演示文稿中从一张幻灯片到另一张幻灯片的连接,也可以在不同演示文稿实现幻灯片之间的连接,或者从幻灯片到电子邮件地址、网页或文件的连接。

实例三:同一演示文稿中幻灯片的链接

【Step1】选中幻灯片上要用作超链接的文本或对象。

【Step2】执行"插入"→"超链接"命令,弹出"插入超级链接"对话框,如图 12.19 所示。在"链接到"框,选择"本文档中的位置";在"请选择文档中的位置"框,选择要用作超链接目标的幻灯片。

【Step3】点击"确定"按钮,完成超级链接的设置。

【Step4】此时可以看到幻灯片上插入了超级链接的文本添加了下划线,文本的颜色也发生了变化。要浏览超级链接的效果,在幻灯片放映状态下,点击设置好的超文本,便直接跳转到目标幻灯片。

实例四:不同演示文稿中幻灯片的链接

【Step1】选中幻灯片上要用作超链接的文本或对象。

【Step2】执行"插入"→"超链接"命令,弹出"插入超级链接"对话框,在"链接到"框,选择"现有文件或网页";在"查找范围"列表框,从本地机中找到要用作超链接目标的演示文稿。

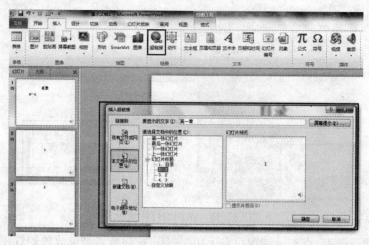

图 12.19　插入超级链接对话框

【Step3】点击"书签"按钮,选中要链接到的目标幻灯片,点击"确定"按钮,完成超级链接的设置。

【Step4】在幻灯片放映状态下,点击设置好的超文本,可看到不同演示文稿中幻灯片之间的超级链接效果。

实例五:链接到电子邮件地址

【Step1】选中幻灯片上要用作超链接的文本或对象。

【Step2】执行"插入"→"超链接"命令,弹出"插入超级链接"对话框,在"链接到"框,选择"电子邮件地址"。

【Step3】在"电子邮件地址"文本框,输入要链接到的电子邮件地址,或在"最近用过的电子邮件地址"框中,单击电子邮件地址。

【Step4】在"主题"文本框中,输入电子邮件的主题。

【Step5】点击"确定"按钮,完成幻灯片链接到电子邮件地址的设置。在幻灯片放映状态下,点击设置好的超文本,可以浏览超级链接效果。

12.3　版式设计

幻灯片的版式包含幻灯片上显示的全部内容的格式设置和位置设置。幻灯片版式的设计包括幻灯片的主题颜色、字体、效果等。对幻灯片进行版式设计,可以大大提高演示文稿的视觉效果,增强幻灯片的表现力。

12.3.1　版式的应用

Powerpoint2010 中提供了 11 种内置幻灯片版式,每当用户向演示文稿中添加一张新的幻灯片时,都可以先确定新幻灯片的版式,再添加幻灯片,如图 12.20 所示。

对于演示文稿中已有的幻灯片,也可以更改其版式,选中要更改版式的幻灯片,执行"开始"→"版式"命令,在弹出的版式列表框中,点击选取一种版式,当前幻灯片的版式便被更改。

图 12.20　Powerpoint 幻灯片版式

12.3.2　背景设计

Powerpoint 提供了幻灯片背景设计命令,可以对整个文稿或其中的部分幻灯片进行背景颜色及样式的编辑。

【Step1】打开演示文稿,选中要修改背景的幻灯片,执行"插入"→"背景样式"→"设置背景格式"命令,弹出"设置背景格式"对话框。

【Step2】在"设置背景格式"对话框中,"填充"窗格为用户提供了多种背景编辑方式,如点击"图案填充",则"填充"窗格显示"图案填充"相关设置命令,如图 12.21 所示。

【Step3】点击选中一种背景图案,并设置"前景色"及"背景色",设置好之后,点击"关闭"按钮,则当前幻灯片背景变为设置后的样式。如果点击"全部应用",则整个演示文稿中所有幻灯片背景均变为设置后的样式。

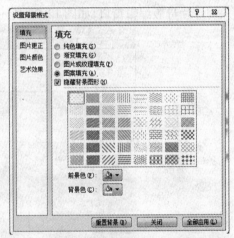

图 12.21　设置背景格式对话框

12.3.3　应用设计模板

Powerpoint 模板是一张幻灯片或一组幻灯片的图案或蓝图。模板可以包含版式、主题颜色、字体、主题效果和背景样式等。Powerpoint 2010 为用户提供了多种设计模板,使用这些设计模板可以轻松快捷地更改演示文稿的整体外观,美化演示文稿界面。

打开已有演示文稿(也可以创建新的演示文稿),点击"设计"工具栏,便可以看到"主题"组中为用户提供的一系列设计模板,如图 12.22 所示。

点击选取一种设计模板,则当前演示文稿便应用了该设计模板,整个演示文稿的背景、

图 12.22　Powerpoint 设计模板

字体及颜色等都套用该模板样式。对于已应用设计模板的演示文稿,也可以通过"设计"工具栏的"颜色""字体"和"效果"工具对字体样式等进行修改操作。

12.3.4　应用母版

幻灯片母版是幻灯片层次结构中的顶层幻灯片,用于存储有关演示文稿的主题和幻灯片版式的信息,包括背景、颜色、字体、效果、占位符大小和位置。

每个演示文稿至少包含一个幻灯片母版。应用幻灯片母版修改演示文稿可以对演示文稿中包含的所有幻灯片进行统一的样式更改,无需对每张幻灯片进行重复修改,因此节省了时间。如果用户的演示文稿包含大量幻灯片,则应用幻灯片母版非常方便快捷。

实例六:应用母版修改演示文稿的背景颜色及字体样式

【Step1】打开演示文稿,点击"视图"工具栏,在"母版视图"组,选择"幻灯片母版"命令,进入幻灯片母版编辑窗口,如图 12.23 所示。

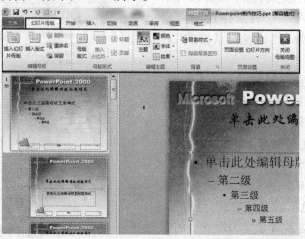

图 12.23　幻灯片母板视图

【Step2】执行"背景样式"→"设置背景格式"命令,弹出设置背景格式对话框,如图 12.24所示。

选中"渐变填充"单选按钮,通过"渐变光圈"及"颜色"命令调整背景颜色,选择"全部应用",点击"关闭"按钮,演示文稿背景颜色设置完成。

【Step3】选中母版幻灯片上"单击此处编辑母版标题样式"文字,单击右键,弹出字体设置对话框,设置好字体的颜色、大小等。

【Step4】选中母版幻灯片上"单击此处编辑母版文本样式"文字,单击右键,弹出字体设置对话框,设置好字体的颜色、大小等。

【Step5】母版幻灯片上的其他文字或标题可参照【Step3】或【Step4】设置。演示文稿字

图 12.24　设置背景格式对话框

体样式设置完成,点击"幻灯片母版"工具栏上"关闭母版视图"按钮,返回幻灯片普通视图,此时可以看到,演示文稿包含的全部幻灯片的背景及标题样式、文本样式被统一修改了。

12.4　幻灯片效果设计

幻灯片的效果设计包括幻灯片上的对象出现在幻灯片上时的动画效果和幻灯片之间的切换效果。对幻灯片进行效果设计,可以增强演示文稿的艺术表现力,提高观众对演示文稿的兴趣。

12.4.1　动画效果制作

Powerpoint 为用户提供了简单动画效果的制作,可以将幻灯片上的文本、图片、形状、表格、SmartArt 图形和其他对象制作成动画,赋予它们进入、退出、大小或颜色变化甚至移动等视觉效果。为幻灯片上的对象进行动画效果的设计可以提高观众的注意力,控制信息流量,增强演示文稿的吸引力。

1. 动画效果的类型

Powerpoint 2010 中为用户提供了 4 种不同类型的动画效果,如图 12.25 所示。

①"进入"效果,指的是对象出现在幻灯片上的方式,如设置对象逐渐淡入焦点、从边缘飞入幻灯片或者跳入视图中等。

②"退出"效果,指的是对象在幻灯片上消失时的方式,如设置对象飞出幻灯片、从视图中消失或者从幻灯片旋出等。

③"强调"效果,指的是为着重突出幻灯片上某个对象而设置的动画方式,这些效果包括设置对象缩小或放大、更改颜色或沿着其中心旋转等等。

④"动作路径"效果,指的是可以设置幻灯片上某个对象按照预设轨迹运动的动画效果,如设置对象沿直线上下或左右移动、沿着某弧形或圆形运动,也可以根据用户需求使对象按照自定义的路径运动。

对于幻灯片上的某个对象,可以单独使用任何一种动画,也可以设置多种动画效果。例如,可以对某个图形应用"飞入"进入效果及"放大/缩小"强调效果,使它在从左侧飞入的同时逐渐放大。

图 12.25　动画效果的类型

2. 为幻灯片上的对象添加动画效果

在幻灯片上为对象添加动画的操作步骤如下：

【Step1】选中幻灯片上要添加动画的对象。

【Step2】在"动画"工具栏的"动画"组中，单击"其他"按钮，在弹出的列表框中，选择所需的动画效果，此时幻灯片上的对象便添加了该动画效果，播放幻灯片，可以看到动画效果，如需对动画效果进一步设置，按照【Step3】至【Step5】继续操作。

【Step3】点击"动画"组工具栏右下角小箭头，弹出该动画效果选项对话框，如图 12.26 所示。

【Step4】在"效果"选项卡上，可以设置动画效果的方向，在"增强"栏，选中"声音"列表框中的一项，可以为动画效果添加声音，即在动画效果播放的同时播放声音，声音的来源可以是 Powerpoint 提供的几种声效，也可以根据需要添加其他声音文件。"动画播放后"列表框为用户提供动画效果播放完毕后对象的处理方式，例如可以使对象"不变暗"或"播放后隐藏"，还可以设置对象在动画播放后变为其他颜色等。"动画文本"列表框针对对象为文本的动画效果，选择"整批发送"则选中的文本对象作为一个整体以设置好的动画效果出现在幻灯片上；选择"按字/词发送"，则选中的文本对象以单个字/词为单位逐一地播放动画效果。

【Step5】点击动画效果对话框的"计时"选项卡，为动画指定开始、持续时间或者延迟计时，如图 12.27 所示。

"开始"列表框用于设置动画开始播放的方式，单击"开始"列表框右侧的箭头，选定一种播放方式，"单击时"表示鼠标单击幻灯片时播放该幻灯片上对象的动画效果；"与上一动画同时"表示该对象动画效果与上一动画效果同时播放；"上一动画之后"表示上一动画播放结束后播放该对象动画效果。

若要设置动画开始前的延时，可以在"延迟"文本框中输入所需延时的秒数。

"期间"列表框用于设置动画将要运行的持续时间，即播放速度，可以直接在"持续时间"框中输入所需的秒数，或在列表框中选择一种播放速度。

单击"触发器"按钮，设置启动该动画播放的触发动作，如单击该幻灯片上其他的对象时播放该对象的动画效果。

图 12.26　动画效果选项对话框

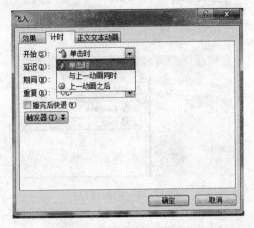

图 12.27　"计时"选项卡

3. 为幻灯片上的对象设置多种动画效果

【Step1】选中幻灯片上要设置动画效果的对象,在"动画"工具栏的"动画"组中,单击"其他"按钮,在弹出的列表框中选择一种"进入"动画效果,通过"动画效果选项"对话框做相应的设置。

【Step2】执行"动画"→"高级动画"→"添加动画"命令,弹出动画效果列表,选择一种"强调"动画效果。通过"动画效果选项"对话框做相应的设置。

【Step3】点击"高级动画"组中"动画窗格"按钮,Powerpoint 工作窗口右侧显示出动画窗格,如图 12.28 所示。

动画任务窗格中显示了幻灯片上所有的动画列表,点击"播放"按钮可以预览动画播放效果。任务窗格中的数字编号表示动画效果的播放顺序,该任务窗格中的编号与幻灯片上显示的不可打印的数字编号标记相对应。点击选中任务窗格中某动画列表,向上或向下拖动,可以改变该动画在幻灯片上的播放顺序,或通过"计时"组中的"向前移动"或"向后移动"按钮对动画播放顺序重新排列。

单击选中动画任务窗格中某动画效果,点击其右向下箭头,在弹出的下拉列表中可以对该动画进行修改设置,或删除该动画效果。

实例七:制作轨迹动画

【Step1】新建一个演示文稿文件,用绘图工具在幻灯片上绘制一个圆形,并为其设置颜色。

【Step2】执行"动画"→"动作路径"→"直线"命令,点击"效果选项"按钮,选择"上",如图 12.29 所示。

【Step3】点击"动画"组工具栏右下角小箭头,打开动画效果选项对话框,点击"效果"选项卡,选中"自动翻转"复选框。

【Step4】点击动画效果选项对话框的"计时"选项卡,在"重复"列表框选中"直到下一次单击",其余为默认设置。

图 12.28　动画窗格

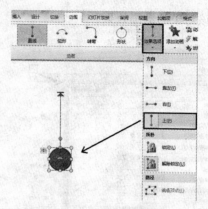

图 12.29　设置动画效果

【Step5】选中该图形,执行"开始"→"复制"→"粘贴"命令,复制出一个圆形,选中复制的图形,向右拖动一下,以便不与原来的图形重叠。

【Step6】选中复制的圆形,打开动画效果选项对话框,点击"效果"选项卡,选中"自动翻转"复选框。

【Step7】点击"计时"选项卡,在"开始"列表框选择"与上一动画同时";"延迟"框内输入"0.2";"重复"列表框选中"直到下一次单击",如图12.30所示。

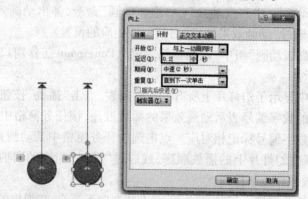

图 12.30　设置复制图形的动画效果

【Step8】重复【Step5】至【Step7】,复制出第二个圆形,将"计时"选项卡的"延迟"框内数字更改为"0.4"。

【Step9】重复【Step5】至【Step7】,复制出第三个圆形,将"计时"选项卡的"延迟"框内数字更改为"0.6"。

【Step10】按照【Step8】至【Step9】的方法及规律,再复制4个圆形,每个圆形"计时"选项卡的"延迟"框内数字依次递增0.2秒。

【Step11】选中所有图形,执行"开始"→"排列"→"对齐"→"顶端对齐"命令,将所有图形在水平方向对齐。

【Step12】选中所有图形,执行"开始"→"排列"→"对齐"→"横向分布"命令,将所有图形间隔大小调整一致,如图12.31所示。

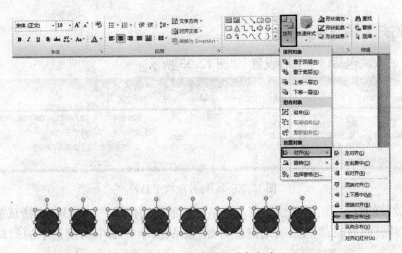

图 12.31　调整图形对齐方式

【Step13】轨迹动画制作完成,点击播放幻灯片,可以看到图形的轨迹动画效果,如图 12.32 所示。

图 12.32　轨迹动画效果

12.4.2　幻灯片切换效果

幻灯片切换效果是在演示文稿从一张幻灯片移到下一张幻灯片时在"幻灯片放映"视图中出现的动画效果。幻灯片效果的设置包括控制切换效果的速度、添加声音,还可以对切换效果的属性进行自定义。

1. 为幻灯片添加切换效果

首先选中要添加切换效果的幻灯片,选择"切换"工具栏,单击要应用于该幻灯片的幻灯片切换效果,然后点击"效果选项"按钮,对所选切换变体进行更改。如果要将演示文稿中的所有幻灯片间的切换,设置为与当前幻灯片切换相同,则在"切换"工具栏的"计时"组中点击"全部应用"按钮。

2. 设置切换效果的计时及声效

设置当前幻灯片的切换效果持续的时间,即切换效果的速度,在"切换"工具栏的"计时"组中,为"持续时间"文本框输入所需的秒数;点击"声音"列表框,选择 Powerpoint 提供的一种声效,或者根据需要选择本地机中的一个声音文件。

若设置单击鼠标时切换幻灯片,则在"切换工具栏"的"计时"组中,选择"单击鼠标时"复选框。

若设置在经过指定时间后切换幻灯片,则在"切换"工具栏的"计时"组中,在"后"框中输入所需的秒数。

12.4.3 幻灯片的放映方式

幻灯片的放映包括以下几种设置,如图12.33所示。

图12.33 幻灯片放映工具栏

"开始放映幻灯片"组用于设置演示文稿开始放映的位置,"从头开始"指从演示文稿的第一张幻灯片开始放映;"从当前幻灯片开始"指从演示完稿中当前选中的幻灯片开始放映。

还可以根据用户实际需要进行"自定义幻灯片放映",即按照自定义的顺序放映演示文稿中的部分幻灯片。

【Step1】点击"开始放映幻灯片"组中"自定义幻灯片放映"按钮,弹出"自定义放映"对话框,选择"新建"命令,弹出"定义自定义放映"对话框,如图12.34所示。

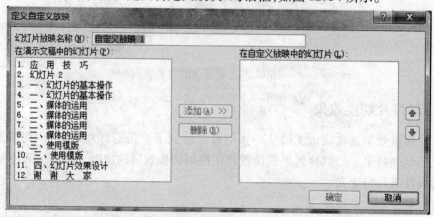

图12.34 定义自定义放映对话框

【Step2】在"幻灯片放映名称"文本框内输入自定义放映的名称,默认为"自定义放映1"。

【Step3】左侧"在演示文稿中的幻灯片"列表框列出了该演示文稿中的所有幻灯片标题,选中要放映的幻灯片,点击"添加"按钮,则幻灯片便被添加在右侧窗格中。

【Step4】右侧"在自定义放映中的幻灯片"窗格中的幻灯片,可以通过窗格右侧向上或向下的箭头调整放映顺序。

【Step5】设置完成,选择"确定"按钮,此时,再点击"开始放映幻灯片"组中"自定义幻灯片放映"按钮,则弹出的下拉菜单中便出现了刚才设置的"自定义放映1"命令,选中该命令,演示文稿便按照"自定义放映1"的设置进行放映。

"设置"组用于对演示文稿放映的高级设置,点击"设置幻灯片放映"按钮,弹出"设置放映方式"对话框,如图12.35所示。

"放映类型"中可以设置"演讲者放映""观众自行浏览"或"在展台浏览"中的一种;在"放映选项"里可以根据需要选择是否"循环放映",放映时是否加旁白或动画及绘图笔的颜色等等。

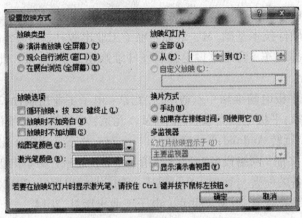

图 12.35　设置放映方式对话框

参考文献

[1] 刘冲. 电脑软硬件维修宝典[M]. 北京：机械工业出版社，2014.

[2] 闫宏印. 计算机硬件技术基础[M]. 北京：电子工业出版社，2013.

[3] 黄治国，吴国楼，张世军. 完全掌握电脑软硬件维修超级手册[M]. 北京：机械工业出版社，2013.

[4] 周立云，胡月芬. 平板电脑维修一点通[M]. 北京：电子工业出版社，2013.

[5] 姚志娟. iPad 管家：平板电脑高效管理术[M]. 北京：中国铁道出版社，2013.

[6] 李东海，张军翔. 玩转 Android 平板电脑[M]. 北京：北京希望电子出版社，2012.

[7] 高峡，陈智罡，袁宗福. 网络设备互连学习指南[M]. 北京：科学出版社，2009.

[8] 李治西. 网络设备的配置与管理[M]. 重庆：重庆大学出版社，2012.

[9] 于鹏. 计算机网络技术基础[M]. 北京：电子工业出版社，2014.

[10] 季福坤. 计算机网络基础[M]. 4版. 北京：人民邮电出版社，2013.

[11] 俞超晖，陈俐，于涛. 计算机网络技术实用宝典[M]. 3版. 北京：中国铁道出版社，2012.

[12] 九州书源. 计算机网络实用技术[M]. 北京：清华大学出版社，2011.

[13] 何琳. 计算机网络实用技术[M]. 北京：中国人民大学出版社，2012.

[14] 斯坦尼克（WILLIAM STANEK），刘晖，杨晓峰. Windows 7 实用宝典[M]. 北京：清华大学出版社，2009.

[15] 邵玉环. Windows 7 实用教程[M]. 北京：清华大学出版社，2012.

[16] 简超，羊清忠. Windows 7 从入门到精通[M]. 北京：清华大学出版社，2012.

[17] 苏风华，李俊峰，刘雪娇. Windows 7 从入门到精通（中文版）[M]. 上海：上海科学普及出版社，2013.

[18] 神龙工作室. Office 2010 中文版从入门到精通[M]. 北京：人民邮电出版社，2012.

[19] 卞诚君. 完全掌握 Office 2010 超级手册（办公大全集）[M]. 北京：机械工业出版社，2013.

[20] 廖金权. Office 2010 高效办公综合应用从入门到精通[M]. 北京：科学出版社，2013.

[21] 陈垚. 最新 Office 2010 从入门到精通[M]. 北京：中国铁道出版社，2012.